애프터 코로나
비즈니스 4.0

플랫폼BM과 콘텐츠BM의 전쟁

애프터 코로나 비즈니스 4.0

초판 1쇄 인쇄 2021년 8월 23일
초판 1쇄 발행 2021년 9월 1일

지은이 선원규

발행인 백유미 조영석

발행처 (주)라온아시아
주소 서울특별시 서초구 효령로 34길 4, 프린스효령빌딩 5F

등록 2016년 7월 5일 제 2016-000141호
전화 070-7600-8230　**팩스** 070-4754-2473

값 18,000원
ISBN 979-11-91283-79-2 (03320)

라온북은 독자 여러분의 소중한 원고를 기다리고 있습니다. (raonbook@raonasia.co.kr)

애프터 코로나 비즈니스 4.0

선원규 지음

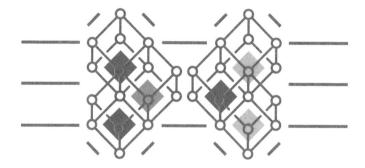

RAON
BOOK

이 책은 경영 전략 전문가인 저자가 COVID-19 발생 이후의 급격한 패러다임의 변화를 날카롭게 분석하고 저자의 해박한 지식과 경험을 바탕으로 상세하고 친절한 비즈니스 전략과 아이디어를 제시하고 있는 매우 뛰어난 역작이다. 저자는 최신 경영 이론을 바탕으로 본원적인 비즈니스 모델을 플랫폼과 콘텐츠로 분류하고 각 사업모델의 특징과 성공 전략 및 실제 적용 가능한 다양한 아이디어 및 새로운 가치를 제시하고 있다. 이 책은 주식이나 자산 투자자들, 새로운 비즈니스를 시작하는 스타트업들, 신규 비즈니스나 디지털 전환을 고민하고 있는 기존 사업가들 등 다양한 독자들이 인사이트를 얻기 위해 꼭 일독을 할 필요가 있다고 생각되어 적극 추천한다.

강성 | 카카오엔터프라이즈 수석부사장

선원규 대표께서 또 한 번 세상을 놀라게 하는 일을 해냈다. 성공한 경영자로서, 투자 분석가로서 쌓아 온 지식과 경륜을 토대로 패러다임 변화 시대의 사업모델에 대해 고민하는 무림의 후배들을 위해 그간 알알이 모은 진주들을 아낌없이 내어 놓았다. 사업을 제대로 하고 싶어도 콘셉트와 프레임을 잡기 힘들어 포기하거나 주저하고 있는 분들에게 저자는 내공에 맞는 맞춤형 비기를 전수하고 있다. 혼돈의 시대에 기회와 성공의 실마리를 발견할 수 있는 책이라고 생각한다.

김성국 | 전 이화여대 경영대학장 및 경영전문대학원장

아날로그 감성과 최첨단 디지털 개념이 공존하는 패션산업 분야에서 이 책의 저자인 선원규 대표만큼 해박한 지식과 뛰어난 통찰력을 가진 전략가가 또 있을까? 그는 국내 굴지의 패션 유통기업들의 전략기획실장으로 30년 넘게 활동하면서 여러 유형의 사업모델을 분석하고, 해부하면서 터득해 온 비즈니스의 기본 개념을 이 한 권에 고스란히 담아냈다. 그는 기업들이 적용 가능한 비즈니스 유형을 크게 콘텐츠 사업모델과 플랫폼 사업모델로 나누고 각 사업모델의 본질과 특성, 그에 따른 수익모델과 출구 전략에 이르기까지 생생한 사례를 들어가며 조목조목 풀이해 놓았다. 그의 명쾌한 해석과 풀이는 짙은 안갯속 불빛처럼 경영의 길라잡이로서 손색이 없다. 특히 디지털 전환을 고민하고 있는 기존 기업의 CO 레벨 임원을 비롯 스타트업에 몸담고 있는 창업자 등은 꼭 읽어보기를 강추한다. 지속생존 가능한 해법을 찾아가는 과정에서 이 책은 탁월한 안내서이다.

김숙경 | 〈패션비즈〉 대표

'네이버, 카카오, 아마존, 쿠팡, 배민….' 어느새 우리 곁에 화려하게 등장해서 이들이 없는 생활을 상상할 수 없는 너무 익숙해진 온라인 플랫폼 기업들이다. 그럼에도 이들 플랫폼 기업의 전략과 성공 요인, 한계와 미래에 대해 체계적으로 정리된 책이 별로 없다. 이 책은 다채로운 이력을 가진 저자가 현장의 생생한 경험에서 우러나온 문제의식과 뛰어난 분석력으로 4차 산업혁명 시대를 살아가야 할 독자들에게 플랫폼 기업과 콘텐츠 기업을 다양한 사례를 통해 체계적으로 분석하고 매우 유용한 전략적인 제안을 하고 있다. 특별히 저자는 일반적으로 알고 있는 상식과 달리 역설적으로 미래에 플랫폼 기업보다 콘텐츠 기업에 기회가 있다고 이야기하고 창업자들과 투자자들이 플랫폼 기업도 좋지만 콘텐츠 기업에 주목해야 한다는 점을 강조하고 있다. 특별히 좁은 시장에서 경쟁하는 한국 기업들에게는 글로벌로 진출 가능한 콘텐츠 기업이 중요하고 정부 정책도 콘텐츠 기업의 육성에 초점을 맞추어야 한다고 주장한다. 변화의 시대에 생존을 고민하는 모든 기업가들과 경영자들, 창업자들, 투자자들에게 정독을 권한다.

김정욱 | 〈매일경제〉 기획실장 겸 디지털 전략 실장

오랜만에 즐거운 마음으로 순식간에 읽어 내려가는 서적을 만났다. 최근 국내와 해외를 망라하고 거대 디지털 플랫폼 사업자들과 다양한 콘텐츠 기업들 간에 인수, 전략적 제휴 등 물리 화학적 결합이 빠르고 광범위하게 진행되고 있다. 이 서적은 최근 이러한 트렌드를 가장 빠르게 담아내고 있을 뿐만 아니라, 사업모델 전략 관점에서 참신한 시각으로 전략적인 방법론들을 제안하고 있다. 기업의 4가지 본원적인 사업모델로서 P(Platform)-C(Contents)-M(Materials)-S(Software)을 제안하고 있고, 특히 플랫폼-콘텐츠 사업 모델에 대한 흥미로운 통찰들을 담아내고 있다. 특히, 기존 전통적인 기업들의 오너 및 경영진들이 디지털 전환에 대한 고민이 깊어지는 가운데, 이 서적은 그러한 니즈를 해소할 수 있는 가뭄의 단비 같은 서적이다.

김진영 | 액셀러레이터, 더인벤션랩 대표, 경영학 박사

지금은 누구에게나 변혁의 시대다. 다만, 이 변혁을 맞이하는 태도는 서로 다르다. 언제나 성공은, 변화를 자신만의 핵심 가치로 재해석한 기업들의 몫이었다. 이 책에는 변화를 도전의 기회로 삼으려는 기업들을 위한 현실적 조언과, 응용가능한 정보와, 비즈니스를 꿰뚫는 통찰이 가득하다. 당장 새로운 비즈니스를 기획하고 있지 않더라도, 비즈니스의 관점에서 사회를 통찰하고 싶은 이들에게도 적극 권한다.

민은정 | 인터브랜드 코리아 Chief Content Officer

이 책은 수많은 기업들이 격랑의 파도를 뚫고 21세기 신대륙을 발견하기 위해 꼭 필요한 나침반 같은 길라잡이가 되는 책이다. 다양한 경영 이론을 현장에 적용한 날카로운 분석력은 간명한 문체 속에서도 빛을 잃지 않는다. 무엇보다도 저자의 지적 연륜과 내공뿐 아니라 경영에 종사하거나 종사할 후배들에 대한 애정이 묻어나는 책이라는 점에서 현장의 경영자들뿐 아니라 학계와 투자자들, 그리고 미래 직업을 고민하는 청년들 등 다양한 독자층이 반드시 정독하길 추천한다.

이유리 | 서울대학교 생활과학대학 교수

지난 19년간 국내에서 PEF(private equity fund)를 운용하면서 파트너들과 함께 항상 변화에 대한 고민을 하게 된다. 펀드매니저로서 "좋은 투자"를 위하여 단기적인 트렌드의 변화에서부터 기술진보를 중심으로 한 패러다임 전환까지 종합적으로 변화를 이해하기 위해 애쓴다. 이 책은 COVID-19로 가속화되고 있는 거대한 변화의 물결의 핵심 요인과 방향, 그 변화 속에 존재하는 다양한 사업기회들을 설득력 있게 제시하고 있다. 특히 그 변화 가운데 사업모델의 핵심 축인 플랫폼과 콘텐츠 사업 모델에 대하여 대부분 모호하게 이해하고 있는 것을 보다 분명하게 알기 쉽게 설명하고 기업이 선택 가능한 전략적인 옵션들을 명쾌하게 제시하고 있다. 이에 개인이건 기업을 경영하는 경영자들이건, 기관 투자자들이건 학생들이건 미래를 고민하고 투자를 생각하는 분들이 반드시 정독을 할 필요가 있는 책이라 생각된다.

임유철 | H&Q Korea 공동대표

창업이란 망망대해에 배를 띄우는 것과 같다. 별자리를 보고 바람의 방향을 타는 모험이다. 특히 성공적인 디지털 세계로의 항해는 올바른 전략적 방향과 과학적인 추진력이 핵심이다. 이 책은 단숨에 읽어 버릴 수가 없다. 이 책은 여러분이 극지방이든 혹은 해저세계든 새로운 비즈니스 세계를 탐험할 때 바이블처럼 옆에 두고 한번씩 들쳐보고 방향이라는 답을 찾아가는데 나침반 같은 역할을 해줄 것이다.

최원석 | BC카드 대표이사

패러다임이 바뀌는 시대, 대응법이 달라져야 한다

COVID-19가 준 뜻밖의 선물

2020년 세계는 1918년 스페인 독감 이후 COVID-19(이하 코로나)라는 최악의 바이러스로 고통받았다. 스페인 독감으로 2년에 걸쳐 당시 인구의 1/3이었던 5억 명이 감염되고 2,000만~5,000만 명이 사망한 것에 비하면 2021년 6월 현재 약 1억 7,700만 명 감염에 380만 명이 사망한 것은 의학 기술의 발달로 팬데믹 상황에서도 선방한 것이라고 할 수 있다. 더구나 보통 10여 년 걸리는 백신을 1년 만에 개발해낸 것은 인류사에 기념할 만한 성과이다.

지구적 위기에 대한 의학적인 성과와 더불어 코로나는 우리에게 다가올 미래를 5년 이상 앞당겼다는 의미 있는 성과를 남겼다. 경제가 멈추고 모든 대면 모임이 금지되는 극단적인 상황에서 그동안 개발된 디지털 기술을 이용해 비대면으로 서로 의사소통을 하고, 의사결정을 하고, 일을 하고, 상거래를 하고, 심지어 온라인 종교생활을 하는 등 미래의 생활 모습을 미리 경험하게 해준 것이다. 이것은 2016년 다보스포럼에서 클라우스 슈밥이 4차 산업혁명(Industry 4.0)이라고 명명한 새로운 세상이 시작되었고 엄청난 변화의 파도가 몰려오고 있음을 예고한다.

트렌드의 변화, 패러다임의 변화

우리는 항상 변화에 대응하며 살아가고 있다. 변화에는 2가지가 있다. 하나는 트렌드의 변화이고 다른 하나는 패러다임의 변화이다. 우리는 연말이 되면 그해의 트렌드를 정리하고 다음 해의 트렌드를 예측하는 서적들을 접한다. 그러한 책들은 소비자의 변화에 영향을 주는 시장과 경영 환경, 다양한 생활양식, 사회문화적 변화들을 분석하고 예측한 유용한 정보들을 제공한다.

이런 트렌드의 변화는 시의적절한 마케팅 전략을 수립하는 데 도움이 된다. 시기에 따라서는 트렌드 정보만으로도 충분히 사업 전략 수립에 큰 지침을 얻을 수 있다. 그러나 만약 우리가 인지하지 못하는 사이에 패러다임이 바뀌고 있는 것이라면 트렌드에 기반한 전략은 무용지물일 뿐만 아니라 잘못된 의사 결정으로 기업의 존망을 가를 수 있다. 그런데 많은 사람들이 지금 그 패러다임이 변하고 있다고 한다.

패러다임의 변화는 어떻게 오는 것일까?

"그날이 도적같이 너희에게 임할 것이다." 성경에 나오는 구절이다. 평소 변화에 대해 준비되어 있지 않은 사람에게는 변화가 도적같이 갑자기 들이닥친다는 말이다. 이 말 속에는 패러다임의 변화와 관련된 중요한 인사이트가 있다.

그것은 변화의 '실제'와 달리 변화의 '인식'은 단절적이고 비선형적이라는 점이다. 도적이 오고 있다는 '사실'은 같지만 도적이 올 수 있다는 가정하에 환경 변화를 주목하고 있는 사람과 그렇지 않은 사람의 변화에 대한 '인식'에는 큰 차이가 있다. 도적이 올 수도 있다는 생각으로 늘 깨어서 주변을 살피는 사람에게 도적의 등장은 갑작스럽지 않으므로 충분히 막을 수 있을 것이다. 그러나 아무 생각 없이 태평하게 지내던 사람에게 도적의 등장은 갑작스럽고 충격적으로 다가와 모든 것을 잃을 수도 있다. 실제적인 변화와 그것을 인식하는 것에는 차이가 있다는 말이다. 실제적인 변화는 지속적 점진적으로 진행되고 있다. 하지만 많은 사람들이 그 변화를 크게 인식하지 못하고 살아간다. 그러다 어느 날 갑자기 엄청난 변화가 다가오고 있다는 것을 깨닫게 된다.

패러다임의 변화란 이처럼 큰 변화가 다가오고 있는 것을 집단적으로 갑자기 깨닫게 되면서 느끼는 단절적인 변화를 말한다. 그동안 사람들이 집단적으로 옳다고 믿었던 가정들이 실제로는 크게 바뀌는 것이므로 가장 주목해서 보아야 할 것은 가정의 변화이다. 대표적으로 코페르니쿠스 이전에 사람들은 태양이 지구 주위를 돈다는 가정하에 모든 연구를 해왔다. 그런데 갑자기 지구가 태양 주위를 돈다는 사실을 알게 된 것이다. 이처럼 가정이 바뀌면 이전의 잘못된 가정하에서 세운 모든 이론과 계획들은 무용지물이 된다. 새로운 가정하에서 새로운 이론과 새로운 계획을 세워야 하는 것이다.

누구도 기술적 진보를 지연시킬 수는 없다

2016년 다보스포럼을 계기로 본격적으로 논의되기 시작한 4차 산업혁명은 1, 2, 3차 산업혁명과 결이 다른 혁명적인 변화를 예고하고 있다. 18세기 영국에서 일어난 1차 산업혁명은 증기기관이라는 최초의 동력을 발명하면서 시작되었다. 증기기관의 발명과 더불어 철강업의 발전으로 기계를 만들었고 사람의 노동력을 기계로 대체한 혁신을 통해 생산성 향상을 가져왔다.

2차 산업혁명은 전기에너지 발명과 함께 1914년 포드의 컨베이어벨트 발명으로 대량생산 시대를 열면서 산업 생산을 폭발적으로 증가시켰다. 1차 산업혁명이 원천 기술 혁명이라면 2차 산업혁명은 기술을 한 단계 업그레이드한 응용 혁명으로서 일부 귀족들이 누리던 물질적인 풍요를 대중들도 동일하게 누릴 수 있도록 함으로써 인류사에 엄청난 변화를 선물해주었다. 1, 2차 산업혁명을 통한 다양한 가전제품과 자동화된 기계의 발전으로 인류는 육체노동으로부터 상당한 자유를 누리게 되었다.

3차 산업혁명은 1990년대 컴퓨터와 인터넷의 보급으로 시작된 정보혁명으로서 정보와 지식 공유, 의사소통 혁신과 컴퓨팅 기술로 장기 침체에 빠져 있던 세계 경제를 한 단계 도약시켰다. 정보혁명의 영향력은 인간의 지적 능력을 배가함으로써 산업 전 분야에 걸쳐 혁신의 원동력을 제공했고, 산업 생산과 더불어 교통, 통신의 발달, 서비스 산업의 발달을 통해 인류에게 풍요를 선사해주었다. 3차 산업혁명이 1차 산업혁명처럼 데이터 기반의 지식, 정보 산업의 원천 기술 혁명이라면 4차 산업혁명은 3차 산업혁명의 응용 혁명으로서 이 시기에 개발된 기술적인 진보가 상호 융합하면서 또 다른 차원의 시대가 시작될 것으로 예견되고 있다.

3, 4차 산업혁명은 인간의 지적 노동을 지원하고 더 나아가 대체하는 혁명으로서 지적 노동에서 인간을 자유롭게 하려는 시도인데, 기술적인 문제와 더불어 사회문화, 법과 제도적으로 풀어야 할 숙제가 아직 많이 남아 있다. 그러나 기술적인 진보는 누구도 막을 수 없다. 따라서 우리는 다양한 변화에 대해 마치 도적을 감시하듯 주목하면서 늘 고민해야 한다.

패러다임 변화의 시대, 생존 길라잡이를 희망하며

이 책에서 다가올 4차 산업혁명을 맞이하는 전통 기업과 스타트업들의 관점에서 과연 변화의 핵심 방향은 무엇인지, 그러한 변화 가운데에서도 변하지 않는 사업모델은 어떤 것들이 있는지, 기업 입장에서 생존하기 위한 전략적인 핵심 포인트는 무엇인지에 대해 정리해보고자 했다.

그리고 혁명적인 변화가 일상화된 시기를 살아가야 할 후배들에게 몇 가지 유용한 콘셉트(Concept)와 프레임(Frame)을 말해주고 싶었다. 산업이 다르고 시장에서 위치와 규모가 다르고, 사업모델도 각기 다른 많은 사람들에게 공통적으로 적용 가능한 유용한 콘셉트와 프레임을 제공함으로써 각자 자신들이 처한 위치와 입장에서 스스로를 점검 및 진단해보고 방향을 찾아볼 수 있게 하고 싶었다.

조금 개념적이고 추상적일 수 있지만 격변의 시기를 헤쳐가야 하는 경영자들, 전략가들, 창업가들, 그리고 개인들에게 생각해볼 거리와 고민해볼 거리, 토론할 거리를 줄 수 있으면 나의 목표는 달성된 것이다. 이것은 정답을 제시한다기보다 질문을 던진 글로 이해되기를 기대한다. 머리가 복잡할 때, 방향을 잃었을 때, 아이디어가 필요할 때 유용한 길라잡이로 사용할 수 있기를 기대한다.

신원규

1장
환경 변화에 대한 인사이트

2장
사업모델에 대한 인사이트

3장
플랫폼 사업모델

5장
지속 가능한 성장을 위한 인사이트

1장

환경 변화에 대한
인사이트

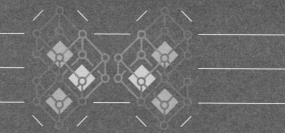

4차 산업혁명 시대의 뉴노멀,
우리는 어떤 패러다임 변화 속에 있는가?

그때는 맞았지만 지금은 틀린 사실들

2020년 코로나로 인해 갑자기 전 세계가 혼란의 도가니 속으로 빠져들면서 '한 번도 가보지 않은 길'을 가려고 한다는 이야기를 많이 듣는다. 전 국민에게 재난지원금 명목으로 일정 금액을 일괄 지원하는 일, 기본 소득에 대한 논의, 우리나라에서 가장 비싼 땅인 명동이 텅 빈 이야기, 국립대학교 지원자가 정원 미달된 이야기, 코로나 극복 과정에서 한국이 전 세계의 리더가 된 이야기, 이 혼란한 시기에 증시와 부동산이 역사상 최고치를 훌쩍 넘은 이야기 등 매일 새로운 뉴스들이 가득한 세계에서 살고 있다.

그러나 처음엔 충격적인 뉴스들이 시간이 조금만 지나면 익숙해지고 당연해지는 경험을 하곤 한다. 한때 비정상이라고 생각했던 사실들을 우리는 어느새 새로운 정상으로 받아들인다. '뉴노멀(New Normal)'인 것이다. 사실 우리는 기존에 정상이라고 생각했던 것이

뭔가 현실에 맞지 않는다는 것을 조금씩 느껴왔을 것이다. 그러다 어느 날 갑자기 우리가 가정했던 전제들이 이미 바뀌었다는 것을 깨닫는다. 과거에 우리가 사실이고 진리라고 배웠던 원리 원칙들이 상황이 변하면서 적용되지 않는 것이다.

미래를 준비하면서 가장 먼저 할 일은 우리가 당연시하는 '노멀(Normal)'이라고 생각했던 가정들이 과연 지금도 맞는지 점검해보는 것이다. 그때는 맞았지만 지금은 틀린 사실들은 어떤 것들이 있을까?

공급 과잉 사회 = 수요가 부족한 사회

피터 드러커는 환경 변화 중 유일하게 예측 가능한 것이 인구 변화라고 했다. 인구는 갑자기 증가하거나 감소하지 않기 때문에 인구 추계는 가장 믿을 수 있는 미래 예측 기준이 된다. 2020년은 인구 측면에서 중요한 해였다. 처음으로 인구가 순 감소한 해이기 때문이다. 통계청의 인구주택총조사에 따르면 2019년 인구는 5,185만 명이었는데 2020년 5,183만 명으로 2만 명 줄어들었다. 2019년 인구가 역사상 가장 많은 인구로 기록될 가능성이 높은 것이다.

2019년 한국의 합계 출생률은 0.92로 OECD 국가 중 가장 낮다. 이는 부부 한 쌍이 0.92명의 자녀를 출산하므로 인구가 확실하게 감소한다는 의미다. 실제로 1960~1970년대에는 1년에 80만~100만 명의 신생아가 출생했는데 2019년에는 30만 명대로 대폭 감소했다. 이런 추세가 지속된다면 앞으로 30년 후인 2050년에는 한국 인구는 4,800만 명 수준이 되고 2060년에는 4,300만 명 수준으로 하락

할 것이다(통계청 장래인구특별추계, 2019). 이런 인구의 감소로 이미 영유아 시장과 청소년 시장, 즉 영마켓(Young Market)은 시장 자체가 큰 폭으로 축소되었고 상대적으로 어덜트마켓(Adult Market)과 실버마켓(Silver Market)은 그런대로 시장을 유지하고 있다.

인구가 감소한 반면 지난 반세기 동안 우리는 기술 발달로 엄청난 생산성 향상을 이루어냈다. 2020년 3월 OECD는 2018년 구매력평가지수 기준으로 인당 실질국민소득에서 역사상 처음으로 한국이 일본을 앞섰다고 발표했다. 이것은 과거 감히 꿈꿀 수도 없었던 충격적인 새로운 현실이다. 그런데 아직도 많은 한국인들은 이 현실을 실감하지 못하고 있다.

이런 경제 성장과 생산성 향상은 반갑고 즐거운 일이지만 역설적으로 큰 숙제를 남겼다. 공급은 넘치는데 소비할 수요가 부족해서 경기침체가 우려된다는 것이다. 인류는 언제나 욕망을 채워줄 상품이 부족한 시대를 살아왔다. 그래서 팔릴 것을 믿고 생산성을 높여 낮은 가격에 많은 양을 생산할 방안을 찾는 데 심혈을 기울여왔다. 정부의 모든 정책이나 기업의 모든 전략은 공급이 부족하다는 기본 전제를 바탕으로 수립되었다.

그런데 이것이 틀린 가정이 된 것이다. 인구 감소로 수요가 줄어들었는데 공급은 넘쳐나고 있으니 생산을 통해 돈을 벌던 기업들은 매출이 줄어 재고가 쌓이고, 경영난으로 어려워진 기업이 직원을 줄이면 실업이 늘고 수요는 더 줄어드는 디플레이션 악순환 사이클로 경제가 수축된다. 홍성국 박사는 이를 '수축사회'라고 표현했다.

이제 정부의 정책 수립과 기업의 전략 수립은 공급초과사회 혹은 수축사회를 가정하고 다시 수립해야 할 것이다. 선진국 각국에서 '기본 소득' 개념에 대해 활발히 논의하며 실험하고 있는 것은 공급초과사회의 대안으로 전 국민에게 기본 소득을 지급해 소비유발지수가 높은 저소득층의 소득을 올려줌으로써 수요를 창출하기 위한 것이다. 과거의 모든 경제 정책은 생산성을 높이고 증가시키는데 인센티브를 주었다면 미래의 경제 정책의 핵심은 어떻게 부를 재분배해서 많은 수요를 창출할 것인가, 혹은 어떻게 출산율을 높여서 수요를 창출할 것인가에 인센티브를 주는 방향으로 전환해야 할 것이다.

그렇다면 기업의 전략은 어떻게 변해야 할까? 공급초과시장에서는 함부로 투자해서 상품을 생산하는 것에 주의해야 한다. 과거에는 내가 만들 수 있는 것을 만들었다면 이제는 고객이 원하는 상품, 팔릴 수 있는 상품을 만들어야 하고 더 나아가 고객이 원하는 상품이 시시때때로 변하니 처음엔 테스트 오더로 소량 출시해보고 고객의 반응에 따라 리오더하는 방법으로 적중률을 높여야 할 것이다.

패션 기업 자라(ZARA)의 '기획하지 말고 반응하라'는 모토가 기업이 나아가야 할 방향을 잘 말해주고 있다. 최근 데이터를 기반으로 한 디지털 트랜스포메이션의 핵심 과제도 결국 소비자의 니즈에 맞는 최적의 상품만 생산해서 공급할 수 있는 '매스 커스터마이제이션(Mass Customization)'을 구현하는 것이다. 이러한 전략들은 모두 공급초과사회를 가정한 것이다.

타임 세이빙(Saving) 산업, 타임 킬링(Killing) 산업

기술과 산업의 발전으로 인한 생산성 향상은 양적으로 공급초과시장을 만들었고, 질적으로는 인류를 힘든 육체노동으로부터 상당 부분 해방시켰다. 특히 세탁기, 건조기, 전기밥솥, 가스레인지, 전자레인지, 냉장고, 로봇청소기 등 가전 산업의 발전은 여성들을 가사노동에서 해방시켜 사회 진출의 기폭제가 되었다. 비행기, 고속열차, 자동차 등 모빌리티(Mobility) 산업의 발전은 이동 시간을 대폭 단축했고, 모바일폰(Mobile Phone)은 의사소통 시간을 대폭 감소시켰다. 유통산업의 발전은 쇼핑 시간을 단축했고 컴퓨터의 발전은 인간의 사업 기획과 정보 공유에 드는 업무 시간을 단축했다. 로봇은 생산 공정에서 사람들의 작업 시간을 대폭 줄여주었다.

이러한 산업 발전을 '시간'이라는 관점에서 본다면 인류 문명은 인간의 노동시간을 단축하고 시간을 절약하는 방향으로 발전해왔다고 할 수 있다. 과거에 비해 현대인의 노동시간은 대폭 줄어들었다. 노동시간이 대폭 줄어들었음에도 불구하고 왜 사람들은 오히려 과거보다 더 바쁘고 시간이 부족하다고 말하는 것일까? 모든 사람에게 하루 24시간 1년 365일이 공평하게 주어지는데 노동시간이 줄어든 대신 어떤 시간이 늘어난 것일까?

그 이유는 생산성 향상으로 늘어난 시간을 '즐긴다'는 명목으로 '타임 킬링'에 사용하고 있기 때문인지도 모른다. 조금 극단적인 구분일 수도 있지만 사업을 크게 '타임 세이빙' 사업과 '타임 킬링' 사업으로 나눈다면, 최근 '타임 킬링' 사업이 급성장하고 있다. 대표적으로 게임, 엔터테인먼트, 유흥, 커피숍, 스포츠, 피트니스, 각종 문화 공연, 여행, 관광 등 소위 문화산업에 속한 많은 사업들은 인류에게 시간을 보내는 방법들을 제안함으로써 가치를 만들고 있다. 이들 사업의 핵심 성공 요인은 '경험'이다.

미래 산업이 지향하는 점은 다소 역설적인 표현이지만 인간을 생산적인 '노동'으로부터 해방시켜서 소비적인 경험을 하는 방향으로 발전한다는 것이다. 이런 산업 발전 방향은 물론 한 번은 인류에게 무엇이 옳은가에 대해 큰 논쟁을 불러일으킬 만한 주제이기도 하다. 왜냐하면 인간은 시간의 '질'에 따라 자존감이 형성되는데, 생산주체로서 생산적인 노동이 아닌 소비주체로서 소모적인 경험에만 노출되면 오히려 자존감이 낮아져서 정신적으로 행복감이 떨어질 가능성을 배제할 수 없기 때문이다. 현대인들이 물질적으로는 풍요로운데 정신적인 문제가 많은 이면에는 다양한 이유들이 있겠지만 '노동'에 대한 부정적인 인식도 중요한 이유라고 할 수 있다.

어찌 되었건 앞으로 사업을 하는 사람들이 기억해야 할 중요한 패러다임의 변화는 '어떻게 사람들의 시간을 절약해주고 편하게 해줄까?'를 고민하는 '타임 세이빙 사업'이 발전하는 만큼 '사람들이 남는 시간을 어떻게 의미 있게 잘 보낼까? 사람들에게 어떤 즐거운 경험을 제공할까?'를 고민하는 '타임 킬링 사업'도 발전할 것이라는 점이다. 타임 세이빙 사업은 주로 소수의 하이테크(Hi-Tech) 기업들이 중심이 되어서 발전할 것이다. 반면 타임 킬링 사업은 다수의 사람 중심의 로테크(Low-Tech) 기업들에게 더 많은 기회를 제공할 것이므로 주목해볼 만한 시장이다.

완전경쟁시장의 역설, 독점

보통 경제학의 많은 이론은 완전경쟁시장이라는 가정하에 수립된다. 다시 말해 '현실적으로 완전경쟁은 불가능하지만 이론적으로 완전경쟁시장이라면 경제주체들이 이렇게 움직일 것이다'라는 가정을 기반으로 경제학 이론들이 만들어졌다. 현실에서 완전경쟁 환경이 어려운 이유는 여러 가지 장벽이 많기 때문이다. 시간의 장벽, 공간의 장벽, 지리적 장벽, 법적 제도적 장벽 등 많은 장벽으로 인해 현실 세계는 불완전경쟁시장일 수밖에 없다.

인터넷의 발전으로 소비자들은 밤낮으로 언제든 쇼핑을 할 수 있게 됨으로써 시간의 장벽이 사라졌고, 지리적인 장벽과 국가 간의 장벽도 많이 무너졌다. 스마트폰 하나로 전 세계 모든 시장에서 원하는 제품을 검색해서 구매할 수 있는 시장이 된 것이다. 아직 언어나 문화적 장벽, 법적 제도적 장벽 등 몇 가지 장벽들이 남아 있긴 하지만 과거에 비해 완전경쟁에 많이 가까워졌다. 특히 소비재시장은 완전경쟁에 많이 근접해 있으므로 모든 시장 참여자들은 완전경쟁시장에서의 시장원리를 잘 숙지해야 한다.

사실 기업에게 완전경쟁시장은 반가운 이야기가 아니다. 기업은 독과점을 통해 이윤을 얻을 수 있는데 완전경쟁시장이 되면 기업의 한계이익(단위당 생산액의 증가에 따라 얻을 수 있는 이익 증가액)이 제로에 수렴한다. 완전경쟁시장에서 어느 한 곳에 한계이익이 생기면 경쟁자들이 이익이 있는 시장으로 몰려가 한계이익은 제로가 되는 것이다. 현실 세계에서 많은 기업들이 이윤을 얻는 것은 여러 가지 장벽을 구축해서 불완전경쟁시장을 만들고 작은 독과점을 하기 때문이다.

여기서 정부와 기업은 정반대의 미션을 가지고 있다. 정부는 경쟁을 통해 소비자 이익을 극대화하려고 하기 때문에 완전경쟁시장을 만들기 위해 노력한다. 그러나 기업은 완전경쟁시장이 되면 이익을 낼 수 없으니 어떻게 해서든지 독과점 시장을 만들어 이윤을 극대화하려고 한다.

완전경쟁시장에서 경쟁해야 할 기업에게 중요한 팁은 어떻게 독점을 만들 수 있는가와 완전경쟁시장의 작동 원리를 이해하는 것이다.

완전경쟁시장에서 기업이 독점을 유지하는 3가지 방법

첫 번째 방법은 시장 지배를 목적으로 한 기업의 경우 먼저 시장을 선점해서 진입 장벽을 높이는 것이다. 진입 장벽은 투자 규모일 수도 있고 특허, 브랜드 등 지적재산권(IP, Intellectual Property Rights)일 수도 있고, 핵심 인재나 네트워크일 수도 있다.

두 번째 방법은 '혁신'을 통해 '일시적인 독점'을 하는 것이다. 특히 신제품 혁신을 하면 새로운 시장을 만들어 일시적으로 독점 상태가 가능해진다. 다만 시간이 흐르면 경쟁자들의 복제(Copy) 제품들이 쏟아져 나오므로 일정 기간까지만 독점이 가능하다. 대신 이러한 혁신을 계속함으로써 지속 가능한 기업을 만들 수 있다. 이 경우에는 제품 라이프사이클 관리가 중요하다.

마지막 방법은 작은 니치 시장(Niche Market)에서 독점하는 것이다. 시장 규모가 작아 경쟁자들이 들어오기 어려운 경우 먼저 독점을 해버리면 지속적인 독점을 향유할 수 있다.

완전경쟁시장의 작동 원리

이런 완전경쟁시장에서 독점을 할 수 있는 전략과 함께 이해해야 할 중요한 법칙은 '파레토의 법칙'이다. 파레토의 법칙은 경제학자 파레토가 '완전경쟁시장에서 어떤 상태가 되었을 때 시장이 균형을 이루어 안정을 되찾게 되는가?'라는 주제를 연구해서 발표한 이론이다. 완전경쟁시장은 기본적으로 너무 변동이 심해서 불안정한데 어떤 조건이 되면 균형을 이루어 안정화된다는 것이다. 파레토가 발견한 그 조건은 상위 20%의 시장 참여자가 시장점유율의 80%를 차지하는 것이다. 이것은 매우 역설적인 법칙이다. 완전경쟁시장에서 어떤 기업이 경쟁력을 강화해서 독과점을 이루면 시장이 안정화되어 지속적으로 독과점을 유지할 수 있다는 말이기 때문이다.

이런 현상은 도처에서 발견된다. 초기 온라인 검색시장은 춘추전국시대였지만 한국 시장에서 네이버가 전체 검색 광고 시장을 70~80% 장악한 이후 순위 변동이 거의 없다. 심지어 글로벌 검색 공룡 구글도 한국 검색시장의 구조를 바꾸지 못했다. 오프라인 유통 역시 롯데, 현대, 신세계가 독과점을 형성한 이후 오랫동안 시장구조가 변하지 못했다. 글로벌 스마트폰 시장은 애플과 삼성, 중국의 화웨이나 오포, 비보 등 소수 기업이 독과점하고 있다. 조선, 비행기, 자동차 시장도 마찬가지다.

완전경쟁 환경일수록 독과점이 심화되는 이 역설을 이해해야 양극화되는 시장의 원리를 바탕으로 개별 기업들은 전략을 제대로 수립할 수 있다.

규모의 경제에서 속도의 경제로

전통적으로 기업들이 이익을 확대하는 방법은 규모의 경제 효과를 노리는 것이었다. 규모의 경제란 비용을 고정비와 변동비로 구분했을 때 규모를 증가시키면 변동비용은 줄이기 힘들지만 단위당 고정비용은 낮출 수 있으므로 이익률이 증가하는 효과를 말한다. 공급 부족 환경이나 불완전경쟁 환경이라면 보통 규모의 경제 효과와 경험 곡선으로 수확체증의 효과가 작동할 수 있다. 경험 곡선이란 오랫동안 일할 경우 숙련도가 올라감에 따라 단위당 비용이 감소하여 수익이 늘어나는 것을 말한다.

그런데 만약 공급초과시장과 완전경쟁시장이 되면 상품당 수요가 적어 규모의 경제 효과가 사라지고 오히려 재고비용과 마케팅 비용 증가 등으로 수확체감의 법칙(생산 규모가 늘어날수록 단위당 한계이익이 감소하는 현상)이 나타날 수 있다. 이런 상황에서 제품의 수명주기가 짧아지면 규모의 경제를 목적으로 규모를 키울 경우 큰 위험을 안게 된다. 미래 경쟁 시장은 만성적인 공급 초과로 일부 시장을 제외하고 규모의 경제 효과가 더 이상 작동하지 않을 것이다.

미래의 시장에서는 오히려 속도의 경제가 중요하다. 몸집이 큰 초식 공룡이 날렵한 육식 공룡을 이기지 못한 것처럼 규모가 큰 기업들이 역설적으로 경쟁에서 매우 불리한 입장이 될 수 있다. 몸집이 작은 기업은 빨리 신제품을 출시하여 일시적인 독점 효과를 누리고 이익을 회수한 후 선제적으로 또 다른 신제품을 출시하여 이전 상품의 수명주기를 단축시킴으로써 이전 상품을 모방한 기업들을 함께 사장시키면서 시장에서 독점적 지위를 이어가는 전략을 쓴다.

한때 세계 모바일폰 시장을 석권했던 노키아를 물리친 삼성의 시리즈 전략이 그러하고, 끊임없는 신제품 개발로 시장에서 지배적인 지위를 이어가고 있는 LG생활건강이나 아모레퍼시픽 등 소비재 기업들이 그러하다. 이런 기업들은 규모는 크지만 속도의 경제를 추구하기 위해 내부적으로 조직을 민첩하게 운영하는 전략을 쓴다.

시장 특성에 따라 진입 장벽을 유지할 수 있는 독점시장이라면 여전히 규모의 경제 효과가 작동할 수도 있다. 그러나 진입 장벽을 유지하기가 쉽지 않은 경쟁시장이라면 속도의 경제 전략으로 전환해야만 지속적인 생존이 가능할 것이다.

재무적 가치에서 ESG 가치로

2020년 11월 국민연금 이사장이 앞으로 국민연금의 투자 검토에 ESG 요소를 적극 반영하겠다고 하면서 기업들은 ESG의 중요성을 다시 한 번 확인했다. 최근 글로벌 투자업계에서 가장 중요한 투자 의사 결정 요소 중 하나가 ESG이다.

ESG란 기업이 기존의 경영활동 과정에서 재무적인 이익에 앞서 환경적(Environment), 사회적(Social), 지배구조(Governance)의 가치를 우선에 두고 경영하는 것을 말한다. 환경적 가치란 지구온난화와 그로 인한 자연재해를 막기 위해 RE100(Renewable Electricity 100)처럼 100% 재생에너지 사용이나 쓰레기를 배출하지 않는 폐기물 제로 기업(ZERO Waste Company), 친환경 소재 사용 등과 같은 환경친화적인 기업이 되는 것을 말한다. 사회적 가치란 양극화된 사회에서 빈

곤충이나 장애인, 난민, 실업자 등 사회적 약자를 보호하고 지원하는 정책들을 말한다. 지배구조 가치란 경영 성과를 투명하고 거짓 없이 주주들에게 공개하고 이해관계자(Stakeholders)들에게 공정한 가치 분배를 하는 공정한 경영을 추구하는 것을 말한다.

왜 ESG가 투자업계에서 화두가 되고 중요한 투자 의사 결정 기준이 되었을까? 그 이유를 2가지로 추정해볼 수 있다. 첫째는 그만큼 기업이 사회에 미치는 영향력과 책임이 막중해졌다는 것이다. 둘째는 디지털 혁신으로 세계가 더욱더 연결되어 있어서 이제 한 기업의 문제는 인류 공동체의 문제가 될 수 있는 하나의 세계가 되었다는 것이다. 그래서 지속 성장 가능한 사회가 되기 위해서는 환경문제, 사회문제, 지배구조 문제가 재무적인 이익보다 더 중요하다.

최근 지구 곳곳에서 일어나고 있는 지구온난화로 인한 자연재해, 극심한 양극화로 인한 각국의 사회적 갈등, 모든 정보가 오픈된 사회에서 분출되는 공정의 가치에 대한 요구, 차별과 특권의식과 불공정에 대한 분노 등은 이제 단순히 정치가들의 문제가 아니라 사회의 가장 중심 세력이자 모든 물질문명을 선두에서 주도해온 기업이 함께 책임지지 않으면 해결될 수 없는 문제라는 사실에 대해 세계적인 공감대가 형성되었다고 할 수 있다.

고객들과 투자자들이 기업의 적극적인 감시자가 되어 문제를 일으키는 기업을 철저히 외면하고 퇴출할 것이다. 이에 따라 기업은 재무적인 이익에 앞서 기업 생존의 기본 조건으로 지구온난화 문제, 자원 재활용 문제 등 환경문제에 적극적인 기여를 해야 한다. 또한 양극화나 차별, 난민, 실업 문제 등에 대해서도 적극적인 참여와 기여를 해야 한다. 이뿐만 아니라 기업 내부의 운영에서도 투명하고 공정한 경영으로 기업이 창출한 가치를 이해관계자들과 공정하게 분배하고 모든 과정을 공개하여 합리적으로 경영하는 모습을 보여 주어야 한다.

미래에는 이렇게 ESG를 실천하는 좋은 기업을 소비자나 투자자들이 적극적으로 지지하고 후원하여 그 보답을 반드시 해주는 생태계가 형성될 것이다. 이 모든 것이 가능한 이유는 우리가 살아갈 미래는 열린 사회(Open-Society)여서 모든 정보가 공유될 수밖에 없고, 모두가 연결되어 상호작용을 하는 사회이기 때문이다.

작은 정부에서 큰 정부로

10여 년 전만 해도 세계적으로 신자유주의적인 가치인 시장 기능을 우선시하고 정부의 역할을 축소해야 한다는 믿음이 강했다. 하지만 2008년 금융위기를 거치면서 신자유주의의 주장은 물러가고 오히려 정부의 역할을 더욱 중요하게 여기는 큰 정부론이 힘을 얻고 있다.

큰 정부론이 힘을 얻는 가장 큰 이유는 시장 기능에 맡겨놓을 때 점점 더 심해지는 양극화 문제를 해결할 수 없기 때문이다. 과학기술의 발달로 세계는 소득 격차와 더불어 빈익빈 부익부가 심해지는 데다 금융위기 이후 경기 부양을 위해 각국 정부에서 주기적으로 실행해온 양적 완화와 저금리 기조가 자산시장의 거품을 키우면서 자산을 소유한 자와 그렇지 못한 자 간에 극심한 부의 편중 현상이 나타나고 있다. 더구나 AI와 로봇 등이 인간의 직업을 잠식하면서 실업 문제는 각국에서 미래 경제 정책의 가장 핵심적인 어젠다가 된지 오래이며 현재까지 마땅한 대안이 없는 상태이다.

그나마 최근까지 가장 희망적인 정책 대안은 기본소득론인데 이조차도 아직 사회적 합의를 이루지 못하고 있다. 이에 더해 저출산이나 고령화 문제 등 산적한 사회문제들을 앞두고 있는 상황에서 이들 문제에 대해 책임 있는 주체가 현재로서는 정부밖에 없으므로 미래에는 큰 정부가 될 수밖에 없다. 큰 정부는 역할이 커진 만큼 세금을 더 거두고 공무원을 더 늘려야 하므로 기업들 입장에서는 부담이다. 그렇다고 막연히 반대만 하고 작은 정부를 요구할 수도 없다.

그렇다면 우리는 이런 변화에 어떻게 대응해야 할까? 가장 우선은 큰 정부일지라도 비효율적인 정부로 가는 것은 막아야 한다. 스마트한 정부로서 인력이나 비용은 줄이면서 역할을 확대하는 정부를 요구해야 한다. 둘째는 정부와 역할이 겹치는 사업을 하는 기업이나 개인의 경우 신중할 필요가 있다. 대표적인 예로 한때 큰 사회적 이슈가 되었던 유아 돌봄이나 유치원 교육 사업, 노인 복지 관련 요양원 운영 사업 등을 민간에 맡겼으나 국민들의 요구에 의해 정부에 책임이 주어지는 사업을 하는 기업들은 향후 투자에 신중할 필요가 있다. 셋째는 정부에게 서비스를 제공하는 사업 영역은 더욱 커질 가능성이 있으므로 정부의 조달시장이나 발주시장을 주목해볼 필요가 있다.

정부의 역할 변화는 기업 전략 수립에 적지 않은 차이를 가져다준다. 가장 중요한 자세는 정부를 국민들과 소비자에게 서비스하는 경제주체의 파트너로 보는 관점의 변화이다. 정부든 기업이든 국민과 고객에게 더 질 좋은 서비스를 제공하고자 하는 목표는 동일하다. 다만 역할이 다를 뿐이다. 따라서 서로 적대적인 경계심을 풀고 협력할 부분은 협력하고 상생을 위한 의견 교환도 하면서 다양한 비즈니스 기회를 찾도록 노력해야 한다. 다만 명심할 것은 과거와 같이 뇌물과 인맥을 통한 비정상적인 거래 관계는 전혀 도움이 안 된다는 사실이다. 미래는 열린 사회로서 모든 것이 드러나게 되어 있다. 공정한 경쟁의 룰을 바탕으로 협상과 타협을 통해 일을 풀어가는 투명한 거래 관계가 더욱 중요해질 것이다.

변화와 혁신의
원천과 패턴

혁신적 변화의 근본 원인

그렇다면 뉴노멀, 패러다임 시프트(Paradigm Shift)를 가져오는 근본 원인은 무엇일까? 그것을 명확히 이해한다면 이 변화를 다루는 더 좋은 방법들을 찾아낼 수 있을 것이다.

혁신적인 변화의 근본 원인은 기술, 디자인, 사업모델이다. 인류 역사에 생산성 혁명을 촉발한 1, 2, 3차 산업혁명은 모두 과학 이론에 기반한 기술의 발전에 의해 일어난 것이다. 1차 산업혁명은 제임스 와트의 증기기관을 통한 동력 기술, 2차 산업혁명은 전기 기술과 컨베이어벨트를 통한 대량생산 기술, 3차 산업혁명은 진공관, 반도체 등 요소 기술에 의한 컴퓨터 기술, 전 세계 컴퓨터를 일정한 프로토콜(약속, 규정)로 상호 연결하는 인터넷 기술, 그리고 컴퓨터를 핸드폰에 심은 스마트폰 기술 등으로 혁명적인 변화와 혁신을 가져왔다.

4차 산업혁명은 3차 산업혁명의 연장선상에서 이러한 컴퓨터와 인터넷 스마트폰 기술이 고도화되고 상호 융합되어 IoT(Internet of Things), 빅데이터(Big-Data) 기술, 머신러닝(Machine Learning) 및 딥러닝(Deep Learning) 기술, 인공지능과 로봇, 3D프린팅 등 수많은 혁신적인 기술들이 주도하고 있다. 결국 산업혁명을 만들고 패러다임 변화를 가져오는 핵심 동인은 '기술'이다.

이러한 기술의 발전과 함께 패러다임을 변화시킨 또 다른 요소는 감성적인 욕구 측면에서 찾을 수 있다. 기술의 발전으로 풍요로운 삶을 누리게 된 사람들은 기술이 주는 가치만으로 만족하지 못하고 또 다른 가치를 찾게 되는데 그것은 곧 '디자인(Design)'이다. 여기서 디자인이라 함은 사람들이 찾는 감성적인 가치를 모두 담은 대표적인 개념으로서의 '디자인'이다.

기술이 이성적인 가치를 준다면 디자인은 감성적인 가치를 준다. 감성적인 가치는 우리가 생각하는 것보다 훨씬 중요하고 실현하기 어려운 수준 높은 것이다. 감성적인 가치가 얼마나 강력한지는 '애플'의 사례를 통해 알 수 있다. 똑같은 기술적인 기능을 가지고 있는 상품이라도 감성적인 디자인에 의해 그 가치는 10배, 100배 더 커질 수 있다. 최근 세계시장에서 명품시장의 성장은 감성의 파워에 대한 반증이다. 미래에는 더욱더 감성의 시대라 할 수 있으므로 디자인의 중요성은 더욱더 커질 것이다.

마지막으로 '기술'과 '디자인'의 요소 가치를 엮어서 구슬로 꿸 수 있는 혁신의 요소가 있는데 그것은 '사업모델'이다. 구슬이 서 말이라도 꿰어야 보배란 말이 있듯이 아무리 좋은 기술과 좋은 디자인이 있어도 그것으로 적절하게 지속적으로 수익을 낼 수 있는 사업모델이 없다면 오래갈 수 없다. 역사상 혁신을 주도해온 기업은 예외 없이 탁월한 기술과 디자인 그리고 스마트한 사업모델을 결합해서 혁신을 완성했다고 할 수 있다.

여기서는 기술이 주는 가치와 디자인이 주는 가치에 대해 좀 더 깊이 살펴보고자 한다. 사업모델에 대해서는 2장에서 살펴볼 것이다.

기술이 주는 핵심 가치: 편리하고 풍요로운 세상

기술이 우리에게 주는 핵심 가치는 혁신을 통한 편리함과 생산성을 통한 풍요로운 세상이다. 셀 수 없이 많은 기술들이 있지만 모든 기술은 고객들의 불편을 해결함과 동시에 생산성을 높이기 위한 것이다. 이러한 기술은 인간이 일하는 방법을 바꿈으로써 혁신과 생산성을 가져올 수 있다. 따라서 어떻게 기술이 생산성과 혁신을 가져오는가를 이해하기 위해서는 인간의 '일'의 본질을 분석해볼 필요가 있다.

일의 본질: 의사소통, 의사 결정, 실행

우리가 '일을 한다'는 것은 무엇일까? 여러 가지로 정의해볼 수 있겠지만 일을 한다는 것을 기능적으로 의사소통, 의사 결정, 실행 3가지로 분류할 수 있다. 우리는 일을 할 때 가장 먼저 사람들과 의사소통을 통해 정보를 모으고 다음으로 수집된 정보를 바탕으로 상황을 분석하고, 시뮬레이션하고, 선택 옵션을 정리한 후 최종적으로 판단하여 의사 결정을 하고 여러 가지 방법을 통해 실행을 한다. 인간이 기술을 개발하는 것은 이러한 의사소통과 의사 결정 그리고 실행을 보다 효과적이고 효율적으로, 편리하게, 빠르게 해서 현실의 여러 문제들을 해결하기 위함이다.

의사소통을 지원하는 기술들

- 인터넷 관련 기술: 데이터 처리, 프로토콜 관리, 클라우드, 웹·앱, IoT 기술 등
- 통신 관련 기술: CDMA, WIFI, 5G, 위치 인식(GPS), 스마트폰 기술 등
- 센싱(Sensing) 기술: 카메라, 이미지 인식, 음성 인식, 동작 인식, 햅틱(Haptic) 기술 등
- 디스플레이(Display) 기술: 도큐멘트(Document), 그래픽, 오디오, 비디오, OLED, MINI LED, AR/VR 기술 등
- 메시징(Messaging) 기술: 이메일, SNS, 미디어, 언어 번역 기술 등
- 보안 기술: 각종 보안 기술, 블록체인 기술

의사소통 기술은 데이터나 정보를 빠르고 정확하게 인식해서 원하는 사람들에게 편리하게 공유하거나 전달하고 피드백을 주고받는 기술이다. 의사소통 기술의 신기원을 이룬 것은 인터넷과 스마트폰의 발명이다.

인터넷은 일정한 약속인 TCP/IP(Transmission Control Protocol / Internet Protocol)로 컴퓨터 간 통신을 할 수 있는 네트워크로 1983년 미국 국방부가 군사용으로 사용하던 기술을 민간이 사용하도록 허

용하면서 보편화되었다. 인터넷이 발명되면서 전 세계의 컴퓨터들이 서로 연결되고 엄청난 정보 공유가 이루어지면서 새로운 세계를 열었다. 4차 산업혁명의 모든 기술은 인터넷 기술을 바탕으로 폭발적으로 성장해왔다.

통신 기술은 1854년 안토니오 무치가 미국에서 최초로 전화기를 발명하면서 시작되었는데 1997년경 PCS(Personal Communication Service)의 등장으로 개인 간 P2P(Person to Person) 의사소통이 가능한 세상이 열렸다. 그로부터 10년 후 금융위기 직전인 2007년 애플이 아이폰을 출시하면서 인류의 커뮤니케이션 역사를 바꾸어버렸다. 컴퓨터가 내장되어 그 하나로 생활에 필요한 모든 일을 수행할 수 있는 스마트폰은 현대인의 삶을 근본적으로 바꾸어버린 편리하고 혁신적인 생활 플랫폼이 되었다. 통신 기술의 과제는 속도와 통신 품질에 있다. 한국이 인터넷 강국의 지위를 차지한 것은 통신 기술의 발달로 인한 인터넷 속도 경쟁에서 탁월했기 때문이다. 특히 미래 자율주행의 성공은 5G, 6G 같은 통신 기술이 전제되어야 하므로 각국은 통신 기술 전쟁 중이다.

의사소통을 하려면 우선 정보를 인식해야 하는데 이런 정보 인식 기술을 센싱 기술이라 할 수 있다. 카메라처럼 이미지 인식, 음성 인식, 사람의 지문 인식, 홍채 인식, 햅틱 기술 등 다양한 정보 인식 기술은 IoT의 기본이다.

다음으로 인식된 정보를 드러내는 디스플레이 기술이 필요하다. 기본적인 그래픽 기술, 오디오와 비디오 기술, LED와 OLED 기술을 비롯해서 최근 AR/VR 기술 등을 말한다.

마지막으로 이메일이나 SNS, 카카오 같은 문자 및 음성 메시징 기술, 언어 번역 기술 등이 있고, 여러 의사소통 관련 보안 문제를 해결해주는 보안 기술이나 블록체인 기술 등이 있다.

의사소통 기술이 인류에게 주는 가치는 불필요한 비용과 시간을 줄이고 언제든 편리하게 원하는 정보를 서로 공유할 수 있다는 점과 이를 통해 사회적인 네트워크를 넓혀가거나 사업적인 거래를 촉진시킴으로써 개인의 생활을 풍요롭게 해준다는 점이다.

의사 결정을 지원하는 기술들

- 데이터 관련 기술: 정보 검색 기술, 데이터 분석 기술, 진단 기술, 빅데이터 기술
- 인공지능 관련 기술: 머신러닝 기술, 딥러닝 기술, 뇌과학(Neuro Science) 기술
- 기업 경영관리 지원 기술: 그룹웨어, BI, ERP, CRM, SCM, POS, WMS, FMS, PLM 등
- 컴퓨팅 기술: 반도체, CPU, GPU, Office, Control Box, 플래닝(Planning), 엔지니어링(Engineering) 기술 등

의사 결정을 지원하는 기술은 기업이나 개인이 풍부한 정보를 기반으로 올바른 의사 결정을 할 수 있도록 돕는 역할을 한다. 대부분 데이터 기반으로 알고리즘을 개발해서 신속하고 편리하고 객관적인 의사 결정을 지원하는 기술이다. 따라서 가장 중요한 기술은 빅데이터 분석 기술과 같은 데이터 관련 기술이고 궁극적인 목표는 인

공지능처럼 기계 스스로 합리적인 의사 결정을 하게 만드는 것이다.

인공지능은 데이터 지식에 머신러닝과 딥러닝 기술을 결합해서 기계적인 학습을 통해 기계가 스스로 판단 능력을 가지고 의사 결정을 하게 하는 기술이다. 로봇과 같은 초보적인 인공지능도 있지만 감정을 느끼고 인간의 지능을 뛰어넘는 고급 인공지능이 출현하는 특이점(Singularity)도 가능하다.

전통적인 기업에서 의사 결정을 지원하는 ERP(Enterprise Resource Plan), BI(Business Intelligence) 등을 비롯한 많은 경영관리 소프트웨어도 있고, 이러한 소프트웨어를 지원하는 보다 원천적인 반도체 기술이나 컴퓨팅 기술들도 있다.

올바른 의사 결정을 하는 것은 사실 어렵고 그 과정에서 스트레스도 쌓이고 불편한 일이다. 왜냐하면 잘못된 의사 결정의 책임을 개인이 모두 감당해야 하기 때문이다. 올바른 의사 결정을 하기 위해서는 가능한 많은 정보를 모으고 여러 가지로 분석해보고 최적의 선택 옵션을 도출해야 한다. 기술은 이러한 복잡한 의사 결정 과정을 편하고 신속하게 진행하는 데 많은 도움을 준다.

실행을 지원하는 기술들

- 생활 가전 기술: 세탁기, 냉장고, TV, 에어컨, 로봇청소기, 공기청정기, 전자레인지, 오븐, 음향기기, 에어드레서, 로봇장난감, 로봇비서 등
- 산업 자재 기술: 스마트팩토리, 인공지능 로봇, 3D프린트, 각종 기계, 중장비, 각종 하드웨어 툴(tools)

- 모빌리티(Mobility): 전기차, 수직이륙비행기, 친환경 선박, 자기부상열차, 하이퍼루프, 인공지능 로봇, 플라잉카, 자율주행, 물류 로봇, 우주선 등
- 에너지 기술: 정유, LNG, LPG, 태양광, 풍력, 지력, 원자력, 수소경제, ESS(에너지저장장치), 배터리 등
- 소재&생명과학: 나노(Nano) 기술, 화학, 생화학, 바이오(Bio), 제약, 스마트팜, 원격의료, 신경치료, 유전자 등

실행을 지원하는 기술들은 많은 영역에서 도처에 우리가 접하는 기술들인데 편리하기도 하지만 생산성을 높여서 풍요로운 생활을 가능하게 해준다. 특히 미래에 기대되는 핵심 영역들은 전기자동차나 도심항공, 드론, 하이퍼루프, 유인우주선 등 혁신적인 기술들이 다수 등장할 것으로 예견되는 모빌리티 부문, 지구온난화 문제를 해결하여 지속 가능한 사회를 만들기 위한 그린에너지 부문, 건강한 삶을 위한 친환경 바이오 산업 부문, 원격 진료, 뇌과학 연구를 통한 신경치료, DNA 분석을 기반으로 한 유전자 기술의 의생명공학 부문 등이다.

디자인이 주는 핵심 가치: 매력적인 세상

디자인이 주는 핵심 가치는 인간에게 매력적인 삶을 통해 행복을 가져다주는 것이다. 삶의 목적을 '행복'이라고 했을 때 기능적 편안함과 양적 풍요로움도 필요조건이지만 충분하지는 않다. 행복해지

기 위해서는 질적으로 매력적인 삶이 필요하다.

매력은 사람을 움직이는 힘

역사상 권력은 정치 권력에서 경제 권력으로, 그리고 최근에는 문화 권력으로 이동해왔다. 산업혁명 이전만 해도 가장 큰 권력은 정치 권력이었다. 왕과 귀족이 독차지한 정치 권력은 1789년 프랑스대혁명 이후 민주주의 이념이 정착되면서 다수의 국민들에게 분산되었다.

산업혁명은 정치 권력의 뒤를 이어 경제 권력의 시대를 열었다. 토지와 자본 등 생산수단을 소유한 자본가들에게 부가 집중되면서 경제 권력의 영향력이 세상을 지배하는 금권시대가 되었고 정치 권력도 경제 권력에 기생하면서 경제 권력의 수호자가 되는 공생 관계를 만들어왔다.

21세기에 인터넷과 스마트폰, 각종 미디어의 발달과 함께 구글, 페이스북, 유튜브, 인스타그램 등 글로벌 정보 공유 플랫폼들이 등장하면서 새로운 권력층으로 떠오른 것이 바로 문화 권력이다. 특히 한국은 한류라는 문화 콘텐츠를 통해 세계적으로 강력한 문화 권력을 행사하는 데 가장 성공적인 모습을 보이고 있다. 전 세계인의 사랑을 받고 있는 방탄소년단, 미국의 오스카상 무대를 뒤집어버린 영화〈기생충〉, 세계가 열광하는 한국의 뷰티(Beauty) 산업 등 한국의 문화 산업은 세계 속에서 한국의 국가 브랜드 파워를 높여 엄청난 경제적 성과도 창출하고 있다.

이러한 문화 산업의 핵심은 바로 '매력'이다. 매력은 생각보다 영향력과 파워가 크다. 왜냐하면 매력은 사람을 움직이는 힘이기 때문이다. 민주적인 사회, 수평적인 사회에서는 정치 권력이나 경제 권력도 결국 매력에 의해 움직일 수 있기 때문에 매력은 가장 중요한 힘의 원천이라고 할 수 있다. 사람들은 매력적인 나라로 여행과 관광을 올 것이고, 매력적인 기업에 직원으로든 고객으로든 능력 있는 사람들이 몰릴 것이다. 국가든 기업이든 개인이든 이 매력에 주목할 필요가 있다. 이러한 매력을 만드는 것은 '기술이 더해진 디자인'이다. 여기에서 디자인은 기능이나 아트(Art)를 포함한 광의의 의미다.

디자인이 주는 가치

디자인이 주는 가치는 크게 3가지가 있다.

첫째, 디자인은 경험적 가치를 준다. 좋은 디자인은 정서적 심리적으로 행복감을 느끼게 해준다. 같은 기능을 가진 제품이어도 중국의 샤오미와 애플이 주는 정서적 가치는 하늘과 땅 차이다. 디자인이 주는 경험적 가치 때문에 소비자 경험이 중시되는 상품과 서비스 시장에서 디자인은 핵심 전략이 되고 있다. 애플의 디자인이 없었다면 스마트폰 시장이 지금처럼 빠르게 소비자들의 생활 속에 침투하지 못했을 수도 있다. '스마트폰'이라는 기술에 더해진 엣지 있는 애플의 디자인에 전 세계가 열광했다. 디자인도 혁신의 가장 중요한 도구인 것이다. 최근 전기차 시장을 보더라도 현대차나 중국의 BYD도 전기차를 만들지만 테슬라의 멋진 디자인 때문에 전기차 시장이 붐업되었다고 할 수 있다.

둘째, 디자인은 차별화의 도구이다. 디자인은 나를 남과 구분 지어주고 나의 정체성(Identity)을 표현하는 핵심 요소이다. 디자인이 없는 것은 존재감이 없는 것과 같다. 차별화에는 기능적인 차별화와 심미적인 차별화가 있는데 디자인은 기능을 포함한 심미적인 차별화를 제공한다. 기능을 무시한 디자인은 디자인이 아니다. 아트, 즉 예술과 달리 디자인은 고객 중심적인 생각을 기반으로 고객의 기능적인 문제를 해결하면서 동시에 예술적으로 매력적인 상품을 만드는 것이다.

마지막으로 디자인은 사회적인 가치를 제공한다. 매력적인 디자인은 사람들 사이에 나를 소개하고 정서적인 교감을 이루고 팬덤을 형성하며 취향이 비슷한 사람들과 사회적인 관계를 맺게 해주는 기능을 담당하기도 한다. 더 나아가 디자인은 사회적 계급(Social Status)을 표현하는 수단이 되기도 한다. 사람들이 비싼 가격의 명품 백을 가지고 싶어 하는 것은 디자인이 제공하는 사회적인 가치 때문이다.

디자인의 영역

디자인은 크게 3가지 영역으로 구분할 수 있다.

첫째, 시각(Visual)과 인터랙션(Interaction) 디자인

최근에는 정보 전달 방법이 많이 바뀌었다. 과거에는 문자나 이미지로 의사소통을 했지만 미디어의 발달로 최근에는 젊은 세대를 중심으로 동영상을 통한 의사소통이 기본이다. 이에 따라 인터넷이나 스마트폰에서 UI/UX(User Interface / User Experience)를 비롯해 동영상을 통해 의사소통을 하는 인터랙션 디자인이 중요해지고 있다.

둘째, 제품(Product) 디자인

미래의 모든 제품에는 IoT가 장착되는 추세인 만큼 디지털 기술을 입힌 제품들이 기본이 되고 있다. 디자이너들도 단순한 형태 디자인이 아니라 센싱이나 인터넷, 반도체 등의 기술에 대한 기본 이해를 기반으로 디자인을 해야 하는 시대이다. 자율주행 차량이나 자동 물류 로봇 등을 기술과 기능을 모르고는 디자인을 할 수 없는 시대가 된 것이다. 미래를 융합의 시대라고 하는데 기술과 디자인이 서로 융합되어야 제대로 된 디자인을 할 수 있다. 다시 한 번 '형태는 기능을 따른다'는 경구를 확인할 수 있는 부분이다.

셋째, 환경(Environment) 디자인

소비자들이 피부로 가장 많이 느끼는 분야일 것이다. 타임 킬링 산업이 발전할수록 환경 디자인 부분이 중요해진다. 최근 오프라인 쇼핑몰이나 소매점(Retail Store) 등 상업시설에서 공간 디자인은 핵심 전략이다. 코로나 팬데믹 기간에 인테리어 부문은 급성장을 했다. 집을 매력적으로 꾸미고 싶은 욕구가 폭발한 것이다. 동네 상권의 작은 가게들도 예쁘고 독특한 디자인으로 손님을 끌기에 바쁘다. 수많은 커피숍들은 숨 막히는 도시 가운데 매력적인 쉼의 공간을 제공한다. 오프라인뿐만 아니라 온라인 쇼핑몰이나 플랫폼들도 매력적인 색감의 디자인으로 고객들의 시선을 사로잡기 위해 애쓰고 있다.

자연과학에서 얻는 변화의 패턴에 관한 아이디어

그렇다면 기술과 디자인에서 시작된 혁신은 어떤 패턴으로 실제적인 변화를 가져오는가? 이에 대한 아이디어를 얻기 위해 몇 가지 자연과학의 원리를 이해할 필요가 있다.

우리는 이론적으로 잘 검증되고 발달된 자연과학에서 사회과학의 이론적인 아이디어를 얻는 경우가 많다. 자연계의 많은 변화들은 물리적이거나 화학적인 변화들이다. 변화의 패턴과 관련하여 참고할 만한 개념은 물리적 변화와 관련한 열역학 제2법칙인 '엔트로피(Entropy) 법칙'과 화학적 변화와 관련한 '발열반응과 흡열반응'이 있다. 이런 물리 화학적인 변화들의 이론과 속성들을 통해서 사회적 변화, 경제적 변화, 시장 변화들의 패턴과 유형별 속성, 대응 전략들에 대해 유용한 아이디어들을 얻을 수 있다.

엔트로피 법칙: 변화의 근본 에너지

엔트로피는 '무질서도'를 말하며, 엔트로피 법칙은 '자연 상태에서 무질서도가 증가한다'는 법칙이다. 이에 따르면 자연 만물은 가만히 자연 상태로 놓아두면 무질서도가 높아지고 질서를 회복하기 위해서는 에너지를 투입해서 엔트로피를 낮춰야 한다. 결국 자연 상태의 우주는 카오스(Chaos) 상태인 것이고 질서가 잡힌 우주인 코스모스(Cosmos)가 되기 위해서는 엄청난 에너지 투입이 필요하다는 것이다.

이는 물리적인 자연계만 해당하는 것이 아니라 개인의 생활과 조직, 국가도 '일'을 통해 에너지가 투입되지 않으면 무질서해진다는 의미다. 우리가 하는 일이란 결국 에너지를 투입해서 질서를 잡는 것이다. 예를 들어 조직을 자연 상태로 놓아두면 비효율이 증가되고 복잡해지고 무질서해지는데 이를 바로잡으려면 주기적으로 '구조조정'이라는 에너지를 투입해야 한다. 집 안도 자연 상태로 가만히 놓아두면 어질러지므로 정기적으로 청소하는 에너지를 투입해야 정리가 된다. 교회에서 매주 정기적으로 예배를 드리는 것은 자연 상태에서 혼탁해지고 어지러워진 영적인 상태에 에너지를 투입해서 마음의 질서를 잡기 위함이다.

엔트로피 법칙은 변화가 일어나게 하는 근본 원인 중 하나가 무질서도가 증가하는 자연의 원리 때문이라고 설명한다. 우리는 흔히 자연 상태는 변화가 일어나지 않는 상태라고 가정하기 쉽다. 그러나 엔트로피 법칙이 우리에게 주는 가장 중요한 시사점은 자연 상태에서는 무질서해지는 변화가 일어나고 우리가 끊임없이 더 좋은 상태로 변화시키기 위한 에너지를 투입해야 질서가 유지된다는 것이다.

결국 우리가 하는 일의 대부분은 무질서해져 가는 세상의 질서를 바로잡기 위한 것이다. 혁신적인 변화가 아닐지라도 끊임없는 운영상의 변화를 이끌어내어 질서 있는 생활을 하게 해주는 가치를 만들어내는 의미 있는 일이다. 혹자는 세상일의 80%는 이러한 질서를 유지 관리하기 위한 일이라고 이야기하기도 한다. 엔트로피 법칙은 끊임없는 혁신과 변화에 대한 노력이 필요한 이유를 잘 설명해준다.

흡열반응, 발열반응: 마이너스 혁신, 플러스 혁신

앞서 엔트로피 법칙이 물리적인 변화, 즉 섬진적 개선의 변화가 필요한 원인과 배경을 잘 설명해주고 있다면 화학적 변화, 즉 보다 혁신적인 변화의 원인과 패턴을 설명해주는 이론이 화학반응 이론이다. 화학반응은 기본적으로 2개의 화학물질이 만나 다른 화학물질이 되는 과정에서의 반응 패턴을 보여준다. 새로 생긴 물질은 예전 것과 다른 것으로 반응 전 물질의 에너지 준위와 반응 후 물질의 에너지 준위에 따라 발열반응과 흡열반응으로 나뉜다. 발열반응은 변화 전 에너지 준위보다 변화 후 에너지 준위가 더 낮아 에너지를 방출하면서 열이 나는 반응으로 핫팩이나 휴대용 난로 등의 원리다. 반대로 흡열반응은 변화 후 에너지 준위가 변화 전보다 높아 에너지를 흡수하는 반응으로 흔히 냉장고, 에어컨의 냉매나 냉찜질 주머니 등의 원리다.

이러한 화학반응의 과정과 패턴은 시장 혁신이나 경영 혁신의 과정에서도 유사하게 나타난다. 먼저 새로운 제품이나 플랫폼의 등장으로 시장이 성장하거나 변화가 생길 때 어떤 경우에는 발열반응처

• 화학반응 속도론

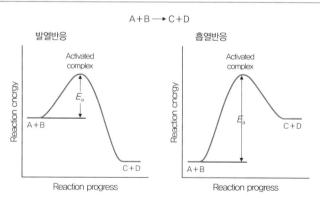

활성화에너지($activation\ energy\ (E_a)$)는 반응이 일어나기 위해 필요한 최소한의 에너지를 말한다.

럼 변화 후 오히려 에너지를 뺏겨버려 변화 이전보다 시장이 축소되는 반면, 어떤 변화는 흡열반응처럼 변화 후 에너지가 높아져서 시장이 확대되고 성장한다.

발열반응의 좋은 사례는 디지털카메라 시장이다. 캐논이나 니콘 같은 카메라 시장이 디지털 기술을 만나 한때 디지털카메라 시장으로 확대되는 듯했으나 스마트폰의 등장으로 디지털카메라 시장이 없어지는 결과를 가져왔다. 전통적인 아날로그 카메라 시장이 디지털 기술을 만나 오히려 시장을 빼앗겨버린 셈이다.

흡열반응의 대표적인 사례는 스마트폰이다. 스마트폰은 과거의 다양한 시장들을 통합해가면서 거대한 시장을 만들어왔다. 주변의 혁신 에너지를 블랙홀처럼 빨아들여서 성장해온 것이다. 미래의 전기자동차가 그 역할을 대신하려 하고 있다.

발열반응과 흡열반응의 차이는 제품이나 플랫폼이 소비자 라이프스타일의 핵심으로 최종 선택받을 수 있는지, 아니면 과도기적인 다리 역할에 그칠 것인지에 따라 결정되는 경향이 있다. 따라서 사업을 시작하기 전에 진입하려는 시장에서 나의 사업모델이 발열반응의 패턴을 보일지 아니면 흡열반응의 패턴을 보일지를 판단해야 한다.

조직에서 발열반응은 구조조정을 통해 규모를 축소하는 변화라면 흡열반응은 조직 규모를 확대하여 공격적으로 에너지를 흡수하는 변화이다. 비대해진 조직의 군살을 빼서 간소하게 만드는 변화가 필요한 경우가 있고 역량을 구축하기 위해 조직을 확대 재편하는 변화가 필요한 경우가 있다. 이처럼 같은 혁신적인 변화도 시장과 경영 환경의 성격에 따라 어떤 패턴의 변화가 필요한지 잘 살펴보아야 한다. 에너지를 빼는 혁신이 필요한지(마이너스 혁신), 에너지를 더하는 혁신이 필요한지(플러스 혁신)를 우선 판단해야 한다.

오버슈팅(Overshooting)

변화의 패턴에서 두 번째 중요한 시사점은 이러한 반응을 이끌어 내기 위해 필요한 활성화에너지 수준에 대한 것이다. 발열반응이든 흡열반응이든 화학반응을 일으키는 데 최소한의 에너지가 필요한 데 그것을 '활성화에너지'라고 한다. 일반적으로 활성화에너지가 낮을 때 반응이 잘 일어나며 활성화에너지가 높을 때 반응이 느리다. 이 반응 속도를 높이기 위해서(활성화에너지를 낮추기 위해서) 촉매제를 사용하기도 하고 반응 속도를 늦추기 위해서 부촉매제를 사용하기도 한다.

변화가 발생하기 위해 일시적으로 필요한 활성화에너지는 보통 변화 과정에서 나타나는 오버슈팅(Overshooting) 현상을 잘 설명해준다. 오버슈팅은 금융시장에서 자주 사용하는 용어인데, 갑자기 경제에 충격이 왔을 때 금리, 환율, 주가, 부동산 가격 등 가격 변수가 일시적으로 장기적인 균형 가격보다 훨씬 높아졌다가 균형점을 찾아 낮아지는 현상을 말한다. 목적지보다 한참을 더 간 후에 되돌아오는 현상이다.

최근 코로나 사태에 대응하기 위해 금리 인하와 양적 완화로 자산 가격이 폭등하고 있는데 이것이 오버슈팅의 좋은 사례이다. 경제가 회복되어 금리가 높아지고 정상화되면 자산 가격은 현재보다는 훨

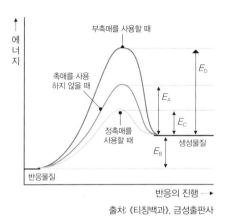

출처: 《티칭백과》, 금성출판사

씬 낮아져서 코로나 위기 전 수준의 어느 지점에서 안정화될 것이다.

이런 오버슈팅은 사실 모든 변화의 과정에서 나타나는 현상으로 이해해도 좋을 것이다. 시장에서도 혁신적인 신상품이 출시되었을 경우 과열 현상이 나타날 수 있다. 그러나 시간이 지나면 과열 현상은 사라지고 안정화될 것이다. 어떤 경우는 기술도 오버슈팅이 나타날 수 있다. 소비자들이 필요한 수준보다 지나치게 과도한 기능을 가진 기술이 적용된 상품이 개발될 수 있다. 그러한 기술의 오버슈팅은 결국 소비자 니즈와 맞추는 선으로 조정될 때 안정화된다. 따라서 전략 수립 시 오버슈팅 현상을 반드시 고려하는 지혜가 필요하다.

그렇다면 오버슈팅 정도를 어떻게 판단할 것인가? 화학 변화에서는 반응물질의 속성과 촉매제의 속성에 따라 활성화에너지 수준이 결정된다. 이와 비슷하게 시장의 변화에서는 제품의 속성과 시장의 속성, 그리고 촉매제 같은 마케팅 투자의 정도에 따라 오버슈팅의 정도와 기간이 결정될 것이다. 예를 들어 보통 제품이나 사업모델 등 혁신의 정도가 크다면 오버슈팅도 클 것이고 혁신의 정도가 낮아서 기존 소비자들이 쉽게 반응할 수 있는 제품은 오버슈팅의 수준도 낮을 것이다. 이에 더해 시장 진입 장벽의 유무, 크기, 시장의 라이프사이클, 제품의 경쟁자 유무 등 시장과 제품의 속성이 오버슈팅의 수준을 결정할 것이다.

화학반응에서 촉매제와 부촉매제를 통해 활성화에너지 수준을 조절함으로써 반응 속도를 조정하듯이 시장에서도 오버슈팅의 정도와 속도는 조절 가능한 것이다. 시장에서의 촉매제라면 마케팅과 홍보 전략일 수 있다. 생산 능력에 과부하가 걸려서 반응 속도를 늦출 필요가 있다면 마케팅비 지원을 줄이고, 반응 속도를 높이려면 마케팅과 홍보비 지출을 늘리면 된다.

오버슈팅 예측에 실패해서 잘못된 투자로 막대한 자금을 잃어버리는 사례들이 우리 주변에 너무 많다. 최근의 부동산, 주식 등 자산 가격 급등도 오버슈팅 구간이라면 투자에 유의해야 한다. 2013년 MBK파트너스가 아웃도어 브랜드 네파를 약 1조 원에 인수한 것은 오버슈팅을 모르고 투자한 대표적인 실패 사례이다. 최근 수많은 기업들이 과열된 시장에 뒤늦게 뛰어들어 낭패를 보는 경우가 많은데 이들의 잘못은 시장의 오버슈팅 속성을 간과한 것이다.

변화 관리와 사업모델의 이해

'변화(Change)'도 중요한 경영(Management) 대상이다. 모든 경영자는 변화를 관리(Manage)해야 한다. 앞서 살펴본 엔트로피 법칙, 화학 반응 관련 발열반응과 흡열반응, 오버슈팅 등의 개념들은 경영자들에게 유용한 인사이트를 준다. 그러나 실전에서 변화를 경영하기 위해서는 많은 직간접 경험을 토대로 변화의 패턴에 익숙해져야 한다. 다만 패러다임이 바뀌는 혁신적인 변화에서는 모든 것을 제로베이스(Zero-Base)에서 다시 생각해보아야 한다.

고객의 이성적인 욕구를 충족해줄 미래의 기술 발전에 대한 명확한 전망, 고객에게 감성적 매력을 제공할 수 있는 디자인 혁신에 대한 확실한 철학, 그리고 내가 가지고 있고 동원할 수 있는 자원에 대한 냉정한 판단 후 적절한 목표 수립부터 해야 한다. 목표를 수립할 때 반드시 알아야 할 핵심 개념은 '사업모델'에 대한 이해이다. 사업모델은 기술이나 디자인만큼이나 혁신을 만들어내는 강력한 도구이기 때문이다. 기술과 디자인도 사업모델이라는 옷을 입고 나서야 비로소 세상을 변화시킬 수 있다.

초연결 사회:
네트워크 효과

초연결 사회란?

초연결 사회(Hyper Connected Society)란 컴퓨터와 컴퓨터, 사람과 사람, 사물과 사물, 그리고 컴퓨터, 사물, 사람 간 모든 관계가 네트워크로 연결되어 데이터를 주고받으며 상호작용하는 사회를 말한다. 이러한 초연결을 가능하게 해주는 것이 디지털 기술이다.

초연결 사회는 먼저 인터넷의 등장으로 시작되었다. 인터넷은 컴퓨터와 컴퓨터가 서로 네트워크로 연결되어 데이터를 공유하고 상호작용하는 시스템이다. 놀라운 것은 전 세계의 모든 컴퓨터가 일정한 규칙 내에서 서로 연결될 수 있다는 것이다. WWW(World Wide Web)은 세계적으로 합의된 프로토콜 아래서 전 세계 컴퓨터들을 연결시키고 있다.

스마트폰이 기술적으로 사람과 사람, 사람과 컴퓨터를 연결했다면 이를 기본으로 탄생된 SNS는 사람들을 연결해서 시시각각 생활

정보를 공유하는 개인 미디어 기능을 하고 있다. 기존의 매스미디어(Mass-Media)에 더해 개인 미디어가 탄생하면서 실제적으로 사람들의 일상이 생생하게 공유되고 있다.

IoT는 사물에 인터넷을 심은 것이다. 스마트폰이 전화기에 인터넷을 심은 것처럼 자동차, TV, 냉장고, 세탁기, 로봇청소기, 전기밥솥 등 가전제품, 각종 기계장치, 전등, 심지어 의류에도 컴퓨터를 심어 각종 데이터를 모으고 명령을 내리는 시대를 살고 있다. 4차 산업혁명의 아이디어는 이처럼 존재하는 모든 사물들에 인터넷을 심어 데이터를 수집하고, 그 데이터를 분석해서 최적의 의사소통과 의사 결정을 하고, 사람이 원하는 대로 실행하고 문제를 해결하고 성과를 내는 세상이 실현 가능하다는 것이다.

이것은 플라톤이 이데아(Idea)론에서 바라보았던 세상과 유사하다. 플라톤은 우리가 보는 세상의 모든 사물은 형상에 불과하고 본질은 이데아라는 관념 속에 있다고 주장했다. IoT가 그리는 세상은 플라톤의 주장과 유사하게 모든 사물을 디지털화해서 디지털화된 사물 정보의 세계를 구축하고 이를 실제 사물 세계와 연결하는 것이다. 이렇게 실물 세계와 디지털 세계를 서로 연결하여 융합하면 연결이나 이동이나 공유가 쉬운 디지털 정보의 특성 때문에 시간과 공간의 장벽을 뛰어넘어 사람뿐 아니라 사물들과도 의사소통이 가능하고 컨트롤이 가능한 엄청난 융합 효과를 만들 수 있다. 훨씬 효과적이고 효율적인 세상이 된다는 것이다.

이러한 아이디어는 현재도 부분적으로 우리가 경험하고 있다. 예를 들어 자동차로 이동할 때 내비게이션에서 실시간으로 교통 정보와 가장 빠른 길을 안내해주는 것은 수많은 자동차 운전자의 스마트폰 위치와 CCTV 정보 등을 통합해서 교통량을 예측한 것을 바탕으로 한다. 버스 정류장에서 버스 도착 시간을 정확히 알려주는 것도 마찬가지 원리다. 회사에서 집에 있는 세탁기를 돌릴 수도 있고, 원격 의료 기술로 한국에서 미국에 있는 환자를 수술할 수도 있고, 드론을 움직여서 산불을 감시하고 초기에 진화할 수도 있다. IoT 기술로 전쟁의 개념도 바뀌고 있다. 미국의 버지니아 공군기지에서 무인비행기를 발진시켜 중동에 있는 거물의 거주지를 폭격하는 것도 가능하다.

정보기술 연구 및 자문회사 가트너(Gartner)에 따르면 2009년까지 사물인터넷 기술을 장착한 사물의 개수가 9억 개였는데 2020년에는 260억 개까지 늘어날 것이라고 예측했다. 사물인터넷 장착 사물들이 늘어날수록 데이터의 양은 기하급수적으로 늘어난다. 이러한 엄청난 데이터를 분석하고 처리하는 기술이 필요한데 그것이 바로 빅데이터 관리 기술이다. 빅데이터는 인공지능 개발의 기초가 된다. 수많은 사물들로부터 데이터를 효과적으로 공유하고 관리하기 위해서 클라우드(Cloud)라는 데이터 공유 기술이 필요하고 공유된 데이터의 보안을 위해서는 블록체인 기술이 필요하다.

네트워크의 기본 구조

초연결 사회는 네트워크로 이루어져 있으므로 초연결 사회를 이해하기 위해서는 네트워크의 기본 구조를 이해할 필요가 있다. 네트워크는 기본적으로 3가지 요소로 이루어져 있다.

- 노드(Node): 네트워크를 연결하는 하나의 점으로 네트워크는 노드와 노드의 연결이다.
- 링크(Link): 노드와 노드를 연결하는 선이다.
- 프로토콜(Protocol): 노드를 연결할 때의 약속된 규칙이다. 인터넷의 경우 TCP/IP를 말한다.

이러한 네트워크의 구성 원리는 뇌과학에서 말하는 신경망의 연결 원리와 유사하다. 신경망은 뉴런, 시냅스, 신호전달물질로 이루어져 있다.

• 초연결 지능형 사회

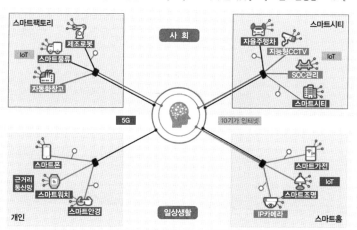

출처: 〈초연결 지능형 네트워크 구축 전략〉, 과학기술정보통신부, 2017

- 뉴런(Neuron): 신경계를 구성하는 기본 세포로 노드와 유사한 개념이다.
- 시냅스(Synapse): 뉴런과 뉴런을 연결하는 것을 말한다.
- 신호전달물질: 뉴런과 뉴런을 연결할 때 신호 전달을 담당하는 물질을 말한다.

디지털 세계의 네트워크이든 지능을 담당하는 신경망이든 기본적으로 네트워크를 구성하는 구조와 네트워크를 통해 정보가 전달되는 구조는 유사하다. 모든 네트워크는 정보가 입력되면 네트워크 내에서 분석, 해석, 가공 작업이 일어나고, 가공된 정보가 출력이 되는 프로세스를 거쳐서 정보를 전달한다. 정보의 전달은 입력 단계 → 네트워크 내에서의 가공 단계 → 출력 단계를 거친다.

초연결 사회를 이해하고 생존하기 위해서 우리는 네트워크의 구조를 이해할 필요가 있다. 초연결 사회에서는 네트워크를 떠나서 살 수 없기 때문이다. 우리는 어떤 식으로든 네트워크에 연결되어 있어야 하고 그러기 위해서는 먼저 내가 하나의 노드가 되어야만 한다. 그리고 네트워크 연결 약속인 프로토콜을 잘 알아야 한다.

초연결 사회의 경제학: 네트워크 효과

초연결 사회와 관련해서 반드시 이해해야 할 시장의 원리는 네트워크 효과이다.

네트워크 효과란 '특정한 네트워크(플랫폼) 서비스의 사용자들이

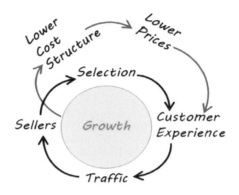

출처: 《나는 아마존에서 미래를 다녔다》, 박정준, 한빛비즈

증가할 때 그 네트워크 서비스를 사용하는 다른 사람들의 가치가 향상되는 현상'을 말한다. 네트워크 효과는 플랫폼 서비스 사업모델의 핵심적인 이론적 기반이다. 네트워크 효과를 가장 잘 설명해주는 사례는 아마존 CEO 제프 베이조스의 플라이휠 사업모델이다. 제프 베이조스가 냅킨에 그렸다는 성장의 플라이휠은 그가 네트워크 효과를 제대로 이해하고 있었음을 보여준다.

아마존의 플라이휠은 2가지 네트워크 효과가 작용한다. 하나는 공급 측면에서 모든 것을 파는 상점(Everything Store)을 추구하는 전략에 따라 판매 제품 종류가 증가하면 좋은 제품들이 늘어나고 그 결과 고객 경험이 좋아질 것이고 다시 사용자 트래픽(Traffic)이 증가할 것이고 이에 따라 판매자(Sellers)들이 더 늘어나면서 회사가 성장할 것이다. 다른 하나는 수요 측면에서 회사가 성장하면 저비용 구조가 가능해 가격을 낮출 수 있고, 고객경험은 더 좋아질 것이며 트래픽이 증가해 다시 공급자가 더 많아지는 무한 선순환 구조를 가지게 된다는 것이다.

이러한 베이조스의 구상은 현실에서 그대로 구현되었고 짧은 시간 안에 세계 최고의 회사를 만들었다. 아마존뿐만 아니라 구글과 페이스북 등 빅테크 기업들도 모두 이런 네트워크 효과를 이해하고 짧은 시간 내에 시장을 장악했다.

이런 네트워크 효과로 성공하기 위해 넘어야 할 가장 큰 장애는 본격적으로 네트워크 효과가 일어날 때까지 일정 수준의 트래픽을 만들어내는 것이다. 초기 충분한 사용자를 모집하기까지 막대한 투자가 필요하고 장기간 적자가 불가피한데 이를 죽음의 계곡이라 하고 이 죽음의 계곡을 건디는 소수의 기업만이 독점 효과를 누릴 수 있다.

네트워크 효과에서 파생된 '밴드웨건 효과(Band Wagon Effect)'가 있다. 이것은 다수의 소비자가 유행을 따라 물건을 구매하는 '모방소비 효과'이다. 역사적으로 미국의 서부개척 당시 금을 찾아나서는 행렬을 선도하는 악대 차(Band Wagon)를 무작정 뒤따르는 사람들을 보고 명명한 것으로 남들이 구매하는 물건이라면 덩달아 구매하고 싶어지는 심리 효과를 말한다. 네트워크로 정보가 오픈된 상황에서 참여자들이 다른 사람들의 행동을 모방하고자 하는 현상으로 시장의 쏠림 현상을 설명할 수 있다. 보통 소비자들이 인터넷으로 구매할 때 댓글이 많이 달린 상품이나 실제 구매가 많은 상품을 선택하는 현상을 말한다. 이와 반대로 남들이 구매하는 것은 구매하기 싫어하는 현상도 있는데 그것을 스놉 효과(Snob Effect), 즉 속물 효과라고 한다. 속물처럼 남들과 차별된 상품을 구매하고자 하는 심리를 말한다.

또 다른 록인(Lock-In, 잠금) 효과도 있다. 특정 재화와 서비스의 이용이 다른 선택을 제한해서 기존 서비스를 계속 사용하게 하는 효과를 말한다. 대표적인 예로 카카오톡 서비스를 들 수 있다. 카카오톡보다 더 기능적으로 좋은 서비스가 나와도 소비자들은 이미 카카오톡을 기반으로 구축된 네트워크를 떠나면 입게 될 여러 가지 보이지 않는 손실 때문에 카카오톡을 떠나지 못하는 것이다. 록인 효과는 네트워크상에서 상호작용이 있는 SNS 서비스나 AS가 중요한 제품들, 기타 서비스 전환 비용이 큰 경우 발생한다.

초연결 사회의 특징

먼저 초연결 사회는 열린 사회이다. 열린 사회는 칼포퍼(Karl Popper)가 쓴 《열린 사회와 그 적들》에서 희망한 민주적인 사회를 말한다. 독재나 전체주의 정치체제는 더 이상 쉽지 않은 사회가 되었다. 모든 정보가 오픈되고 공유되는 세상에서 과거 정보의 독점으로 생기는 권력은 사라질 것이다. 열린 사회는 투명한 사회를 말한다. 뒷거래와 밀담 등 부정한 방법은 더 이상 쉽지 않다. 최근 한국 사회는 이런 열린 사회로의 전환에 따른 진통을 겪고 있다.

첫째, 한때 사회적으로 존경받아 오던 종교지도자, 법원, 판사들, 교수들, 사회운동가들의 도덕적 권위가 땅에 떨어지고 있다. 그동안 내부적으로 통제되면서 베일에 싸여 있던 각종 비리와 잘못된 사생활들이 정보의 공개로 만천하에 밝혀지면서 대중들로부터 지탄을 받게 된 것이다. 젊은이들을 중심으로 공정성에 대한 요구, 정직에 대한 요구가 봇물처럼 터져 나오는 것도 한국 사회가 열린 사회가 되었다는 것을 반증한다. 이제 정부도, 기업도, 개인도 정직하고 진실하고 공정하고 깨끗해야 생존하고 성공도 할 수 있는 시대가 된 것이다.

둘째, 초연결 사회는 수평사회이다. 열린 사회는 자연적으로 과거의 수직적인 권력 구조를 허물고 수평적인 권력 구조로 이동하고 있다. 조직 내에서 상사와 부하의 관계는 이제 더 이상 지시와 복종 관계가 아니다. 정보가 공유되고 최신 마켓 정보를 오히려 젊은 사람들이 더 잘 알고 있는 상황에서 이제 임원이 신입사원에게 배우고 자문을 구하는 사회가 되었다. 조직 내뿐만 아니라 거래 관계에서도 과거의 갑을 관계가 변화하고 있다. 거래처 정보들이 투명하게 오픈된 상황에서 얼마든지 대안이 되는 회사들을 찾을 수 있기 때문이다.

셋째, 초연결 사회는 소비자 주권 사회를 앞당긴다. 과거에도 기업들이 소비자가 왕이라는 구호를 외치며 소비자를 앞세웠지만 구호에 그친 경우가 많았다. 초연결 사회에서는 소비자가 가진 상품에 대한 정보가 오히려 생산자보다 더 많다. 소비자들은 인터넷을 통해 자기가 원하는 상품을 전 세계적으로 검색해볼 수 있기 때문이다. 이제 기업들이 상품 개발 단계부터 소비자들을 참여시키는 사례들이 많아지고 있다.

넷째, 초연결 사회는 공유경제를 가능하게 한다. 공유경제는 기본적으로 자산을 공유하는 사업모델이다. 과거의 소유경제에서 공유경제가 되면 소비재시장은 소유를 해야 하므로 큰 변동이 없겠지만 자산시장은 큰 변화가 일어날 가능성이 높다. 공유경제를 실현하려면 자산에 대한 정보가 서로 공유되고 실시간으로 자산 소유자와 의사소통이 가능해야 한다. 에어비앤비(Airbnb), 우버(Uber), 위워크(Wework)를 비롯한 다양한 공유 서비스들은 초연결 사회가 만들어 낸 새로운 사업모델들이다.

다섯째, 초연결 사회는 생태계 사회이다. 네트워크로 연결된 사회는 지배적인 기업을 중심으로 집단적인 생태계로 발전한다는 것이다. 초연결 사회는 네트워크를 떠나서는 생존하기 힘들고 이는 곧 네트워크들의 집단인 생태계에 속해야만 한다는 것을 의미한다. 따라서 기업이든 개인이든 생존 전략으로 어떤 생태계에 속할 것인지 결정해야 하고 그 생태계의 운영 원리에 적응해야 한다. 생태계는 기본적으로 공생 관계여서 내가 생태계에 일정 부분 기여를 해야 하고 반대급부로 생태계 안에서 수익을 얻을 수 있어야 한다. 생태계에서는 경쟁의 원리만큼 상호 협력하고 공생하는 능력이 중요하다. 공생이 가능하려면 상호 윈윈(Win-Win)하는 포인트를 찾아내는 능력이 중요하다.

여섯째, 초연결 사회는 정보 보안, 사생활 보호, 정보 신뢰도, 쓰레기 정보 등 다양한 문제들을 가지고 있다. 기하급수적으로 증가하는 정보량 중 개인이 활용 가능한 유용한 정보는 극히 일부분이고 잘못된 정보로 오히려 의사 결정에 혼선을 주는 부작용들도 많아질 수 있다. 이러한 부작용들은 초연결 사회의 부산물로 피할 수 없는 과제이고 정보 보안 부문은 좋은 사업 기회이기도 하다.

마지막으로 초연결 사회의 가장 큰 특징은 데이터 사회라는 것이다. 초연결 사회는 데이터를 만들고 데이터를 가공하고 데이터로 일하는 사회라고 할 수 있다. 그러므로 초연결 사회를 살아가려면 데이터 친화적이어야 한다. 이러한 빅데이터가 초유동성(Hyper-Fluid) 사회를 만드는 기초가 된다.

초유동성 사회:
속도의 경제

초유동성 사회는 초연결 사회의 결과이자 속성이다

초유동성 사회는 초연결 사회의 결과이자 속성이다. 초연결 사회에서 모든 사물과 컴퓨터와 사람이 연결되면서 엄청난 데이터를 매일 생산해낸다. 이러한 정보량의 폭증은 정보의 이동 속도를 증가시키고 실물 부문에서 사람의 이동 속도, 상품의 이동 속도, 자본의 이동 속도를 증가시킨다. 장벽이 제거된 초연결 사회는 완전경쟁시장에 근접한 사회이므로 시장에서도 변화의 속도를 증가시킨다.

이러한 변화 속도는 자연적인 증가 속도가 아니라 기하급수적이다. 마치 액체 상태가 기체 상태가 되는 것처럼 시장의 유동성과 변동성이 커지는 것이다. 초유동성, 초변동성 사회는 고체나 액체 상태의 안정적인 사회와 달리 기체 상태처럼 매우 불안정한 사회이므로 이전과 완전히 다른 속성을 가지게 될 것이고 이러한 사회에서 생존하기 위해서는 초유동적인 시장의 속성과 법칙을 잘 이해해야 한다.

초유동성 사회로의 전환

기하급수적인 지식 증가

미래학자 버크민스터 풀러(Buckminster Fuller)는 인류의 지식 총량이 늘어나는 속도가 과거 100년마다 2배 증가했던 것이 1990년대는 25년으로, 2020년 현재는 13개월로 그 주기가 단축되었다는 '지식 배증 곡선'을 주장한 바 있다. 전 세계 지식의 양이 1년이면 두 배가 된다는 말이다. IDC(International Data Corporation)는 글로벌 데이터 생산량이 2019년 약 40제타바이트(Zeta byte, 10의 21승)에서 2025년이면 4배인 160제타바이트로 증가할 것이라고 예측했다. 지식의 증가 속도는 가히 기하급수적이다.

이러한 지식의 증가는 그것을 학습하면서 살아가는 인류에게 절망적인 이야기다. 지식 증가 속도에 비해 지식 습득 속도는 너무 느리기 때문이다. 글을 쓰는 이 순간에도 엄청나게 많은 지식들이 쏟

• 글로벌 데이터 생산량 예측

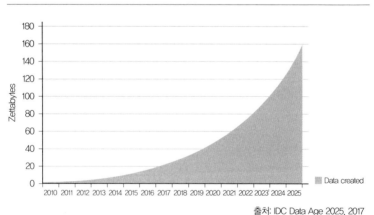

출처: IDC Data Age 2025, 2017

아져 나오는데 그러한 지식을 모르고 살아간다는 것은어둠 속을 걷는 것과 같이 답답하고 두려운 일이다.

지식과 정보의 유통량과 유통 속도의 증가는 곧 유동성의 증가를 의미한다. 특히 지식과 정보의 유동성은 상품이나 사람, 금융 등과 비교할 수 없을 만큼 매우 크다. 데이터와 정보, 지식의 유동성이 큰 이유는 디지털 혁신으로 모든 현실 세계가 디지털로 전환되면서 현실 세계를 복사한 가상의 디지털 세계가 생기고 그 가상세계에서는 현실 세계의 모든 활동 정보가 실시간으로 클라우드에 저장되고 공유되고 활용될 수 있기 때문이다. 디지털 세계에서 데이터가 생산되고 유통되고 활용되면 시공간의 장벽, 비용의 장벽이 매우 낮기 때문에 엄청난 융합이 일어날 수 있는 것이다.

최근 '메타버스(Metaverse)'라는 개념이 게임 세계에서 각광받고 있다. 3차원 가상 공간에서 개인들이 자신의 아바타를 만들어 서로 경제활동도 하고 사회활동도 하는 세계가 등장한 것이다. 미국의 조바이든 후보도 이 메타버스를 이용해 선거운동을 했고 명품 브랜드들이 가상의 세계에서 패션쇼를 하기도 했다. 디지털 세계는 이처럼 현실을 복사하는 것을 넘어서서 스스로 가상의 세계까지 만들면서 무한 성장하고 있다.

우리는 매일 구글, 네이버 등에서 정보를 검색하고, 네이버 지도를 바탕으로 한 내비게이션을 이용해 이동하고, 페이스북에서 친구들의 정보를 얻고 유튜브를 통해 학습을 하고 쿠팡에서 쇼핑을 하고 넷플릭스에서 영화를 본다. 우리는 데이터를 소비함과 동시에 데이터를 생산해내면서 데이터 속에서 살아간다. 디지털 데이터를 떠나

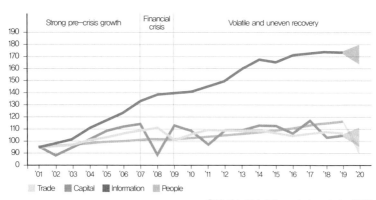

출처: DHL Global Connectedness Index, 2020

서는 살 수 없게 되어버린 것이다.

디지털 정보만큼은 아니지만 현실 세계의 디지털화는 의사소통 속도와 의사 결정 속도, 실행의 속도를 급격히 증가시켜 실물 세계의 유동성을 증가시켰다. 먼저 사람의 이동 속도가 증가되었다. 교통, 통신의 발달, 이동수단의 발달로 사람들의 이동량이 많아지고 속도도 빨라졌다. 에어비앤비, 우버, 그랩(Grap), 디디추싱(Didi Chuxing) 등 공유 플랫폼의 등장과 세밀한 지도 서비스, 여행 플랫폼 등의 발달은 사람들의 이동을 급속히 증가시켜 하나의 세계로 통합해가고 있다. 하나로 통합된 세상은 엄청난 레버리지를 갖는다.

상품 이동 증가

사람의 이동보다는 못하지만 상품이나 실물들의 이동도 지속적으로 증가하고 있다. WTO를 중심으로 각국의 다자간, 쌍방 간 FTA

협정으로 관세와 수출입의 제도적 장벽이 현저히 낮아졌다. 트럼프가 도발한 미중 무역전쟁과 보호무역으로의 회귀는 지속 가능하지 않다. 비교우위로 모든 국가에서 무역을 통한 교환가치가 크기 때문에 자유무역의 흐름은 지속될 것이다. 최근 아시아 국가들을 중심으로 체결한 RCEP(Regional Comprehensive Economic Partnership)와 미국이 다시 참여하려고 하는 TPP(Trans Pacific Partnership) 등 다자간 자유무역 협정으로 더욱더 자유로운 상품 이동 환경이 만들어지고 있다.

이에 더해 역내 상거래 플랫폼으로 머물던 온라인 쇼핑 자이언트들이 글로벌 차원에서 연합하거나 제휴하면서 글로벌 온라인 쇼핑 플랫폼들이 빠르게 발전하고 있다. 아마존도 일본, 한국 등 글로벌 확장을 지속하고 있고 아마존의 대항마로 불리는 쇼피파이(Shopify)는 드롭시핑(Drop Shipping)의 파트너로 중국의 알리익스프레스(Aliexpress)와 제휴하여 중국의 제조업자들이 미국을 비롯한 전 세계 소비자들과 직접 거래할 수 있는 플랫폼을 구축했다. 최근 싱가포르 기반의 한국 기업 Qoo10이라는 온라인 쇼핑몰도 동대문 신상마켓과 제휴하여 동대문 패션을 동남아 등 글로벌로 직거래할 수 있는 시스템을 구축하고 있다. 알리바바도 싱가포르의 라자다(Lazada) 등을 인수합병하면서 글로벌 쇼핑 플랫폼 구축에 박차를 가하고 있다. 이처럼 글로벌 상거래 플랫폼의 등장으로 상품의 이동이 글로벌 차원에서 급속하게 증가될 것이다.

자본의 이동

사람과 상품의 이동이 증가함에 따라 자연스럽게 자본의 이동도 증가하고 있다. 금융시장에서의 논의는 더욱 혁신적이다. 신용카드의 등장으로 한결 편해진 국가 간 결제는 핀테크 기술이 결합된 각종 페이로 손쉬운 자금 거래가 가능하게 되었다. 한국에서는 창립한지 3년밖에 안 된 카카오페이가 2020년 거래량 70조 원으로 기존 은행의 거래 규모를 뛰어넘는 혁신을 이루었다. 중국의 경우 거지도 QR코드로 돈을 받을 만큼 디지털 금융 산업은 보편화되고 있다. 최근에는 각국 중앙은행이 디지털 화폐의 발행을 심각하게 연구할 만큼 금융시장에서 실물화폐의 사용이 점점 줄어들고 모든 거래가 디지털로 전환되고 있다. 최근 발전한 블록체인 기술이 디지털 화폐로 전환했을 때의 보안과 신뢰성 문제를 해결하면서 긍정적인 신호를 주고 있다. 만약 디지털 화폐가 발행된다면 또 한 번의 충격적인 변화가 닥쳐올 것이다.

글로벌 페이 시장과 함께 투자시장도 개방되고 있어서 글로벌 자본의 이동이 빨라지고 있다. 글로벌 연기금을 주축으로 한 PEF와 헤지펀드들은 가치 상승이 가능한 기업이라면 국가를 가리지 않고 투자를 할 수 있는 환경이 조성되어 있고, 최근에는 개인들도 상장기업이라면 어느 나라의 기업이라도 투자할 수 있는 환경이 빠르게 구축되어 가고 있다.

초유동성 사회의 특징

초유동성 사회는 어떤 특징이 있고 초유동성 사회가 된다는 것은 어떤 의미가 있는가? 액체 상태와 기체 상태를 비교해서 생각해보면 유동성이 높은 시장 환경의 특징을 잘 이해할 수 있다. 가장 중요한 특징은 '변화의 전파 속도가 빠르다'는 것이다. 외부적인 충격이 가해졌을 때 기체 상태에서는 반응이 빠르고 넓게 확산된다. 초유동성 시장에서는 변화가 빠르고 광범위하게 확산된다는 것이다.

빠른 변화의 전파 속도를 보여주는 대표적인 예가 실시간 검색어일 것이다. 과거에는 새로운 뉴스가 TV, 신문 등 매스미디어를 통해 전파되었다면 요즘은 실시간으로 뉴스가 전 세계로 퍼져간다. SNS나 검색 시장의 발달로 전 세계의 사건 사고들이 실시간으로 트위터나 페이스북으로 공유되고 전파된다. BTS의 멋진 뮤직비디오 한 편이 단 며칠 만에 1억 명 이상의 사람들에게 보여지는 놀라운 세상이다. 유명인들이 사석에서 뱉은 한마디 말실수로 하루아침에 수십 년 동안 쌓아온 개인의 삶이 나락으로 떨어지는 무서운 세상이기도 하다.

두 번째 특징은 '변화 주기가 매우 짧다'는 것이다. 변동성이 심하고 변화의 속도가 빠른 만큼 변화의 주기가 매우 짧다. 초유동성 시장에서는 히트 상품이 출시되더라도 오래 지속되기 힘들다. 왜냐하면 또 다른 히트 상품이 뒤이어 나오면서 대중들의 관심이 이동해버리기 때문이다. 변동성이 심한 시장에서 가장 중요한 전략 중 하나는 상품 라이프사이클 관리 전략이다. 짧은 변화 주기는 새로운 기업에게는 기회이기도 하다. 새롭게 도전할 기회들이 지속적으로 주어지기 때문이다.

세 번째 특징은 '변동 폭이 큰 쏠림 현상'이다. 유동성이 높다는 것은 에너지 준위가 높아서 가볍고 쉽게 이동 가능하기에 외부의 충격이 오면 쉽게 쏠림 현상이 나타난다. 쏠림 현상은 변동 폭과 진동 폭이 크다는 말이다. 시장에서 초대박 히트 상품이나 초대박 스타가 자주 탄생하는 것은 이런 쏠림 현상의 대표적인 사례이다.

쏠림 현상이 매우 큰 시장을 레버리지가 높은 시장이라고 한다. 레버리지는 지렛대 효과로 긍정적이든 부정적이든 효과와 영향력이 매우 큰 시장을 말한다. 이런 상황을 가정해보자. 100명의 합리적인 소비자가 A, B, C, D 등 여러 가지 상품 중에서 구매 결정을 한다고 할 때 공개된 상품 정보를 바탕으로 A는 100의 가치, B는 90의 가치, C는 80의 가치, D는 70의 가치가 있다고 평가한다면 100명의 소비자는 모두 A를 선택할 것이다. 1만 명의 소비자가 선택을 한다고 해도 1만 명 모두 A를 선택할 것이다. 즉 쏠림 현상이다.

현실 세계에서는 물론 사람마다 가치 평가 기준이 다르고 취향도 다르고 상품 정보에 대한 인식의 차이가 있어서 이런 극단적인 일은 일어나지 않지만 정보와 평가가치가 투명하게 공유된다면 상대적으로 좋은 상품을 모든 사람이 선택할 가능성이 훨씬 높기 때문에 쏠림 현상은 생길 수밖에 없는 것이다.

이렇듯 고객들의 선택에서 쏠림 현상은 엄청난 변동 폭을 키워 시장을 매우 불안하고 변화무쌍하게 만든다. 이는 마치 바람이 불면 기체가 한꺼번에 휩쓸려가듯이 모든 정보가 오픈된 시장에서는 고객들이 좀 더 좋은 상품으로 구매가 몰리는 현상이 일상화된다는 말이다. 그만큼 개별 기업 입장에서 제품의 수명 주기는 매우 짧아질 것이고, 이는 도전하는 기업가들에게는 좋은 기회이기도 하지만 이미 성공한 기업에는 매우 불안한, 사업하기가 매우 어려운 환경이다.

쏠림 현상은 미래 사회를 해석하고 예측하는 데 매우 중요한 것이다. 변동 폭과 관련해서 이해해야 할 또 한 가지 개념은 앞에서 설명한 '오버슈팅'이다.

이처럼 초유동성 사회는 혁명적인 변화가 짧은 주기와 큰 변동 폭으로 반복되기에 기본적으로 매우 불안정하고 스트레스가 많은 사회이다. 그러나 불안정한 사회도 어떤 조건이 충족되면 안정적인 사회가 될 수 있다. 이처럼 혁신이 일상화된 사회에서 생존하기 위해 알아야 할 초유동성 시장의 원리는 어떤 것들이 있을까?

초유동성 시장의 경제학: 속도의 경제

초유동성 시장에서 주목해야 할 경제 법칙은 '속도의 경제'이다. 규모보다 속도가 더 중요하고 모든 전략을 속도를 중심으로 재편성해야 한다는 주장이다. 속도의 경제에서 전략은 제품의 수명 주기처럼 시간이 흐를수록 효과가 감소하기 때문에 시간을 질적으로 분석해서 가장 효과적이고 수익성이 높은 시간에 집중함으로써 시간당 성과를 극대화해야 한다.

보통 시간에도 '카이로스(Kairos)'라고 하는 질적인 시간과 '크로노스(Chronos)'라는 양적인 시간이 있다. 어떤 특정 제품 시장에서 도입기, 성장기, 성숙기, 쇠퇴기의 각 단계에 따라 같은 양의 시간이라도 시간당 질적 효율이 다르다. 속도의 경제에서 전략은 크게 2가지다.

하나는 수명 주기가 점점 짧아지고 있는 시장 환경에서 제품의 출시와 철수 타이밍을 언제로 잡을 것이냐 하는 타이밍(Timing) 전략이다. 또 하나는 얼마나 리드타임을 단축시켜 시장 대응에 필요한 비용을 최소화할 수 있을 것인가 하는 리드타임(Lead Time) 전략이다. 타이밍은 제품 출시 타이밍이 중요하고 리드타임은 공급 리드타임이 중요하다.

속도의 경제에서는 규모의 경제와 다른 근본적인 관점의 전환이 필요하다.

포트폴리오 전략에서 포커스 전략으로 전환

포트폴리오 전략의 목적은 위험의 분산을 목적으로 여러 가지 전략적 옵션을 두는 것이다. 하나의 상품에 집중하기보다 다양한 상품 구성을 통해 위험을 분산하고 언제 올지 모를 기회를 기다리는 전략이다. 포트폴리오 전략의 최대 약점은 자원의 분산이다. 어느 한 제품에 집중하지 못하고 자원을 분산하여 개별 상품의 경쟁력을 약화할 수 있다. 포트폴리오 전략의 대표적인 프레임인 BCG(Boston Consulting Group)의 매트릭스가 최근 현실 세계를 잘 반영하지 못하는 것은 속도의 경제로 변했기 때문이다. 속도의 경제에서는 수평적인 포트폴리오 전략보다 고객에게 집중하는 포커스 전략이 바람직하다. 수많은 경쟁자들이 경쟁하고 급속히 변하는 환경에서 애매모호하고 다양한 상품을 제안하는 것보다는 선택과 집중을 통해 확실한 가치를 주는 소수의 상품을 제안하는 것이 훨씬 효과적이다. 마치 선택과 집중을 통해 치고 빠지는 게릴라식으로 일시적일지라도 독점을 추구하는 전략이 효과적이다.

완벽한 기획에서 빠른 실행과 반응으로

속도의 경제에서는 완벽한 기획과 준비보다 타이밍이 중요하다. 완벽하게 기획하는 것은 물론 좋으나 그것 때문에 타이밍을 놓치면 헛수고이다. 준비가 조금 부족하더라도 타이밍에 맞게 출시를 하고 고객의 반응을 살피면서 피드백을 통해 완성도를 보완하는 것이 효과적이다.

종합회사에서 전문회사로

최근 LG화학에서 배터리 사업부를 LG에너지솔루션으로 물적 분할한 것이 이슈가 되었다. 종합기업보다 전문기업이 시장에서 더 좋은 평가를 받기 때문에 최근에는 전문기업으로의 기업 분할이 대세이다. 지주회사 제도도 사업회사를 전문화하는 것이 더 효과적이라는 가정하에 전문회사를 육성하기 위한 제도적인 틀이다. 속도의 경제에서는 초식공룡 같은 거대 규모 기업보다 육식공룡 같은 작지만 민첩한 기업이 생존에 더 유리하다.

오프라인, 자산 기반에서 모바일, 디지털 기술 기반으로

현재 글로벌 500대 기업 중 상위에 랭크된 대부분의 기업은 디지털 기술 기반 회사이다. 물론 월마트 같은 전통 기업도 디지털 기술 기반을 구축할 때는 미래 성장 가능성이 있다. 규모의 경제에서는 오프라인 자산 규모가 경쟁력과 성장의 조건이었다. 그러나 속도의 경제에서는 오프라인 자산이 오히려 기업 성장의 장애물이 되고 있다. 부동산에 기반한 오프라인 자산은 출구(Exit) 전략이 힘들다. 속도의 경제에서 살아남기 위해서는 많은 오프라인 자산보다 기술 기반의 기업, 운영 역량 중심의 기업을 구축하는 것이 더 중요하다.

매스 마케팅에서 입소문 마케팅으로

규모의 경제에서는 목표 시장을 광범위하게 설정하고 비용이 많이 들더라도 매스 마케팅(Mass Marketing)이 효과적일 때도 있었다. 그러나 속도의 경제에서는 기본적으로 공급초과시장이므로 매스 마케팅은 투자 대비 그다지 효과적이지 않다. 속도의 경제에서 가장 좋은 마케팅 수단은 만족한 소비자의 입소문이다.

짧은 시간 안에 목표 시장에 빠르게 제품을 홍보하는 데 가장 효과적인 방법은 입소문을 낼 수 있는 스토리를 만드는 것이다. 감성에 호소하든 이성에 호소하든 사회적 가치에 호소하든 유머를 담든 관계없이 타깃 고객에게 공유되고 자발적으로 전파될 수 있는 스토리를 만드는 것이 최적의 마케팅 방법이 될 것이다.

양극화 사회:
새로운 계급사회의 등장

장벽이 없는 완전경쟁시장

초연결 사회로 인한 초유동성 사회는 각종 시장의 장벽을 없애고 완전경쟁에 가까운 시장을 만들어낸다. 정보와 지식의 이동 비용과 진입 장벽이 낮고, 모든 정보가 공유되며, 시간의 장벽과 공간의 장벽이 줄어들기 때문이다. 물론 현실 세계에서는 완전경쟁시장이 존재하지 않으나 온라인 시장의 발달로 시간이 갈수록 완전경쟁시장에 가까워지므로 미래 시장 변화 방향을 예측하는 데 완전경쟁시장의 특성을 아는 것은 아주 중요한 일이다.

완전경쟁시장에서 기업의 양극화: 파레토의 법칙

먼저 앞에서 언급한 것처럼 완전경쟁시장에서 알아야 할 가장 중요한 특징 중 하나는 상위 20%가 80%를 차지할 때 시장이 안정화된다는 파레토의 법칙이 작용한다는 것이다. 이러한 파레토의 법칙 때문에 산업이 발전해서 완전경쟁시장에 가까워질수록 양극화가 모든 영역에서 일반화되고 심화될 가능성이 있다. 우리는 구조화되고 공고해져 가는 양극화 사회에서 어느 한쪽에 속해 살아가게 될 것이다.

완전경쟁시장에서 오히려 성과와 자원의 배분이 양극화된다는 것은 일견 역설적인 것처럼 보인다. 완전경쟁시장이라 함은 독점시장의 반대이고, 독점이 불가능한 시장이라면 평등한 분배로 수렴되어야 할 것 같은데 오히려 불평등한 분배가 심화된다.

완전경쟁시장에서 독점을 가능케 하는 가장 큰 요인은 전통적인 경제 원칙인 규모의 경제 효과와 초연결 사회에서 나타나는 네트워크 효과 때문이다. 두 효과는 특히 플랫폼 사업모델에서 많이 나타난다. 예를 들어 구글이나 아마존 같은 플랫폼은 이미 소비자들이 그 플랫폼에 익숙해져 다른 플랫폼이 나온다고 해도 전환 비용이 커서 이동하지 않는다. 또한 시너지 효과 때문에 지속적으로 다른 참여자들을 불러들여서 지속적으로 성장해가는 플라이휠 효과를 나타낸다.

독점 기업은 시간이 갈수록 독점적인 지위가 강화되어 엄청난 마진과 이익 창출이 가능하고 완전경쟁시장의 작은 기업들은 매일매일 혁신하지 않으면 생존이 어렵기 때문에 적은 마진으로 다시 혁신에 재투자해야 하므로 결국 이익을 내기 힘든 소기업으로 축소되는 양극화된 시장 구조를 갖는 것이다. 이러한 양극화된 시장 특성 때문에 최근 벤처투자 회사를 비롯한 수많은 투자자들이 독점적인 플랫폼 구축이 가능한 기업을 찾는 데 혈안이 되어 있는 것이다.

자산 시장에서의 양극화

기업의 양극화와 더불어 자산시장에서도 양극화 현상이 심화되고 있다. 2008년 리먼브라더스(Lehman Brothers)의 침몰로 시작된 미국의 금융위기는 클린턴 행정부가 추진한 내 집 갖기 운동을 지원하기 위해 신용 등급이 낮은 사람에게도 모기지 대출을 해줌으로써 부동산 가격 상승을 부추겼고, 이러한 통화량의 팽창으로 인한 자산 가격 상승이 정점을 맞아 조정이 되면서 대폭락한 사건이다. 그래서 이를 서브프라임(Sub-Prime) 모기지(Mortgage)로 인한 금융위기라고 한다. 원래 프라임 등급에게 대출해주던 것을 그 이하의 등급에게도 모기지 대출을 해주었던 것이다.

2008년 금융위기는 미국에서 시작해 유럽을 비롯한 세계 각국의 금융 시스템에 충격을 주었고 그 해결 과정에서 양적 완화(Quantitative Easing)라는 명목으로 달러를 시장에 필요한 만큼 무한정 공급하는 새로운 금융위기 대응 방법을 실행했다. 이후 각국 정부는 금융위기 때마다 양적 완화를 통해 당면한 위기를 넘겨왔다. 특히 코로나 위기로 세계는 재정정책, 금융정책 등 모든 수단을 동원하여 통화량을 공급한 결과 현재 각국은 정부든, 가계든 역사상 가장 큰 부채 비율을 기록하고 있다.

문제는 막대한 통화량의 공급은 자산 가격 상승을 가져오고 자산을 가진 사람과 가지지 못한 사람 사이에 현저한 부의 격차를 만든다는 것이다. 통화량이 증가하면 부동산 자산 가격 상승으로 임대료가 오르고 물가 상승으로 비용이 증가하면서 자산이 없는 임금 노동자들은 같은 돈으로 구매력이 떨어져서 실질소득이 감소한다. 반면 자산 소유자들은 자산가치 상승에 따른 부의 증가로 막대한 자산소득을 올릴 수 있게 되어 점점 더 부가 증가되는 효과를 갖는다.

문제는 자산시장에서 부의 격차와 양극화가 시간이 갈수록 심화된다는 것이다. 왜냐하면 기술 발달로 생산성이 증가하면서 고용이 불안정하게 되어 실업자들이 양산되고 구매력은 감소하기 때문이다. 소비시장에서는 공급초과 사회가 되어 만성적인 수요 부족으로 경기침체가 계속된다. 이러한 경기침체를 극복하기 위해 정부는 이자율을 낮추고 막대한 재정정책으로 주기적으로 통화량을 대폭 늘린다. 늘어난 통화량은 공급이 제한적인 자산시장에서는 가격을 올리고 공급이 초과인 소비시장에서는 여전히 디플레이션 압력으로 가격이 낮아지는 양극화 현상을 나타낸다. 최근 많은 청년들이 주식시장에 참여하면서 코로나 불황에도 코스피가 사상 최고점을 찍고 부동산 가격이 폭등하여 서민들의 시름이 깊어진 배경에는 이러한 자산시장의 양극화 원리를 청년들이 깨닫고 자산시장에 적극 참여하고 있기 때문이다.

기업의 양극화와 자산시장의 양극화는 현재 자본주의가 직면한 가장 큰 도전이다. 미래 정부의 가장 큰 도전 과제는 양극화의 해소이고 이를 위한 새로운 계급 간의 치열한 정치 투쟁이 조용히 시작되고 있다고 할 수 있다.

노동, 교육 시장에서의 양극화

기업의 양극화, 자산시장의 양극화와 함께 노동시장도 자연히 양극화되고 있다. 노동시장에서 양극화는 개인 차원의 성과 역량의 양극화와 조직 차원의 독점적인 고생산성 생태계에 속해 있는지의 여부에 따른 양극화로 나눌 수 있다. 초연결, 초유동성 시장의 가장 큰 특징은 레버리지 효과가 크다는 점이다. 이는 네트워크나 공유 자산 등 낮은 비용으로 활용 가능한 자산이 많아서 레버리지 활용 여하에 따라 큰 성과 차이를 낼 수 있다는 점이다.

개인 차원의 양극화가 일어나는 배경은 이러한 레버리지 효과가 큰 시장의 특성 때문이다. 중국의 왕홍이나 한국의 연예인, 인플루언서 등 지식이나 재능, 아이디어로 네트워크나 공유 자산을 잘 활용하는 사람들이 거두어들일 수 있는 성취는 과거에 비해 상상 이상이다. 코트라 상하이 무역관에 따르면 중국의 대표 왕홍으로 3,900만 명의 팔로워를 가지고 있는 '웨이야(Viya)'는 개인기업으로 2020년 6~12월까지 6개월간 약 225억 위안(약 3조 8,000억 원) 이상의 매출을 일으켰다고 한다. 개인기업의 연매출이 7조 6,500억 원인 셈이다. 그녀가 개인으로서 이처럼 큰 성공을 할 수 있었던 것은 중국 시장이라는 커다란 공유 자산을 비롯해 타오바오와 각종 미디어 그리고 쌍11절(11월 11일) 이벤트, 각종 브랜드와의 네트워크 자산을 잘 활용한 덕분이다.

이처럼 크게 성공한 사람들이 있는 반면 훨씬 많은 사람들이 실업과 저임금 노동으로 생존 투쟁을 벌이고 있다. 특히 긱 경제(Gig Economy)라고 하는 플랫폼 경제가 양산한 초단기 일용직에 가까운 플랫폼 노동자들의 등장은 노동시장에서 불안정한 저임 노동시장이 구조화되고 있음을 보여준다.

조직 차원에서 노동의 양극화는 독점적 시장 지위를 구축한 글로벌 경쟁력을 가진 기술 기반의 초우량 기업의 네트워크 속에 있는 노동자와 몰락하고 있는 소상공인들이 고용한 저임 노동자들로 나뉘지는 것이다. 더구나 최근의 혁신 기업들은 역동적인 조직을 유지하기 위해 과감한 성과보상제도를 도입하고 특히 벤처기업의 경우 스톡옵션을 우수 인재 영입 전략으로 적극적으로 도입하고 있다. 이러한 보상제도의 변화는 조직 내에서도 성과를 내는 인재와 그렇지 못한 인재 사이에 차등 폭을 넓혀가고 있다. 최근 상장에 성공한 몇몇 기업들에서 스톡옵션을 받은 개인들이 천문학적인 소득을 올리는 일이 많아지면서 노동시장에서 차등 보상이 점점 확대되어 가는 모습을 보여준다.

이러한 노동시장 양극화의 문제는 교육시장에서의 양극화와 맞물려 새로운 사회계급론의 등장을 불러올 수 있다. 교육열이 과도하게 높은 한국 사회에서 교육은 사회적 계층 이동을 할 수 있는 중요한 통로였다. 그러나 사교육의 활성화와 영재고, 과학고, 외고 등 특목고의 등장으로 사실상 고등학교 입시가 부활되면서 교육도 부의 세습을 강화하는 모습을 보여주고 있다.

교육시장의 양극화는 다시 노동시장의 양극화로 전이되고, 노동시장의 양극화는 다시 자산시장의 양극화로 확대되는 등 미래 사회는 새로운 계급사회로의 전환이 가속화될 것이다. 문제는 이러한 계급사회로의 전환을 물질문명의 발달과 정치적 자유, 그리고 자유시장 경제라는 명분에 가려 사람들이 잘 인식하지 못해 있다는 것이다. 그러나 사회 도처에서 양극화된 계급사회의 부작용들이 드러나

고 있고, 정부는 혁신적인 정책 대안들을 제시하지 못해 사회 갈등
이 깊어가고 있다.

국가 간, 세대 간 양극화

이러한 양극화는 국제질서에서 국가 간에도 더욱 구조화되고 고
착화될 가능성이 커지고 있다. 보통 한 국가 내에서는 양극화를 강
화하려는 시장의 힘에 맞서서 국가가 정책적으로 양극화를 완화하
려는 노력에 의해 얼마간 조정될 수 있다. 그러나 국제사회에는 조
정자가 없다. 유엔이나 세계은행, IMF, WTO 등 국제기구는 선진국
들의 이해를 바탕으로 국제질서를 유지하는 데 초점이 맞추어져 있
어 적극적으로 국가 간 불평등을 조정할 수 없다.

이런 환경에서 국가 간 기술력의 차이, 지식과 정보의 차이, 인재
의 차이, 가치사슬에서 시장 지위의 차이 등을 극복하기가 쉽지 않
다. 더구나 최근 지구온난화로 인해 빈번해진 자연재해, 지역 분쟁
으로 인한 전쟁과 난민 문제 등으로 피해와 고통을 가장 많이 받는
저개발국들의 생존 환경은 지속적으로 악화되고 있다. 미국 등 선진
국의 양적 완화 등 금융시장의 혼란으로 가장 큰 피해를 보는 국가
들도 저개발국들이다. 그들의 화폐가치가 폭락하기 때문이다. 통신
과 기술의 발전 덕택에 FTA 등을 통한 제도적 장벽의 제거 등으로
세계는 점점 더 연결되고 상호 의존적으로 변하는데 역설적으로 국
가 간 양극화가 심해지는 현상 또한 미래 인류가 해결해야 할 큰 과
제이다.

마지막은 세대 간 양극화이다. 가장 큰 이유는 기술 발전의 속도, 지식 증가의 속도가 너무 빠르기 때문이다. '디지털 디바이드(Digital Divide)'는 디지털 기술 때문에 생기는 세대 간 격차를 말한다. 디지털 기술은 이제 단순한 기술을 넘어 언어와 문화를 바꾸는 생활의 핵심 요소가 되었다. 미래 세대는 국어, 영어 외에 또 다른 언어, 즉 디지털 언어를 배워야 한다.

디지털 기술에 대한 세대 간 수용도와 활용도, 디지털 언어에 대한 세대 간 격차는 실제 의사소통과 문화적 배경이 많이 달라서 잦은 충돌을 야기하기도 한다. 1년마다 지식이 배증되는 사회에서는 개인의 가치관 및 삶의 방식, 직업에 대한 인식, 조직생활에 대한 인식, 결혼, 출산, 제사 등 전통적인 가족 개념 등에 대해 세대 간 의견이 너무 달라서 관계가 단절되고 전통적인 질서가 파괴되면서 많은 사회 갈등을 일으키고 있다.

메가퍼포머의 시대:
메가컴퍼니, 메가스타

메가퍼포머란?

기술 발달로 인한 초연결 사회, 초유동성 사회의 등장, 그로 인한 사회 양극화의 대표적인 사례가 메가퍼포머(Mega-Performer)의 등장일 것이다. 메가퍼포머는 일반적으로 조직에서 우수한 성과를 낸다는 '하이퍼포머(Hi-Performer)' 개념과 다르게 '상상 이상의 성과를 내는 기업이나 개인'을 말한다. 기업 차원에서의 메가퍼포머를 '메가컴퍼니(Mega-Company)'라고 하고, 개인 차원에서의 메가퍼포머를 '메가스타(Mega-Star)'라고 부르기로 한다.

미래사회에는 이러한 메가퍼포머들의 등장과 이들이 만들어낼 새로운 생태계를 주목해야 한다. 경영자라면 첫째, '메가퍼포머'가 되고자 하는 비전과 꿈을 꿀 수 있고, 불가능하다면 적어도 '메가퍼포머'의 생태계 안에서 일정 부분의 역할을 감당하는 꿈이라도 꾸어야 한다. 둘째, 더 현실적으로 경영자는 '메가스타'의 등장을 주목하고 그들을 전략적으로 양성하거나 전략적으로 제휴하려는 시도를 할 필요가 있다.

유동성이 매우 높은 초유동성 시장(기체시장)에서는 변화를 촉발하는 트리거(Trigger) 역할을 하는 메가스타들의 영향력이 상상 이상일 가능성이 높다. 21세기 경영의 가장 큰 과제 중 하나는 메가퍼포머들의 생태계 환경에서 이들을 어떻게 전략적으로 활용할 것인가이다.

메가컴퍼니의 등장

우리는 이미 기술 기반의 메가퍼포머들 사이에서 살고 있다. 미국의 구글, 아마존, 애플, 페이스북, 마이크로소프트를 비롯해서 최근의 테슬라, 넷플릭스, 줌(Zoom), 중국의 알리바바, 바이두, 텐센트, 한국의 네이버, 카카오, 쿠팡, 크래프톤, 빅히트엔터테인먼트 등 수없이 많다. 이들은 대부분 창업한 지 얼마 안 된 기업들이다. 20여 년 된 기업도 있지만 10여 년밖에 안 된 기업이 세계 시장뿐 아니라 각국의 로컬 시장에서 지배적인 기업이 된 것이다.

2020년 발표된 2019년 실적 기준 포춘(Fortune) 500대 기업에서 시가총액을 기준으로 1위에서 5위까지 모두 빅테크(BIG Tech) 기업이 차지했다. 1위는 마이크로소프트($1,199b/1,200조 원), 2위는 애플($1,112b/1120조 원), 3위는 아마존($970b/970조 원), 4위는 알파벳(구글)($799b/799조 원), 5위는 페이스북($475b/475조 원)이다. 유통 자이언트 월마트(8위/320조 원), 금융회사 JP 모건(10위/276조 원), 전통적인 석유

재벌 엑슨 모바일(27위/160조 원)을 제치고 기술 기반 기업들이 압도적으로 상위를 석권했다.

더 놀라운 것은 2003년 창립하여 17년 된 테슬라의 사례이다. 전기차 시장의 미래를 개척하는 선봉장 테슬라는 2020년 포춘 500대 기업이 발표될 때만 해도 매출 24조 원의 적자로 기업가치가 96조 원이었는데, 1년 후인 2021년 1월 현재 기업가치가 자그마치 790조 원으로 1년 만에 8배 넘게 상승했다. 2020년 회계연도에 겨우 5,000억 원 수준의 흑자를 기록할 것으로 예상되던 테슬라의 기업가치가 790조 원인 데 반해 500조 원을 넘는 매출을 올리는 전 세계 매출 1위 기업인 월마트(2019년 매출 524조 원, 영업이익 15조 원)의 기업가치는 321조 원에 불과한 것은 시사하는 바가 크다. 실로 메가컴퍼니라 할 수 있다.

테슬라에 미치지는 못하지만 또 한 가지 놀라운 사례는 화상회의 전문 기업 줌이다. 사실 줌은 웹엑스(WebEx) 부사장으로 있던 에릭 유안(Eric Yuan)이 2011년 창업해서 2019년 4월 IPO에 성공한 신생 벤처회사였다. 나스닥 상장 당시 16조 원으로 평가받았던 기업가치가 코로나로 재택근무가 늘어나면서 2020년 9월경 129조 원이 되었다. 상장 후 1년 반 만에 기업가치가 8배나 폭등한 것이다.

한국에서도 미국이나 중국에 비해 시장 규모가 작기는 하지만 메가컴퍼니들이 생기고 있다. 한때 천문학적인 적자 규모 때문에 도산하는 것이 아니냐는 우려를 자아냈던 쿠팡은 손정의 회장의 신임에 따라 소프트뱅크 비전펀드(SVF)로부터 2018년 3조 원의 투자를 이끌어내면서 우려를 잠재우고 한국 온라인 유통의 선두주자로 우뚝 섰다. 2018년 매출은 4조 원, 2019년 7조 원, 2020년 13조 3,000억 원이며, 영업적자는 2018년 1조 1,000억 원, 2019년 7,000억 원, 2020년 5,840억 원 수준으로 마감되었다. 2018년 비전펀드 투자 당시 약 10조 원으로 평가된 기업가치가 2021년 5월 11일 미국 뉴욕증권거래소(NYSE)에 공모가 35달러(기업가치 68조 원)의 기업가치로 평가받았다. 창업한 지 10여 년 만에 68조 원 내외의 기업이 탄생한 것이다. 1993년 창업한 후 27년 된 매출 20조 원인 이마트의 기업가치가 4조 5,000억 원인 것과 비교하면 엄청난 것이다.

베틀그라운드라는 게임으로 대박을 터뜨린 크래프톤의 이야기는 가히 신화적이다. 크래프톤은 2007년 창업 후 2010년까지 매출이 0원인 회사였다. 그런데 이 회사가 약 9년간의 죽음의 계곡을 넘어선 2016년 베틀그라운드를 출시하면서 2016년 370억 원, 2017년 3,000억 원, 2019년 1조 원을 넘기고 2020년 약 1조 6,700억 원을 달성했다. 놀라운 것은 영업이익률인데 게임 산업 특성상 비용 구조가 적어 2020년 영업이익은 전년 대비 2배가량 증가한 7,739억 원으로 영업이익률 46%를 달성했다는 점이다. 2021년 IPO가 예정된 크래프톤의 기업가치는 28조~30조 원 내외로 논의되고 있는데 이는 엔씨소프트의 기업가치를 넘어서고 포스코의 기업가치와 비슷한 수준이다. 크래프톤이야말로 짧은 시간 안에 놀라운 성장을 한 대표적인 메가컴퍼니라고 할 수 있다.

메가스타의 등장

2020년 세계적으로 가장 주목받은 메가스타는 단연 미국 시장에서 빌보드 차트 1위를 하면서 새로운 역사를 쓴 방탄소년단(BTS)이다. 경제 전문지 〈포브스〉는 방탄소년단의 경제가치를 약 46억 5,000만 달러(약 5조 원)라고 평가했다. 웬만한 대기업 매출에 맞먹는 경제가치를 한 K팝 팀이 달성한 것이다. 과거였다면 상상도 할 수 없는 일이다. BTS가 개척한 K팝의 글로벌화를 블랙핑크를 비롯한 후배들이 확대해나가고 있다. 이러한 BTS를 단순히 슈퍼스타라고 하기엔 경제적, 사회적, 문화적인 영향력이 너무 크다.

음악 부문에 BTS가 있다면 영화 부문에는 봉준호 감독이 있다. 봉준호 감독은 오스카상을 미국 로컬(Local) 영화제라고 말함으로써 할리우드의 세계관에 갇혀 있는 미국 영화계에 크나큰 도전과 반성을 유도해냈다. 〈기생충〉은 3,000억 원 이상의 수입을 올리는 전무후무한 기록을 세웠다. 어떻게 아시아의 영화 한 편이 언어도 다른 미국 시장에서 오스카상을 수상할 수 있었을까? 봉준호 감독을 메가스타로 만드는 데 결정적인 기여를 한 것은 무엇일까?

BTS나 봉준호 감독 외에도 메가스타들이 많이 생기고 있다. 정윤정, 왕영은, 허수경 등 유명 쇼호스트들은 홈쇼핑 회사의 보물들이다. 이들의 연봉은 대표이사보다 훨씬 많은 20억~40억 원 수준이라고 한다. 유명 유튜버들의 수입도 명확하게 밝혀지지는 않았지만 40억 원을 넘기는 유튜버들도 많다고 한다. 6세 아이가 주인공인 보람튜브는 약 2,000만 명의 구독자를 보유한 국내 1위 유튜버인데 수입이 200억 원에 이르는 것으로 추정된다. 웬만한 중견기업의 수익에 맞먹는 규모이다. 최근 트로트 열풍으로 일약 스타가 된 송가인이나 임영웅도 광고 수입만 수십억 원에 유튜버 수입, 출연료 수입 등을 합치면 최소 연간 100억 원 이상의 수입을 올렸을 것이라고 추정한다. 놀라운 것은 이들이 스타가 되기 전에는 자취방에서 라면으로 끼니를 해결하던 젊은이들이었다는 사실이다.

이러한 메가스타들은 대부분 조직 안에서 월급을 받는 회사원으로 활동하는 것이 아니라 독립된 개인회사나 전문회사와 계약을 하고 활동한다. 그러나 조직 내에도 엄청난 성과를 내는 직원들이 있다. 기술 기반 회사에서 핵심 기술을 개발하는 개발자, 패션 회사에서 디자인 디렉터나 핵심 머천다이저, 방송국에서 유능한 PD나 감독, 재능 있는 스토리 작가들, 스포츠 팀에서 스타 플레이어들, 펀드(Fund)에서 펀드레이징(Fund Raising) 전문가나 딜 소싱(Deal Sourcing) 전문가, 자동차 판매회사나 보험회사의 영업왕들, 건설회사의 기술자들 그리고 수많은 전략가들 등 수많은 드러나지 않은 메가스타들이 조직 안에 존재하고 있다.

이들 메가스타들의 존재가 조직의 생사를 결정한다고 볼 수 있다. 《삼국지》에서 유비가 제갈량을 찾아 삼고초려를 했던 것은 제갈량 같은 메가스타가 생과 사를 가를 수 있다는 것을 간파한 유비의 현명함이었다. 오늘날에도 아무리 환경이 바뀌어도 메가스타들이 존재한다. 경영자들의 성공과 실패는 결국 이들을 발견하는 안목과 내 편으로 만들려는 열정과 의지, 그리고 이들을 인정해주고 제대로 역량을 발휘할 수 있도록 지원해주는 폭넓은 신뢰와 배려에 달렸다고 할 수 있다.

메가퍼포머 등장의 배경과 시사점

특히 최근에 메가퍼포머들이 많아지는 것은 환경 변화의 영향이 크다. 초연결 사회와 초유동성 사회는 변화의 진폭이 매우 크다. 쏠림 현상이 큰 것이다. 따라서 소비자에게 유익한 새로운 콘텐츠, 즉 상품이나 서비스가 등장했을 경우 초연결 사회의 네트워크를 타고 급속히 전 세계로 소식이 전해지고 수요가 폭발하는 것이다. 이렇게 폭발하는 수요가 생기더라도 초유동성 사회의 인프라 덕택에 홍보, 생산, 판매, 결제, 배송, AS 등이 가능하다. 이때 새로운 콘텐츠를 개발하고 제공하는 사람들은 메가스타가 되고 이러한 콘텐츠가 소비자들에게 전달될 수 있는 사회, 경제적인 인프라를 제공하는 기업들은 메가컴퍼니가 된다.

메가컴퍼니는 대부분 플랫폼 사업모델을 구축한 기업들이고, 메가스타는 잘 구축된 플랫폼에서 콘텐츠를 제공하는 사업모델을 가진 개인들이나 기업들이다. 우리는 이러한 메가퍼포머의 등장을 통해 혁신적인 기술 개발이 가져온 충격적인 사회 변화에서 생존할 수 있는 사업모델의 전형을 발견할 수 있다. 이러한 미래사회에 적합한 사업모델은 막막한 광야에 서 있는 우리에게 길이 되고 사막 가운데를 지나가는 우리에게 강이 될 것이다.

2장

사업모델에 대한 인사이트

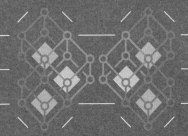

기업의 4가지 가치
창출 방법

기업의 가치 창출 방법

기업의 존재 목적은 고객을 위한 가치 창조이다. 고객을 위한 가치 창조를 얼마나 잘하고 있는지를 보여주는 성과 지표가 이익, 즉 재무적 성과이다. 기업의 고객 가치 창출 방법은 개별 기업마다 각기 달라 획일적으로 설명할 수는 없다. 그러나 통찰력을 가지고 자세히 살펴보면 4가지 핵심적인 가치 창출 방법이 있다.

- 개발(Developing): 지식 자산 기반, 지식 가치 창출
- 생산(Producing): 공장 자산 + 기술 기반, 제품 가치 창출
- 유통(Trading): 네트워크 자산 기반, 교환 가치 창출
- 운영(Operating): 플랫폼 자산 + 노동 기반, 서비스 가치 창출

개발, 지식 가치를 창출하다

기업은 연구 개발을 통해 새로운 가치를 만들어낸다. 특히 연구 개발은 창의적인 방법으로 구상하고 고안해, 과거에 없던 전혀 새로운 제품과 서비스를 만들어내는 것으로 성공했을 때 엄청난 가치를 창출한다. 삼성의 이건희 회장이 늘 강조한 '1명의 천재가 10만 명을 먹여 살린다'는 천재론은 바로 이런 개발 인력을 말한다. 개발을 통한 가치를 만들어내기 위해서는 다수의 많은 사람보다는 에디슨이나 빌 게이츠, 스티브 잡스, 일론 머스크 같은 소수의 사업 천재들이 필요하다.

인류 역사는 이처럼 무에서 유를 창조한 수많은 개발자들에 의해 발전해왔다. 산업 발전의 역사는 기술, 제품 및 서비스 개발의 역사라고 할 정도로 '개발'은 고부가가치 창출 기능을 감당해오고 있다.

개발을 통해 가치를 만드는 일은 성과가 큰 만큼 위험도 큰 '하이 리스크 하이 리턴(High Risk High Return)'의 성격을 갖는다. 성공하면 엄청난 보상을 받을 수 있지만 문제는 성공 확률이 높지 않다는 것이다. 고부가가치 기술이나 사업모델 개발은 수많은 시행착오를 거쳐 축적된 지식 자산을 통해 가능하다. 특히 기술 개발을 위해서는 장기간 기초과학 지식에 대한 엄청난 투자가 필요하다. 한 국가의 경제력은 개발 능력에 따라 결정된다고 할 만큼 개발 인력의 양성은 국가적인 과제이기도 하다. 이러한 지적 자산은 특허나 상표 등으로 오랜 기간 보호되므로 기업의 차별화와 국가의 경쟁력 기반이 되고 있다. 최근 국가 간, 기업 간 인재 전쟁은 결국 개발 인력을 확보하기 위한 것이다. 그만큼 개발을 통한 가치 창출 효과가 크기 때문이다.

생산, 제품 가치를 창출하다

연구 개발된 새로운 상품이나 서비스에 대한 아이디어는 구체적으로 생산 과정을 통해 제품을 만들어냄으로써 상품 가치를 창출한다. 이를 위해 공장을 설립하고 기계 장치를 만들기 위한 자본 투자가 필요하다. 자본 투자로 구축된 생산수단에 인간의 노동력이 더해져서 가치를 만들어내므로 자본 생산성과 노동 생산성을 높이는 것이 중요한 과제이다. 최근의 생산은 인건비의 지속적인 증가 때문에 로봇 등을 이용한 자동화 추세로 점점 더 자본 집약적인 산업이 되어가고 있다. 그만큼 자본 생산성이 더 중요하다.

생산을 통한 가치 창출은 산업에 따라 다르지만 상당한 규모의 자본 투자가 필요하므로 그만큼 투자 리스크가 크다. 대규모 설비 투자를 했는데 수요가 예상만큼 크지 않다면 매우 위험해진다. 기업이 생산 리스크를 줄이기 위한 방법으로는 설비 투자 전에 철저한 시장조사로 정확한 수요 예측을 하는 것과 유연 생산 방식을 도입하는 것이다. 최근 기존의 대량생산 체제의 라인 방식에서 매스 커스터마이제이션(Mass Customization)을 목표로 한 셀(Cell) 생산 방식으로의 전환, 광범위한 로봇과 IoT 기술을 활용한 스마트 팩토리(Smart Factory) 구축, 3D 프린팅 등 기술 발전으로 생활용품 시장에서 개인 단위의 소공인의 등장 등 다양한 변화들이 진행 중이다. 이러한 변화는 공급초과사회에서 다변화하는 수요에 유연하게 변신 가능한 생산 체제를 목표로 하고 있다. 생산을 통한 가치 창출은 이처럼 수요 맞춤형 생산 체세를 통해 위험을 낮추고 마진을 높여 '미들 리스크 미들 리턴(Middle Risk Middle Return)' 정도의 성과를 기대할 수 있다.

유통, 교환 가치를 창출하다

유통(Trading)을 통한 가치 창출은 생산된 제품을 소비자에게 전달함으로써 가치를 만들어내는 교환 가치를 말한다. 화폐가 발달하기 전에는 물물교환으로 교환 가치를 만들어냈다면 화폐경제 시대에는 화폐 거래를 통해 교환 가치 창출을 극대화하고 있다.

교환 가치의 이론적인 배경은 비교우위론이다. 비교우위론은 절대 우위에 있거나 열위에 있는 사람이나 국가도 비교 우위에 있는 상품에 집중하여 생산을 하고, 자기가 생산하지 않은 다른 상품은 비교 우위에 있는 상품을 가지고 교환하면 전체의 가치를 극대화할 수 있다는 이론이다. 예를 들어 우리나라와 베트남에서 의류와 반도체를 생산한다고 가정했을 때 우리나라가 2가지 제품에서 모두 절대 우위에 있고 베트남은 절대 열위에 있을지라도 우리는 비교 우위에 있는 반도체를 집중 생산하고 베트남은 비교 우위에 있는 의류를 집중 생산한 뒤 서로 무역을 통해 교환한다면 전체 가치가 극대화된다는 말이다.

유통을 통한 교환 가치 창출의 좋은 점은 자본 투자가 크게 필요하지 않다는 것이다. 비교적 적은 자본을 투자해서 상대적으로 높은 마진을 얻을 수 있다. 그러나 필요한 투자자본이 적은 만큼 진입 장벽이 낮아 시장 참여자들이 많고 변동성이 심해서 높은 마진을 지속적으로 유지하기가 힘들다는 약점이 있다. 이처럼 유통을 통한 교환 가치 창출은 위험이 비교적 높지 않으면서도 괜찮은 마진을 기대할 수 있는 '미들로 리스크 미들 리턴(Middle-Low Risk, Middle Return)' 방법이다.

운영, 서비스 가치를 창출하다

개발기업(Developing Company)이든 생산기업(Producing Company)이든 유통기업(Trading Company)이든 모든 기업은 운영을 통해 가치를 만든다. 운영이란 매일매일 고객을 상대하고 직원을 움직이며 의사소통과 의사 결정을 통해 문제를 해결해가는 끊임없는 기업 활동이다. 운영이 없으면 조직이 움직이지 않기 때문에 운영은 모든 살아 있는 조직의 기본적인 활동이요 가장 기초적인 가치 창출 활동이다.

모든 기업(서비스 기업 포함)은 차별적인 경쟁력을 구축하기 위해 '혁신'과 '생산성'이라는 과제를 해결해야 한다. 이 생산성을 결정하는 것이 바로 '운영 능력'이다. 비슷한 여건을 갖춘 기업이 경쟁할 때 승패를 좌우할 수 있는 것은 바로 일견 사소해 보이는 운영 능력이다. 이처럼 운영을 통한 가치 창출은 비록 크지는 않지만 기본적인 조직 역량을 좌우하므로 매우 중요한 가치 창출 방법이다.

운영 가치를 핵심으로 하는 사업은 기본적으로 사람에게 의존해 왔다. 그러나 최근 이 분야 또한 혁신적인 도전 앞에 서 있다. 사람의 지능을 대표하는 AI 로봇이 등장해 인간의 서비스를 대체할 수 있음을 보여주고 있다. 그래서 미래에 사라질 직업 중 가장 먼저 거론되는 것이 운영 가치 분야다. 식당에서 서비스하는 로봇, 기사 쓰는 로봇, 가수를 모창하는 로봇, 개인비서 로봇, 운전하는 로봇 등 이미 놀라운 변화들을 보여주고 있다. 과거 운영 관련 사업은 '로 리스크 로 리턴(Low Risk Low Return)' 사업모델들이 많았는데 미래에는 자본 집적화가 진행되어 '미들 리스크 미들 리턴' 영역으로 변해갈 것이다.

사업모델의
이해

사업모델이란?

사업모델이라는 용어는 다양한 맥락에서 자주 사용하지만 아직 명쾌한 정의가 없다. 사업이란 결국 가치를 주고받는 것이라는 개념에 기초해서 아래와 같이 정리해보았다.

사업모델은 고객에게 가치를 제공하고 반대급부로 가치를 회수하는 활동을 지속적으로 할 수 있게 하는 구조화된 사업 아이디어다.

이러한 사업모델을 만들어내고 검증하는 유용한 도구로 많이 사용되는 개념으로 알렉산더 오스터왈더가 고안한 '비즈니스 모델 캔버스(Business Model Canvas)'가 있다. 여기서 나는 좀 더 개념적으로 압축해서 보다 심플한 개념으로 사업모델을 설명해보려고 한다. 다음의 사업모델 개념도에서 세로축의 윗부분은 사업의 존재 목적인 고객과 그 고객에게 제공할 핵심 가치를 정의하는 것이고, 아랫부분은 사업을 지속적으로 유지하기 위한 기반 시스템을 의미한다. 가

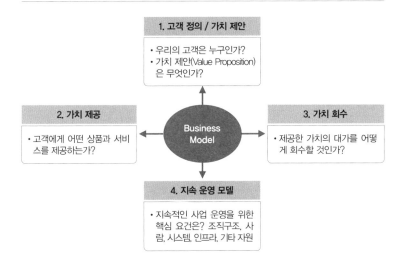

로축의 좌우는 가치를 주고 그 대가로 가치를 회수하는 인풋아웃풋(Input-Output) 개념을 의미한다.

사업모델은 가장 먼저 고객 및 고객에게 제공할 가치를 정의하는 것에서 시작하고, 정의된 가치를 어떻게 고객에게 제공하고, 제공된 가치에 대한 대가를 회수할 것인지에 대한 기본 구상을 완성한 후, 이러한 사업을 지속적으로 유지하기 위해 필요한 인프라와 시스템을 어떻게 구축할 것인지를 계획하는 것이다.

고객 정의 및 가치 제안

사업모델의 첫 단계는 그 사업이 목표로 하는 고객이 누구인지, 고객이 필요로 하는 것이 무엇인지, 그래서 그 고객에게 제공하고

자 하는 궁극적인 가치가 무엇인지를 명확히 정의하는 것이다. 고객을 정의하는 것은 막연한 대상만이 아니라 고객의 구체적인 필요(Gains), 해결해야 하는 문제(Pains), 그리고 고객이 하고자 하는 일(Customer's Jobs)을 명확히 하는 것을 말한다.

가치 제안(Value Proposition)은 그러한 필요가 있는 고객에 대한 우리의 미션을 정의하는 것이다. 미션은 한마디로 존재 이유이다. 먼저 고객이 필요로 하는 것을 창조하여 채워주는 것(Gain Creators)이다. 어떤 해결해야 할 문제(Pain Point)가 있는 고객에게는 그것을 해결해주는 것(Pain Solvers)이다. 어떤 일을 하고 싶어 하는 고객에게는 그와 관련된 서비스와 상품을 제공하는 것(Products and Services Providers)이다.

이처럼 가치 제안은 고객의 필요에 대한 정의와 그것을 만족시키기 위한 기업의 미션을 매칭하는 작업이다. 거기에 더해 그 기업의 핵심 역량이나 핵심 자원으로 더 나은 고객 감동을 줄 수 있는 경쟁 우위 전략들이 담긴다면 완벽한 가치 제안이 될 것이다.

가치 제공

정의된 고객 가치를 구체적으로 어떻게 만들어서 고객에게 제공할 것인가에 대한 여러 가지 방법들 중에서 전략적인 선택을 하는 것이다. 구체적으로 어떤 가치 있는 상품과 서비스를 개발하고 생산해서 고객의 문제나 필요, 요구 사항들을 해결할 것인가를 결정하는 것이다. 앞서 이야기한 4가지 가치 창출 방법 중 개발이나 생산을 통한 가치 창출과 관련이 깊다.

가치 제공과 관련해서 선택해야 할 주요 전략 포인트들은 다음과
같다.

기본 전략의 선택: 가격 vs 품질

가치는 품질과 가격의 함수이다. 일반적으로 고객은 높은 품질의
상품과 서비스를 낮은 가격에 공급할 때 만족한다. 그러나 높은 품
질의 상품과 서비스를 낮은 가격으로 제공한다면 기업의 이윤은 낮
아지므로 어느 수준에서 타협점을 찾아야 한다. 품질과 가격 수준을
선택할 경우 중간 어디쯤의 애매한 지점보다는 어느 하나를 중심으
로 하는 양극단의 전략이 성공할 확률이 훨씬 높다는 것이 시장의
논리다. 왜냐하면 품질을 중시하는 고객과 가격을 중시하는 고객이
확연히 다르기 때문이다. 사업모델의 출발점은 고객을 선택하는 것
이므로 가격 중심 전략과 품질 중심 전략을 선택하는 것은 사업모델
의 가장 기본이다.

품질을 최우선으로 두고 결정하는 전략을 가치 중심(Value-driven)
전략이라고 한다. 대표적인 사례로 루이비통, 샤넬 등 명품 브랜드
의 전략이다. 이들에게 가격은 중요한 요소가 아니다. 이들에게 가
장 중요한 것은 품질의 가치를 높여줄 질적인 차별화 전략이다.

반대로 가격을 최우선에 두고 결정하는 비용 중심(Cost-driven) 전
략은 가격을 낮추기 위해 비용을 극단적으로 줄여서 절약된 비용만
큼 소비자에게 좋은 품질의 상품을 낮은 가격으로 돌려주는 사업모
델로, 양적인 차별화 전략이라 할 수 있다. 주로 원가 우위 전략을 구

사하는 저가 중심의 유니클로, 자라 같은 의류 스파(SPA) 모델이나 저가 항공사들, 각종 카테고리 킬러(Category Killer) 모델들이 대표적인 사례이다.

핵심 역량 구축 전략 선택

기본 전략 모델에 따라 고객에게 최고의 가치를 제공하기 위해 기업은 어떤 핵심 역량을 구축할 것인지 결정해야 한다. 유니클로나 자라처럼 비용 중심 전략을 추구하는 기업과 루이비통이나 샤넬처럼 가치 중심 전략을 추구하는 기업의 핵심 역량은 다를 수밖에 없다.

핵심 역량이란 다른 경쟁자와 차별화하는 기업 내부의 역량이다. 생존을 위한 경쟁에서 기업은 결국 내부 자원을 기반으로 한 역량으로 경쟁할 수밖에 없다. 기업 내부의 핵심 역량은 다음 4가지 조건을 만족시켜야 한다.

- 고객 가치 창출에 중요한 기여를 하는 역량
- 경쟁자에게 없는 차별화된 역량
- 경쟁자가 모방하기 힘든 역량
- 조직 내에 체화되어서 시간이 갈수록 강화되는 역량

이러한 역량은 핵심 기술일 수도 있고, 핵심 지적 자산(특허, 상표 등)일 수도 있고, 네트워크 자산일 수도 있다.

특히 고객과의 관계, 파트너들과의 신뢰 관계, 협력업체들과의 관계 등 관계 자산들은 오랜 시간 형성되어서 단기간에 경쟁자들이 모방하기 힘든 중요한 핵심 역량이 될 수 있다. 이처럼 사업모델은 어떤 핵심 역량을 구축할 것인지에 대한 전략을 제시할 수 있어야 한다.

내부 자원 구축 전략 선택: 인하우스 vs 아웃소싱

가치 제공을 위해 선택해야 하는 또 하나의 중요한 이슈는 어떤 핵심 역량을 내부에 구축하고 어떤 역량을 외부에서 아웃소싱할 것인가이다. 내부에 어떤 핵심 역량을 구축할 것인가가 사업모델에서 중요한 차이를 만든다. 예를 들면 쿠팡은 물류 역량을 내부에 두기로 결정하면서 로켓배송이라는 차별화된 서비스로 온라인 유통의 강자가 되는 데 결정적인 역할을 했다. 반면 이베이가 인수한 지마켓은 물류 역량을 100% 아웃소싱한 기존의 전략을 유지하면서 온라인 유통 1위 자리를 쿠팡에게 내주었다.

외부 자원(파트너, 공급자) 구축 전략 선택: 협력과 경쟁

가치 있는 상품을 제공하기 위해서는 역량 있는 외부 자원을 구축해야 하는데, 가장 좋은 방법은 좋은 파트너와 좋은 공급자 네트워크를 구축하는 것이다. 어떤 기업은 파트너와 공급자를 장기적인 협력의 동반자로 보고 정보와 지식을 서로 공유하고 서로 연대하는 전략을 펼친다.

반면 어떤 기업은 파트너와 공급자를 잠재적인 경쟁자로 보고 정보 공유도 하지 않고 필요한 부분만 한시적으로 이용한다. 그들은 파트너와 공급자들을 서로 경쟁시켜서 최저 가격으로 소싱하는 데만 주력한다. 모든 정보가 공개되는 투명한 미래사회로 갈수록 경쟁의 가치보다 협력의 가치가 더 중요하다. 이처럼 파트너와 공급자를 대하는 시각과 태도 차이가 가치 제공 역량에 영향을 미칠 수 있다.

가치 회수

고객에게 가치를 제공하기 위해 인풋을 했다면 반대급부로 어떻게 가치를 회수할 수 있을지 아웃풋 모델을 정해야 한다. 어떤 고객에게 어떤 상품과 서비스를 팔 것인지, 유통망은 어떻게 구축할 것인지, 그래서 매출은 어떻게 일으킬 것인지, 얼마의 가격에 팔 것인지, 핵심비용은 무엇인지, 그래서 이익을 어떻게 낼 것인지, 언제 돈을 받고 언제 결제를 할 것인지 등 가치를 회수해서 이익을 남길 수 있는 구체적인 방법을 선택해야 한다. 가치 제공이 씨를 뿌리는 것이라면 가치 회수는 수확하는 전략 모델을 선택하는 것이다. 어떤 고객도 가치를 향유했다고 자발적으로 돈을 주지 않는다. 그만큼 가치 회수가 쉽지 않다. 따라서 가치를 회수하기 위해서는 지혜롭고 치밀한 전략이 필요하다. 가치 회수 모델은 가치 창출의 4가지 방법 중 유통을 통한 가치 창출 방법과 관련이 깊다.

고객 세분화 관리

우선 가장 먼저 해야 할 일은 거래 형태별로 고객을 좀 더 세분화해서 어떤 고객에게 어떻게 매출을 올릴 것인지를 구체화해야 한다. 같은 분야의 기업이라도 B2B 거래, B2C 거래, 라이선싱 거래, 중개거래, 직영점, 위탁점, 프랜차이즈 등 다양한 거래 유형이 있고, 거기에 따른 유통 채널 구조, 마케팅 구조, 매출 구조, 비용 구조 등이 모두 다르다. 가치 회수를 효과적으로 하기 위해서는 고객별 거래 특성에 맞는 적절한 전략을 잘 설계해야 한다.

채널 전략 선택

고객 유형에 따른 채널 전략 모델을 확정해야 한다. 채널은 기본적으로 상품과 서비스를 고객에게 전달할 유통 채널, 고객들과 의사소통할 마케팅 및 홍보 채널을 말한다. 최근 온라인 시장의 발달로 유통 채널과 마케팅 채널 모두 지각변동을 하고 있다.

먼저 유통 채널은 온오프라인(On-Off Line)이 통합된 소위 '올라인(All Line)' 채널이 구축되고 있고, 종합몰과 전문몰, 온라인과 오프라인이 치열하게 경쟁하고 있다. 브랜드들은 기본적으로 중간 유통업자들을 빼고 직접 소비자와 접촉하는 D2C(Direct to Customer) 채널 구축에 힘을 쏟고 있다. 이처럼 혼재된 유통 채널 중 어떤 것이 우리 회사에 맞는지 우선순위를 결정해야 한다.

마케팅 채널도 환경 변화가 심하다. 가장 주목해야 하는 것은 미디어 시장의 변화이다. 기존 매스미디어의 영향력이 날이 갈수록 줄어들고, 페이스북, 인스타그램, 트위터 같은 SNS나 유튜브 채널은 단순 SNS를 넘어 개인 미디어 역할을 하고 있다. 또한 넷플릭스, 웨이브(Wavve), 티빙(Tving) 같은 OTT(Over The Top) 시장이 공중파를 위협하는 하나의 채널이 되고 있다. 정보 검색 포털인 네이버나 메신저 포털 카카오 등의 영향력은 전통 매체들을 훨씬 뛰어넘는다.

이런 상황에서 기존의 매스 마케팅(Mass Marketing) 전략은 더 이상

유효하지 않다. 이제 철저한 타깃 마케팅(Target Marketing)으로 채널 믹스를 다시 해야 한다. 오운드 미디어(Owned Media, 자사 브랜드 웹사이트, SNS 계정 등)를 기본으로 언드 미디어(Earned Media, 홍보, 입소문, PPL 등) 전략에 집중하고 페이드 미디어(Paid Media, 광고, 스폰서, DM 등)는 선택적으로 활용하는 방향으로 마케팅 채널 전략을 수립해야 한다.

매출 전략 선택

가치 회수의 가장 중요한 핵심 결정은 수입을 얻을 방법, 즉 매출 모델을 확정하는 것이다. 단순히 상품을 판매하는 사업에서 매출은 거래액이겠지만 자산을 활용한 사업에서는 다양한 형태의 매출이 있다. 예를 들어 같은 온라인 쇼핑몰도 직거래 형태의 매출은 소비자 판매가가 매출이다. 그러나 마켓플레이스(Marketplace) 형태는 중개수수료나 광고가 매출일 수 있다.

구글이나 네이버 같은 플랫폼 형태는 제공되는 검색 서비스가 모두 무료다. 이런 플랫폼의 주 수익모델은 광고 수입이다. 브랜드 상표권인 IP를 판매할 경우 라이선싱 계약을 통해 매출의 일정 비율을 라이선싱 피(Licensing Fee)로 받을 수 있고, IP가 달린 핵심 부속을 납품하고 그 납품가에 마진을 붙여서 매출을 올릴 수도 있다. 부동산 사용료로 고정 임대료를 받거나 매출 대비 수수료를 받을 수도 있다.

이처럼 다양한 매출 및 수입 모델은 그것 자체로 아주 중요한 사업모델이다. 아무리 멋진 고객 가치를 제공해도 잘못된 매출 모델은 그 사업 아이디어 자체를 파괴할 수도 있고 손실로 기업의 수명을 단축할 수도 있다.

가격 전략 선택

독일의 경영학자 헤르만 지몬은 저서 《프라이싱(Pricing)》에 '가격이 모든 것이다'라는 부제를 달았다. 상품, 채널, 홍보 전략도 중요하지만 최종 마케팅 전략은 가격 전략이라는 말이다. 그는 가격만으로도 차별화 전략이 될 수 있다고 주장한다. 가격은 심리적인 영향을 받는다. 이와 관련하여 베블런 효과(Veblen Effect)가 있는데, 사치재는 가격이 올라갈수록 판매량이 올라가는 효과를 말한다. 가격이 비쌀수록 사치재로서의 가치가 높아지고 판매량이 증가하는 현상이다.

특히 최근 공유경제가 등장하면서 가격을 차별화 전략의 도구로 사용하는 경우가 많아지고 있다. 먼저 AWS(Amazon Web Service)가 선도하고 있는 클라우드 산업은 사용한 만큼만 가격을 지불하는 가격 혁신으로 데이터 관리 시장을 석권해가고 있다. 쏘카(Socar)도 자동차를 사용량만큼만 지불하는 전략으로 새로운 시장을 만들었다.

또 하나의 가격 혁신 전략은 구독경제(Subscription Economy) 모델이다. 구독경제는 주로 디지털 자산을 판매하는 모델인데 사용자가 많아져도 소멸되지 않는 디지털 자산의 특성을 고려한 전략이다. 대표적인 예로 넷플릭스 같은 OTT 서비스나 아이튠즈, 멜론 같은 음악 스트리밍 서비스이다. 이들은 월정액만 내면 콘텐츠를 무제한 사용할 수 있는 권한을 준다.

이외에도 고정 가격, 변동 가격, 단일 가격, 묶음 가격, 이중 가격(프라임 회원에게 차별적인 가격 제시) 등 다양한 가격 전략 모델이 있다. 이것은 사업모델 중 가치 회수 모델의 중요한 부분을 차지한다.

수익구조 선택 = 비용 구조

기업은 이익을 내야 한다. 이익은 기본적으로 매출에서 비용을 뺀 것이다. 이익을 내기 위해서는 앞서 매출 모델과 더불어 비용 구조를 점검해보아야 한다. 기업의 수익구조를 점검하는 좋은 도구가 관리회계이다. 관리회계는 경영자가 기업의 성과를 수익구조 관점에서 효과적으로 관리하기 위한 개념적인 틀이다.

관리회계에서 기업의 비용은 크게 변동비와 고정비로 나눈다. 변동비는 매출에 비례해 비용이 증가하는 것으로 주로 원가나 유통비용 등이다. 고정비는 매출과 관계없이 필수적으로 지출되는 비용이다. 매출에서 변동비를 뺀 이익을 한계이익 혹은 공헌이익이라 하고, 공헌이익에서 고정비를 뺀 것을 영업이익이라 한다. 영업이익이 흑자이면 좋은 사업모델이고 지속 가능성만 점검하면 된다. 공헌이익이 적자이면 사업모델을 심각하게 재점검해야 한다. 사업 초기이거나 다른 특별한 이유가 없다면 공헌이익이 적자인 사업은 성공하기 힘들다. 공헌이익은 흑자인데 영업이익이 적자인 사업은 규모의 경제 혹은 범위의 경제 효과를 기대해봐야 한다.

플랫폼 사업과 콘텐츠 사업은 수익구조에서 상당히 큰 차이를 보이므로 해석에 주의해야 한다. 콘텐츠 사업은 통상적인 수익구조 모델로 설명이 가능하다. 다만 실행력이 중요하다. 그러나 플랫폼 사업은 기본적으로 자산 기반 사업이어서 통상적인 수익구조 틀로는 해석이 어려울 수 있다. 초기 플랫폼 사업은 수익구조 틀보다는 시장에서 독점이 가능한지 여부가 더 중요하다. 독점이 가능하다면 죽음의 계곡을 넘긴 후 얼마든지 흑자구조를 만들어낼 수 있기 때문이다. 다만 모든 사업가의 목표는 독점이지만 성공하는 사람은 극히 소수이므로 냉정한 검토가 필요하다.

현금흐름 전략 선택: 회전차 자금

수익구조 전략과 관련해서 검토해보아야 하는 것은 현금흐름 (Cash Flow)이다. 수익구조가 비록 적자여도 현금흐름 구조가 좋으면 생존 가능성이 높다. 반대로 수익구조가 좋아도 현금흐름 구조가 좋지 않으면 성장에 따라 계속 현금 투입을 해야 하기 때문에 생존 가능성이 낮다.

현금흐름에 가장 영향을 미치는 항목은 비용 지불 구조인 매입채무와 매출 입금 구조인 매출채권의 관계, 감가상각 금액, 신규 투자 자산 등이다. 가장 좋은 것은 지불은 최대한 늦추고 입금은 최대한 먼저 받는 구조이다. 특히 유통업에서는 '회전차 자금'이라는 개념을 쓴다. 회전차 일수는 '매입채무 일수 – 매출채권 일수 – 재고 일수'를 말하고, 회전차 자금은 '회전차 일수 × 일평균 매출'을 말한다. 쿠팡을 비롯한 주요 온오프라인 유통 플랫폼 사업들은 회전차 자금을 기반으로 거대 플랫폼을 건설할 수 있었다. 보다 자세한 내용은 3장에서 설명하겠다.

지속 운영 모델

기업이 가치를 제공하고 가치를 잘 회수하더라도 지속되지 않는다면 좋은 사업모델이 아니다. 지속 운영 모델은 앞선 가치 창조 방법 중 운영을 통한 가치 창조와 관련이 있다.

기업의 지속 가능성을 논할 때 가장 중요한 것은 사람 관리다. '기업은 사람이다'라는 말처럼 기업의 지속 가능성은 사람 관리에 달려 있다. 사람 관리와 관련해서 가장 중요한 것은 조직구조와 리더십이다. 조직구조와 리더십은 사람을 담는 그릇이다. 조직구조가 하드웨어라면 리더십은 소프트웨어이다. 조직구조나 리더십은 기업의 이념, 사업의 성격, 기업문화에 따라 다르다. 최근 조직구조나 리더십 유형도 많이 변하고 있다. 변화에 유연한 애자일 조직이나 민주적인 리더십 유형이 대세가 되어가고 있다.

사람과 관련해서 또 다른 중요한 제도는 인재 관리 시스템이다. 입사, 교육 훈련, 배치, 평가, 승진, 보상, 포상, 퇴사 등 인사관리의 전체 시스템이 기업의 규모나 사업의 성격에 맞게 공정하게 잘 설계되고 실행되어야 한다. 다음으로 기업의 인프라스트럭처(Infrastructure, 인프라)도 잘 구축되어야 한다. 사무실 공간 디자인, IT 시스템과 같은 하드웨어 인프라나 회의 시스템, 의사소통 시스템, 의사 결정 시스템과 같은 소프트웨어 인프라도 잘 설계되어야 한다.

이처럼 기업문화, 조직구조, 인사 시스템, 인프라스트럭처 위에서 직원들이 만족하고 일할 때 기업의 지속 성장 가능성이 보장되는 것이다. 사업모델 설계 시 사람을 움직일 수 있는 이러한 운영 시스템도 잘 설계되어야 한다.

기업의 4가지 본원적인 사업모델: 플랫폼, 콘텐츠, 소재, 소프트웨어

4가지 본원적인 사업모델

이 세상에는 수많은 혁신적인 사업모델이 있다. 예를 들어 맥도날드가 고안한 '프랜차이즈 사업모델은 식음료뿐만이 아니라 소비재 전 분야에 걸쳐 표준적인 사업모델이 되었다. 혹자는 프랜차이즈 모델을 21세기 인류가 발명한 최고의 사업모델이라고 한다. 온라인 세상이 되면서 더 많은 모델들이 등장했다. 마켓플레이스 모델, 구독 모델, 드롭쉬핑(Drop shipping) 모델, 클라우드 모델, 사스(SaaS, Software as a Service) 모델 등 수많은 새로운 개념의 사업모델들이 생겨나고 있다.

이러한 다양하고 복잡한 사업모델들도 결국 포괄적으로 다음과 같은 4가지 본원적인 틀로 설명할 수 있다. 4가지 사업모델의 틀을 잘 이해한다면 우리가 하고자 하는 구체적인 사업모델의 본질을 훨씬 더 명쾌하게 파악할 수 있을 것이다.

플랫폼 사업모델

성경에서 하나님이 세상을 창조할 때 가장 먼저 하늘과 땅, 육지와 바다를 만든 후 하늘의 새와 육지의 식물과 동물, 바다의 물고기들을 만들고, 마지막에 인간을 만들었다고 한다. 하나님이 세상을 창조한 원리를 보면 가장 먼저 플랫폼을 만들고 그다음에 그 플랫폼을 채울 내용물들을 만든 뒤 이 세상을 관리할 관리자로 인간을 만든 것이다. 이 이야기는 매우 의미 있는 인사이트를 준다. 왜냐하면 우리가 사는 세상이 플랫폼과 콘텐츠로 이루어져 있고 우리의 모든 사업도 플랫폼과 콘텐츠 사업으로 이루어져 있기 때문이다.

플랫폼 사업모델은 말 그대로 많은 사람들이 함께 놀 수 있는 마당과 선수들이 뛸 수 있는 경기장을 제공하는 모델이다. 다른 말로 하면 많은 플레이어(Player)들이 놀 수 있는 기반을 제공하는 모델이다.

콘텐츠 사업모델

콘텐츠 사업모델은 인간이 필요로 하는 구체적인 상품과 서비스를 제공하는 사업모델이다. 일반적으로 콘텐츠 사업이라 하면 음악, 영화, 게임 등 문화 콘텐츠 사업을 말한다. 그러나 여기서 콘텐츠는 광의의 개념으로 다음의 경우를 포괄한다.

- 인간이 생활하는 데 필요한 의식주 관련 생활필수품 등 유형의 상품들
- 여행, 관광, 레저, 엔터테인먼트 등 무형의 문화 상품들
- 브랜드, 캐릭터, 예술작품, 영화 등 동영상 저작물, 기타 수많은 지적 자산들
- 컴퓨터, 생활가전, 가구 등 내구재 상품들
- 자동차, 항공기, 선박 등 운송장비들
- 포크레인, 로봇, 기중기, 트랙터, 선반 등 산업용 장비들

이런 콘텐츠는 주로 플랫폼을 통해 개발, 생산, 유통된다. 플랫폼은 콘텐츠를 필요로 하고 콘텐츠는 플랫폼을 필요로 하는 상부상조의 구조를 가지고 있다. 인류가 지금까지 이루어온 문명의 실체는 플랫폼과 콘텐츠의 역량을 키워온 것이라고 할 수 있다. 모든 기업들과 개인들은 결국 이러한 플랫폼과 콘텐츠를 생산하고 소비하고 있다고 해도 과언이 아니다. 따라서 플랫폼과 콘텐츠 사업모델은 인류의 주력 사업모델이라고 할 수 있다.

소재, 부품, 장비 사업모델

소재, 부품, 장비 사업모델은 최근 일본의 반도체 소재 수출 금

지 조치로 국가적인 조명을 받은 바 있다. 소재나 부품 장비는 기본적으로 콘텐츠 상품 생산을 지원하는 사업모델이라는 특성 때문에 B2B 거래가 대부분이다.

소프트웨어 및 서비스 사업모델

소프트웨어 및 서비스 사업모델은 주로 플랫폼 사업을 지원하므로 B2B 거래가 기본이다. 소프트웨어 사업모델은 주로 기술 기반의 다양한 문제 해결 패키지를 말하고, 서비스 사업모델은 주로 사람 기반의 운영 서비스를 말한다.

이러한 4가지 본원적인 사업모델 중 여기서는 지원 사업모델인 소재, 부품, 장비 사업모델과 소프트웨어 및 서비스 사업모델에 대해 간략히 살펴본 후 다음 장에서 주력 사업모델인 플랫폼 사업모델과 콘텐츠 사업모델에 대해 자세히 살펴보고자 한다.

소재, 부품, 장비 사업모델

소재, 부품, 장비(Materials & Tools) 사업모델은 기본적으로 콘텐츠 기업이 필요로 하는 재료와 도구를 제공하는 것이다. 먼저 관련된 사업들을 살펴보면 다음과 같은 유형이 있다.

- 소재 사업: 곡물 사업, 석유 가스 등 에너지 사업, 철강, 화학, 섬유, 시멘트, 목재 등 원자재 사업 등
- 부품 사업: 통신, 컴퓨터, 반도체, 배터리 등 첨단 부품 사업, 자

동차, 선박, 항공 등 운송 부품 사업, 각종 기계 부품 사업 등
- 장비 사업: 각종 공구, 기계, 건설 중장비 사업, 로봇 등 자동화 장비 사업, 생산 설비, 물류 설비, 건축 설비 사업 등

소재, 부품, 장비 산업은 1·2차 산업혁명 과정에서 중추적인 역할을 했다. 제조업이 필요로 하는 재료와 도구를 생산해서 공급하는 산업이었던 만큼 전통적인 메이저 기업들 중에는 소재, 부품, 장비 기업들이 많다. 대표적으로 카길(Cargill) 등 세계적인 곡물 메이저 기업, 엑손모빌, BP 등 석유 메이저 기업, 포스코 등 철강 기업, 바스프(BASF), 듀퐁(Dupont) 등 화학 기업, 캐터필러, 존디어 등 중장비 기업이 있다. 수많은 전통 대기업들은 소재, 부품 장비 산업을 통해 인류 발전에 많은 기여를 해왔고 여전히 물질문명에서 중요한 역할을 맡고 있다.

최근 디지털 혁명으로 새로운 최첨단 소재, 부품, 장비 산업이 급성장하고 있는데 대표적인 것이 인텔이나 삼성전자를 필두로 하는 반도체 산업이다. '반도체는 디지털 산업의 쌀이다'라고 이병철 회장이 말했듯이 메모리 반도체이든 시스템 반도체이든 모든 디지털 상품에 필수불가결한 소재이자 부품으로 미래 산업 발전의 원천이다. 전통적인 에너지 산업도 기존의 화석연료 중심에서 신재생 에너지로 전환되고 있고, 화학 산업도 각종 환경오염 문제로 인해 친환경 소재 산업으로 전환되고 있다. 이에 더해 나노(Nano) 기술, 바이오 기술, 광섬유 기술, 친환경 에너지 기술, 배터리와 같은 에너지 저장 기술 등은 수많은 원천 기술의 혁신으로 성장의 잠재력이 엄청난 분야

이다.

이러한 소재 산업은 장기적인 기술 투자와 대규모 자본 투자가 필요한 분야로 국가 차원의 전략 산업으로 육성하거나 초거대 글로벌 기업들이 경쟁하는 시장으로 개인이나 소기업들에게는 참여 기회가 많지 않다. 다만 틈새 기술 시장이 있는 만큼 중견기업이나 기술 기반 소기업, 기술 기반 벤처기업들에게 여전히 매력적인 시장임에는 틀림없다. 소재, 부품, 장비 사업은 다음과 같은 특징을 가진다.

B2B 거래가 대부분이다

B2B 거래 기업에도 2가지 유형이 있다. 먼저 소수의 기업이 시장을 독점하고 있는 독점 기업 유형이다. 이들은 큰 투자 규모나 강력한 브랜드 파워로 진입 장벽이 높은 분야에서 글로벌 독과점을 하고 있는 유형으로 소수의 공급자와 다수의 수요자가 있는 공급자 주도 시장에서 사업을 한다. 예를 들면 곡물, 에너지, 철강, 광물 등 1차 산업의 원재료 기업과 자동차, 조선, 항공, 중장비, 기계 등 2차 산업의 산업재 기업들이 있다. 이들은 역사적으로 많은 경쟁을 거치며 글로벌 독과점에 성공해 오랜 세월 동안 메이저 공급업체로서 독보적인 시장 지위를 향유해온 글로벌 기업들이다. 특히 특수 기술이나 희소 자원을 가지고 있는 기업은 생태계의 주도권을 확실하게 쥐고 있다.

정반대 유형은 진입 장벽이 낮아 다수의 시장 참여자가 치열하게 경쟁하고 있는 완전경쟁 기업 유형이다. 이들은 다수의 공급자와 소수의 수요자로 이루어진 수요자 주도 시장에서 사업을 한다. 주로 패션, 화장품, 식품, 생활용품, 가구 등 소비재 기업의 소재 공급자들인 경우가 많다. 이들은 콘텐츠 기업의 하청업체로 종속적인 지위에 있기가 쉽다.

기술 기반인 경우가 많다

소재, 부품, 장비 사업은 콘텐츠 기업이 요구하는 기술적인 수준을 충족할 수 있는 가공된 원재료나 장비, 부품 등을 제공하므로 이들에게 기술력은 핵심 경쟁 요소이다. 특히 전문화된 요소 기술을 기반으로 솔루션을 제공해야 하므로 종합적인 능력보다 전문 기술 기반 기업인 경우가 많다.

이들 기업의 가장 큰 비전은 글로벌 표준을 정하는 것이다. 콘텐츠 산업이 기본적으로 글로벌 경쟁 시장이므로 소재, 부품, 장비 기업도 기본적으로는 글로벌 경쟁력을 갖추어야 하고, 그러기 위해서는 글로벌 표준을 선점하는 것이 가장 중요하다. 이러한 이유로 대부분의 핵심 소재 기업들은 글로벌 기업인 경우가 많다.

소재, 부품, 장비 산업은 사실 인류가 존재하고 산업이 존재하는 한 없어질 수 없는 뿌리 같은 산업이므로 기초산업임과 동시에 지속적인 기술 개발로 지속적인 혁신을 해야 하는 고부가가치 산업이다. 따라서 관련 기업은 장기적인 기초과학에 대한 투자와 미래 기술에 대한 전망을 통해 국가적인 산업 전략과 연대하는 것이 중요하다. 특히 소재 산업의 경우 대부분 원재료가 제한된 자연 자원에서 얻어지는 경우가 많아 원재료 가공 기술과 함께 품질 좋은 원재료 확보 또한 기업 경쟁력의 핵심 역량이 될 수 있다.

콘텐츠 기업과의 계약 관계 중심이다

보통은 갑을의 계약 관계에서 기술력 때문이든 원재료의 희소성 때문이든 소재가 희소 자원이거나 독점 자원인 경우에는 오히려 '갑'의 위치에서 계약을 주도할 수 있다. 그러나 소재가 경쟁 자원일 경우에는 '을'의 위치에서 콘텐츠 기업의 조건에 응할 수밖에 없는 불리한 사업모델이다. 전자의 경우에는 마진과 이익을 충분히 확보할 수 있지만 후자의 경우에는 생존을 위한 마진도 보장받기 힘든 어려운 사업모델이다.

콘텐츠 기업의 변화에 따른 충격을 흡수할 수 있다

모기업인 콘텐츠 기업의 경영 성과에 따라 소재 기업의 운명이 결정되는 경우가 많다. 그러나 차별화된 기술력이나 희소 자원이 있을 경우에는 다른 대안을 찾을 수 있는 선택의 폭이 크므로 일반적으로 콘텐츠 기업보다는 기업 수명이 더 길다. 콘텐츠 기업의 경우에는 한번 소비자의 신뢰를 잃어버리면 돌이키기 힘든 반면 소재 기업은 얼마든지 대안이 있기 때문이다. 따라서 소재 기업에게 지속적인 기술 혁신을 통한 독점적인 기술력과 희소 자원의 확보는 기업 마진 확보뿐 아니라 지속 성장을 위한 필수 조건이다.

소프트웨어 및 서비스 사업모델

기본적으로 플랫폼이나 콘텐츠 기업 운영에 필요한 다양한 프로그램과 소프트웨어 및 서비스를 제공하는 사업모델이다. 소프트웨어는 컴퓨터를 움직이기 위한 기본적인 운영 프로그램과 컴퓨터로 문제 해결을 하기 위한 여러 가지 응용 프로그램들을 말한다. 디지털 혁명의 배경에는 한쪽에는 컴퓨터라는 하드웨어와 다른 한쪽에는 하드웨어를 움직이기 위한 수많은 탁월한 소프트웨어의 발전이 있었다.

서비스업은 광의의 개념에서 3차 산업혁명의 핵심 산업으로 사람 및 정보와 지식으로 인류의 생활의 편의를 증진하는 사업을 통칭한다. 서비스업은 여행, 관광, 유통 등 소비자를 위한 B2C와 금융, 컨설팅, 자산 관리 등 기업을 위한 B2B로 나누어볼 수 있다. 여기서는 소비자 대상이 아닌 협의의 서비스 개념, 즉 B2B 중심의 서비스를 말한다.

소프트웨어 및 서비스 사업모델로는 다음과 같은 유형이 있다.

- 기술 기반 소프트웨어 서비스: 각종 응용 소프트웨어, 각종 IT 솔루션 서비스, 클라우드 서비스 등
- 정보, 지식 기반 서비스: 전문 분야 컨설팅, 투자 및 경영자문, 정보 제공 서비스, 자산관리 서비스 등
- 사람 기반 서비스: 시설 운영 서비스, 물류배송 서비스, 헤드헌팅 서비스 등

소프트웨어 및 서비스 사업모델은 다음과 같은 특징이 있다.

고객층이 다양하다

소프트웨어나 서비스업의 고객은 주로 플랫폼 사업자이지만 콘텐츠 사업자도 주요 고객이 될 수 있다. 다만 고객의 스펙트럼이 너무 넓다. 글로벌 대기업이나 중소기업, 개인기업을 넘어 일반 소비자들도 고객이 될 수 있다.

고객에게 편리함과 생산성 향상을 제공한다

가치 제공 측면에서 소프트웨어와 서비스업의 목적은 둘 다 고객의 문제 해결을 통해 고객에게 편리함과 생산성 향상을 제공하는 것이다. 우선 소프트웨어의 주된 임무는 기술 기반의 데이터를 통한 문제 해결 솔루션을 제공하는 것이다. 소프트웨어는 데이터를 수집하고 분석 가공하여 반복적인 루틴 업무의 알고리즘을 프로그램화해서 자동으로 업무 수행을 돕는 일종의 프로그램이다.

최근 빅데이터 분석 프로그램이나 머신러닝, 딥러닝 프로그램들도 모두 소프트웨어이고, 이를 통한 인공지능도 소프트웨어의 가장 발달된 형태라고 할 수 있다. 디지털 세상은 소프트웨어가 없으면 작동되지 않는다. 이런 소프트웨어를 통해 인류는 수많은 문제들을 손쉽게 해결하고 있다.

소프트웨어는 기술 기반, 서비스는 사람 기반 솔루션이다

소프트웨어 사업이 주로 기술 기반의 문제 해결 솔루션이라면, 서비스 사업은 사람 기반의 솔루션이다. 이런 서비스도 크게 고부가가치 서비스와 저부가가치 서비스로 나뉜다.

고부가가치 서비스는 정보와 지식 기반 서비스로 주로 개발 기능과 생산 기능을 지원한다. 부동산 개발, 기업 컨설팅, 사업모델 개발, 투자자문, 경영자문 등 지식 전문가가 지식을 기반으로 서비스를 제공하는 사업이다. 저부가가치 서비스는 주로 운영 기능을 지원하는 서비스로 물류배송, 건물 관리, 콜센터 등 고객 응대 서비스, 헤드헌팅 등 인력 도급 및 인력 관리 서비스 등을 말한다.

표준화를 통해 플랫폼 기업으로 확장 가능하다

소프트웨어와 서비스 사업의 가장 큰 이슈는 표준화 가능 여부이다. 일반적으로 문제 해결 솔루션을 제공하는 소프트웨어나 서비스는 문제 유형이 매우 다양하고 특수하기 때문에 표준화가 어렵다. 따라서 고객사에게 맞춤형 서비스를 제공하는 방식으로 개인들이나 소기업들이 사업하기에 좋은 영역이었다.

다만 최근에는 소프트웨어나 서비스도 표준화를 통해 기업화하려는 시도들이 많이 생겨났고 성공한 기업들이 플랫폼 기업으로 발전하는 사례들도 많아졌다. 예를 들면 넷플릭스도 비디오를 대여하는 서비스업에서 출발했다. 꾸준히 서비스업을 발전시킨 결과 영화를 비롯한 동영상 콘텐츠를 스트리밍하는 플랫폼 회사로 전환해 엄청난 기업가치를 만들어냈다. 이처럼 수많은 서비스 기업들은 잠재적인 플랫폼 기업의 후보들이다.

소프트웨어 회사도 이와 마찬가지로 표준화가 중요한 이슈가 되어왔다. 대표적인 ERP(Enterprise Resource Planning) 기업인 SAP의 논리는 개별 기업의 업무 방식에 맞는 프로그램을 개발할 것이 아니라 업종마다 글로벌 스탠더드한 업무 방식의 표준을 만들고 거기에 개별 기업의 업무 방식을 맞추어야 한다는 것이다. 어떻게 보면 반고객 중심적인 생각 같지만 표준화로 얻는 이익이 더 크므로 글로벌 표준을 제안하고 고객사의 업무 방식을 리드하는 것이 장기적으로 훨씬 더 고객 중심적인 생각이라는 역발상이다.

이러한 혁신을 통해 SAP은 전 세계 ERP 시장을 장악했다. AWS는 본래 아마존 내부의 운영 시스템 개발을 목적으로 개발된 소프트웨어를 외부에 오픈해서 플랫폼화한 경우다. 클라우드 방식의 사업 모델을 만들면서 아마존 이익의 60% 이상을 차지하는 핵심 사업이 되었다.

이렇듯 소프트웨어 및 서비스 사업은 우선적으로 플랫폼과 콘텐츠 기업을 지원하는 목적으로 시작하지만 그것을 표준화하고 사업 모델을 손질하면 플랫폼 사업으로 확장해서 전환할 수 있는 잠재력이 있다.

가치 회수 방식이 다양하다

가치 회수 측면에서도 소프트웨어와 서비스 사업모델은 매우 다양한 방식들이 있다. 가장 보편적인 방법으로 문제가 발생했을 때 프로젝트 단위로 계약을 통해서 문제 해결 솔루션을 제공하는 경우 매출은 프로젝트 단위로 발생한다. 프로젝트 단위로 움직이는 서비스 기업은 매출이 매우 불안정하다. 짧게는 1개월 길게는 수년의 프로젝트가 있다. 운영 서비스 같은 경우는 기간 단위로 계약하는 경우도 있다. 보통 1년 단위로 계약하고 연장하는 형식이다. 일부 소프트웨어의 경우에는 패키지화된 소프트웨어를 상품처럼 판매하는 방법을 사용하기도 하고 구독경제처럼 일정 금액을 내고 계속 사용하는 스트리밍 방식을 취하기도 한다. 소프트웨어는 임베디드(Embedded), 즉 제품 안에 내장하는 방식으로 판매하기도 한다.

미래에도 지속 성장 가능한 영역이다

소프트웨어 및 서비스 산업은 플랫폼 경제와 함께 미래에도 계속 성장할 사업 영역이다. 특히 최첨단 인공지능과 클라우드, 로봇, 자율주행 등 4차 산업혁명의 모든 분야에서 실제로 변화를 일으키는 주체는 소프트웨어 및 서비스 산업이라고 할 수 있다.

더구나 소프트웨어 및 서비스 산업은 개인이나 소기업이 충분히 도전해볼 만한 영역이다. 자본 투자가 많이 필요하지 않고 기술과 지식, 사람에게 의존하는 사업이기 때문이다. 물론 일부분에서는 인공지능이나 로봇에 의해 일자리가 대체될 수 있지만 고부가가치 서비스 산업과 소프트웨어 개발 산업은 많은 새로운 일자리를 창출할 수도 있다. 정부의 일자리 정책 측면에서도 주목해봐야 할 사업 영역이다.

3장

플랫폼
사업모델

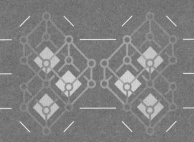

플랫폼
사업모델이란?

플랫폼 위에서 콘텐츠를 소비하며 살아가는 시대

플랫폼이란 용어를 이야기할 때 가장 먼저 떠올리는 이미지는 열차 플랫폼이다. 플랫폼이 무엇인지를 정의하려면 열차 플랫폼을 분석해보면 답을 얻을 수 있다. 사람들은 기차를 타기 위해 플랫폼에서 기다리다 열차가 오면 올라탄다. 열차 플랫폼에는 스낵바나 편의점, 커피숍들이 있다. 사람들은 목적지별로 열차표를 구매해서 정해진 시간에 도착해야 열차를 이용할 수 있다. 여기서 열차를 공여자, 사람을 소비자라고 한다면 시설물들은 인프라이고 시간과 목적지에 맞는 열차표를 구매해야 이용 가능하다는 것은 일종의 시스템이다. 다시 말하면 플랫폼 사업모델은 상품과 서비스의 공여자와 소비자가 서로 자유로운 거래를 할 수 있도록 시스템과 인프라를 제공해주는 서비스 사업모델이다.

플랫폼 사업모델에 대한 이러한 정의는 플랫폼의 의미를 좁게 해석한 전형적인 경우다. 추후 설명할 양면시장이라는 특징을 갖고 있고 최근 이슈화되고 있는 디지털 기술 기반의 온라인 플랫폼 사업모델의 대부분이 이런 협의의 플랫폼 모델의 정의를 따른다.

하지만 우리는 플랫폼을 '인프라와 시스템을 제공하는 모든 서비스'라고 보다 광의의 개념으로 정의할 필요가 있다. 공여자와 소비자가 서로 거래할 인프라와 시스템을 제공할 뿐 아니라 소비자에게 직접 인프라와 시스템을 제공하는 서비스도 가능하기 때문이다.

플랫폼을 광의로 해석할 때 불특정 다수의 고객에게 인프라와 시스템을 제공하는 것은 공공적인 성격을 띠기 때문에 대표적인 플랫폼은 국가나 정부라고 할 수도 있다. 한때 국가가 소유했던 국유기업이나 현재도 공기업으로 구분되는 기업들은 대부분 플랫폼 서비스를 담당하고 있다. 도로, 항만, 철도, 전기, 전화, 상하수도 같은 각종 SOC 사업들은 속성상 플랫폼 서비스 사업이라고 할 수 있다. 이외에도 사기업이 감당하기 힘든 행정, 보건, 교육, 복지, 환경 등 공공의 이해와 관련이 깊은 사업들도 사회적 플랫폼 서비스다.

플랫폼을 이처럼 광의로 정의하면 우리의 삶이란 결국 플랫폼 위에서 콘텐츠를 소비하며 살아가는 것이라고 정의해도 틀린 말이 아니다. 우리는 정부 형태든 공기업 형태든 민간기업 형태든 삶의 모든 상황에서 플랫폼 서비스 없이는 생존할 수 없다. 인류가 만든 문명이란 어찌 보면 플랫폼을 구축하고 발전시켜온 것이라고 할 수 있다. 국가의 발달, 도시의 발달, 민주주의 정치체제의 발달, 상품, 금융, 서비스 등 각종 시장의 발달, 다양한 기업을 통한 직업의 발달 등 인류 문명의 유산들은 대부분 인간에게 보다 안전하고 편리하고 합리적인 인프라와 시스템, 즉 플랫폼을 제공하고자 하는 것이었다고 할 수 있다.

다양한 형태의 플랫폼 혁신

혹자는 이러한 플랫폼에 대한 광의의 해석은 최근 주목받고 있고 혁신의 아이콘이 된 디지털 플랫폼과는 성격이 다른 것이라고 말할 지도 모른다. 디지털 플랫폼은 일견 전통적인 부동산이나 자산 중심의 플랫폼과 달라 보일지도 모른다.

그러나 전통적인 플랫폼이든 디지털 플랫폼이든 플랫폼으로서의 기능이나 역할, 그에 따른 여러 가지 속성이 크게 다르지 않다. 다만 기술의 도움으로 보다 편리하고 이용하기 쉽고 다양하고 값싼 플랫폼의 혁신이 진행되고 있다고 해석해야 할 것이다. 물론 마켓플레이스형 사업모델이 디지털 플랫폼 사업모델의 전형이라고 볼 수 있지만, 다양한 형태의 플랫폼 사업모델이 존재하고 있다고 생각한다. 몇 가지 기준에 따라 플랫폼 사업모델의 유형을 구분해봄으로써 좀 더 이해의 폭을 넓혀보자.

플랫폼 자산
기반에 따른 유형

사실 플랫폼 사업모델은 오래전부터 존재해왔다. 다만 크게 자각하지 못하다가 최근 디지털 기반의 온라인 플랫폼이 등장하면서 플랫폼의 존재가 부각되었다. 플랫폼은 기본적으로 다수가 이용할 수 있는 기반 인프라나 시스템인데 전통적인 오프라인 실물 자산 기반이냐 아니면 온라인 디지털 기술 기반이냐에 따라 오프라인 전통 플랫폼과 온라인 디지털 플랫폼으로 구분할 수 있다.

오프라인 전통 플랫폼

오프라인 전통 플랫폼은 부동산이나 금융 자산, 지적 자산, 사회적 자산 등 실물 자산 기반의 플랫폼을 말한다. 예를 들면 앞서 언급한 도로, 철도, 항만, 공항 등 인프라 자산, 은행, 보험, 증권 등 금융 자산, 학교, 종교, 박물관, 운동장, 공연장, 관광지 등 문화 자산을 기반으로 한 수많은 플랫폼들이 있다.

이러한 플랫폼들은 대부분 오프라인의 부동산을 비롯한 실물 자산을 기반으로 존재해왔다. 이러한 사회적인 인프라는 오랜 역사 동안 인류와 함께 했다. 과거에는 정부나 국가의 영역이었다가 점점 공공기업이나 민간기업으로 전환되는 과정에 있다. 이러한 공공 서비스 플랫폼과 비교되는 대표적인 오프라인 플랫폼은 시장이다. 전통시장은 긴 세월 우리 삶의 중심 플랫폼으로 존재해왔다. 근대에 들어서 백화점이나 할인점 등 전문화된 고급 시장이 형성되었고, 최근 전문점, 종합 쇼핑몰, 프리미엄 아울렛, 프랜차이즈, SPA 등 다양한 형태의 오프라인 유통 플랫폼이 등장했다. 이외에도 각 도시의 터미널, 선착장, 공항과 같은 교통 인프라와 언제든 영화를 볼 수 있는 멀티플렉스 영화관, 게임을 할 수 있는 PC방, 각종 사회체육을 할 수 있는 체육시설, 병원, 마음 수양을 위한 사찰과 성당과 교회 등 다양한 형태의 플랫폼이 발달해왔다.

전통적인 플랫폼은 일단 만나서 의사소통을 하기 위한 장소가 필요했으므로 주로 부동산 기반으로 구축되어왔다.

온라인 디지털 플랫폼

전통적인 오프라인 플랫폼에 일대 혁신을 가져온 것은 디지털 기술에 기반한 의사소통 혁신과 의사 결정 혁신이다. 디지털 기술의 발달로 사람들은 직접 만나지 않고도 개인과 개인 간 의사소통이 가능한 시대가 되었다. 또한 인터넷의 발달로 모든 정보를 공유할 수 있다. 이러한 의사소통 기술의 혁신은 온라인상에 새로운 인프라를 구축하기 시작했는데 그것이 인터넷이요 스마트폰이다.

대부분의 온라인 플랫폼은 인터넷과 스마트폰을 기반으로 개인의 참여가 필요한 기능을 중심으로 구축되었다. 가장 먼저 정보 검색, 온라인 상거래, 문자, 메일 등 온라인 메시징, 자료 및 정보 공유를 위한 클라우딩, 컴퓨터 구동을 위한 OS 그리고 각종 앱 플랫폼 등이다. 이들 중 앱을 통해 우리는 엄청나게 다양한 정보 공유 및 문제 해결 플랫폼들을 만날 수 있다.

영화를 보고 싶을 때, 애인을 찾고 싶을 때, 여행을 가고 싶을 때, 갑자기 통영 바닷가의 회가 먹고 싶을 때, 게임을 하고 싶을 때, 친구를 사귀고 싶을 때, 공부가 하고 싶을 때 우리는 원하는 서비스를 제공해주는 플랫폼을 찾을 수 있다. 생활에 필요한 거의 대부분의 서비스들이 플랫폼을 통해 제공되고 있다.

이러한 온라인 플랫폼은 오프라인 플랫폼을 대체해 축소해버리기도 하고 지원하기도 한다. 과거에는 모든 삶의 중심이 오프라인 플랫폼이었고 경제 구조가 오프라인 플랫폼에 맞추어져 있었다면, 이제는 온라인 플랫폼이 생활의 중심이 되어 경제 구조가 재구축되어 가고 있다.

생활의 중심 플랫폼이 오프라인에서 온라인으로 전환되면서 실로 경제 전반에 엄청난 변화를 몰고 올 것이다. 당장 오프라인 플랫폼의 기반인 부동산 자산 가격의 폭락과 그로 인한 다양한 후폭풍들이 예상된다. 이런 현상은 머잖아 현실화될 가능성이 크다.

사업모델에
따른 유형

플랫폼 사업모델은 크게 양면시장인 마켓플레이스 모델과 단면시장인 직영 모델로 나누어볼 수 있다.

마켓플레이스 모델: 양면시장 모델

양면시장은 플랫폼의 가장 전형적인 사업모델이다. 플랫폼은 공급자와 소비자가 만나 거래하는 장을 제공하는 서비스이므로 필연적으로 플랫폼 사업자, 공급자 혹은 공여자, 소비자라는 세 명의 주체가 있다. 이들의 거래는 공급자와 플랫폼 사업자 간에 시장이 존재하고, 소비자와 플랫폼 사업자 간에도 시장이 존재하는 것이 특징이다.

아마존을 예로 들면 수많은 공급자가 소비자에게 판매한다. 아마존에 입점하는 공급자들은 아마존과 상품 등록 및 관리, 물류, 결제, 반품 등 사후 서비스와 관련 거래 계약이 되어 있고 소비자들도 아마존을 믿고 구매 결정을 해서 상품을 구입한다. 아마존은 공급자와 소비자 사이에 중개 거래를 한다고 할 수 있다. 이뿐만 아니라 에어비앤비는 집을 가진 사람과 소비자, 배달의 민족은 개인 음식점과 소비자, 우버는 자동차 소유주와 소비자를 연결한다. 그러나 더 넓은 의미로 보면 모든 플랫폼이 양면시장의 특징을 가지고 있는 것은 아니다. 플랫폼 사업자가 직접 소비자에게 서비스하는 플랫폼도 있다.

직영 모델: 단면시장 모델

마켓플레이스형이 중개만 해서 상품에 대한 개발과 소싱 등의 책임이 없다고 한다면, 직영 플랫폼은 사업자가 자기책임으로 상품을 구매하거나 개발해서 소비자에게 판매하는 모델이다. 예를 들어 오프라인 유통산업에서 미국, 유럽의 백화점은 상품을 구매해 판매하는 직영 소매점인 반면 한국, 일본, 중국의 백화점은 마치 쇼핑몰처럼 브랜드와 소비자를 중개만 하고 임대료나 수수료만 받는 마켓플레이스형이다. 물론 대부분의 백화점은 두 모델을 복합적으로 사용하기도 한다.

전형적인 마켓플레이스형 전략을 취하는 곳은 이베이, 지마켓, 11번가와 같은 오픈마켓형 쇼핑몰이다. 반면 최근 뉴욕 증시 상장으로 화제를 몰고 온 쿠팡은 상품을 직접 매입해서 판매하는 직영 모델로 로켓배송 서비스를 도입함으로써 시장을 압도하고 1위를 탈환했다. 물론 쿠팡은 마켓플레이스형 서비스도 동시에 제공한다.

근래 승차 공유 서비스를 제공하려다 한국 시장에서 사회적인 문제가 되었던 '타다'를 보자. 우버는 마켓플레이스형 모델인 데 반해 전통적인 택시 시스템은 직영 모델이다. 그런데 한국에서는 승차 공유 서비스에서 마켓플레이스형 모델을 허용하지 않는다. '타다'는 법을 우회해 직영 모델로 승차 공유 서비스를 하려다가 좌절된 것이라 할 수 있다. 전통적인 택시 사업도 일종의 플랫폼 사업이지만 사업 모델이 직영 모델인 것이다.

경쟁의 효용과 독점의 효용

직영 모델과 마켓플레이스 모델은 경쟁 관계이고 공존한다. 고객 관점에서 무엇이 더 경쟁력이 있는지는 시장의 선택에 맡겨야 한다. 정부가 제공하는 대부분의 서비스 플랫폼은 시장(Market)형 서비스를 제외하고는 직영 모델인 경우가 많다. 도로, 수도, 전기 등 기초 인프라 자원은 정부가 공기업 등을 통해 독점적으로 관리하면서 직접 국민들에게 서비스를 제공하는 직영 플랫폼들이다. 항만이나 공항 등 속성상 시장 기능이 있는 서비스는 양면시장 플랫폼들이다.

양면시장과 단면시장 중 하나를 결정하는 것은 경쟁의 효용이 좋은지, 독점의 효용이 좋은지에 따라 달려 있다. 일반적으로 시장은 경쟁을 통해 합리적인 결정을 하고 효용을 극대화한다. 다만 자원이 제한되어 있어 경쟁이 오히려 가격 질서를 파괴할 수 있거나, 생활에 필수적인 자원이어서 안정적인 관리가 필요하거나, 가격보다 품질이나 차별화된 가치에 대한 신뢰도가 더 중요하거나, 대규모 투자가 필요해서 경쟁자가 없을 수 있거나 하는 등 여러 가지 이유로 독점적인 운영을 통한 직영 모델이 더 효과적인 경우가 있다.

가치 창출 단계에
따른 유형

우리가 직접적으로 경험하는 대부분의 플랫폼은 앞서 이야기한 4가지 가치 창출 방법 중 주로 유통과 연관된 경우가 많다. 유통 플랫폼은 소비자를 직접 상대하기 때문에 일상생활에서 가장 자주 접한다. 그러나 각각의 가치 창출 단계에도 플랫폼 사업모델이 존재하고 매우 독보적인 사업모델인 경우가 많다.

전문 인재가 핵심인 개발 플랫폼

대표적인 R&D(Research & Development) 플랫폼 모델은 제약 산업에서 위탁 제품 개발 기업인 CRO(Contracted Research Organization)이다. 보통 글로벌 제약사들은 신약을 개발할 때 직접 개발을 하지 않고 CRO 기업과 계약을 해서 연구개발을 맡긴다. 보통 FDA 승인까지 10~15년 동안 R&D 과정에 드는 모든 비용을 글로벌 제약사가 지원해주고 FDA 승인이 나면 모든 지적재산권을 글로벌 제약사에 넘겨주는 것을 조건으로 한다. 그렇게 하는 이유는 신약 개발 과정에서 임상실험 도중 만에 하나 사고가 날 경우 글로벌 제약사가 입게 될 브랜드 신뢰도 손상에 대한 위험을 최소화하기 위한 전략이다.

이유는 다르지만 인체에 중요한 영향을 미치는 화장품 같은 경우도 연구개발을 전문 플랫폼 기업에 맡기는 것이 일반적이다. 한국의 대표적인 화장품 R&D 기업인 콜마와 코스맥스, 이탈리아 화장품 기업 인터코스는 고객사들이 요청하는 화장품을 전문으로 개발해주는 사업모델로 큰 성공을 거두었다.

최근 디지털 혁명을 주도하고 있는 반도체 업계에도 R&D 플랫폼 기업이 있다. 반도체 설계 전문 회사를 '팹리스(Fabless)'라고 부른다. 대표적으로는 미국의 퀄컴(Qualcomm), NVIDIA, AMD, 대만의 미디어텍(MediaTek), 중국의 하이실리콘(Hisilicon) 등이 있다. 한국이 반도체 강국이라고 하나 R&D라 할 수 있는 설계 부문에서는 한국 기업이 보이지 않는 것은 시사하는 바가 크다. R&D 부문이 가장 부가가치가 높은 분야이기 때문이다. 주로 개발 플랫폼 기업은 대부분 석박사 이상의 고급 R&D 전문 인재들로 구성되어 있는 경우가 많다.

기회의 땅, 생산 플랫폼

대표적인 생산 플랫폼은 시스템 반도체 전문 생산 기업인 대만의 TSMC, 한국의 삼성전자, 미국의 글로벌파운드리 같은 파운드리(Foundry) 업체다. 이들 기업은 다양한 반도체를 생산하는 사업모델을 가지고 있으며, 엄청난 규모와 수준 높은 기술 집약적 투자 때문에 진입 장벽이 높아 독점적인 성과를 향유하고 있다.

그리고 위탁생산을 해주는 CMO(Contracted Manufacturing Organization) 기업도 대표적인 생산 플랫폼이다. 주로 제약 산업에서 CRO 기업과 유사하게 장기 계약으로 생산을 전문으로 해주는 사업모델이다. 셀트리온이나 삼성바이오로직스를 비롯한 한국의 제약업체들이 CMO 플랫폼 기업을 노리고 있는 것은 나름대로 현명한 선택이라고 본다. 물론 글로벌 제약사처럼 몸통 기업이 되는 것이 좋겠지만 신뢰를 생명으로 하는 산업 구조상 미국 기업의 아성에 도전하기는 쉽지 않다. 그러므로 전문적인 CRO 기업이나 CMO 기업으로서 제약 산업의 가치사슬에서 중요한 역할을 차지하는 것도 좋은 전략이다.

또 다른 CMO 기업의 재미 있는 사례는 의류 생산 전문 기업인 세아와 한세, 태평양물산 등과 전 세계 명품 핸드백 생산을 도맡아 하고 있는 시몬느 같은 생산 전문 플랫폼 기업이다. 세아와 한세 같은 기업은 공장을 해외에 건설하고 세계 시장에서 오더를 받아 납품하는 생산 전문 플랫폼 기업을 만들어서 지금도 미국 의류 생산의 거의 1/3을 한국 기업이 공급하는 역사를 만들어냈다. 자칫하면 생산성이 낮다고 버릴 뻔한 산업을 생산 전문 플랫폼 사업모델을 구축함으로써 매출 1조~2조 원 하는 글로벌 생산 전문 기업을 일군 것이다. 이러한 사례는 앞으로 많은 부분에서 생산 전문 플랫폼 사업모델의 기회가 있다는 것을 보여준다.

여전히 진화 중인 유통 플랫폼

플랫폼의 대표적인 형태는 유통 플랫폼이다. 전통적인 재래시장이야말로 가장 오랜 역사를 가진 대표적인 유통 플랫폼이고 백화점, 할인점, 전문점, 쇼핑몰, 프리미엄 아울렛, 홈쇼핑 등 다양한 현대적인 유통 플랫폼들이 있다. 여기에 더해 디지털 경제가 되면서 온라인 쇼핑몰, 모바일 쇼핑, 해외 직구 플랫폼, SNS 쇼핑, 킥스타터나 와디즈 같은 클라우드 펀딩, 미디어 쇼핑, 라이브 쇼핑, 온라인 경매 등 유통 플랫폼들이 쏟아지고 있다. 대부분 소매인 B2C(Business to Customer)이지만 도매인 B2B(Business to Business) 플랫폼도 있다. 온라인과 오프라인 플랫폼을 연결하여 온오프라인 어디서든 구매 가능한 O2O(Online to Offline)도 있고, 오프라인을 지원하는 O4O(Online for Offline) 플랫폼도 있다.

이러한 유통 플랫폼은 일부 실험이 끝난 부분도 있지만 여전히 실험 중이고 진화 중이다. 미래에 어느 것이 지배적인 플랫폼이 되어 독점적인 지위를 차지할 수 있을지, 아니면 다양한 플랫폼이 각자 자기 영역에서 독점을 유지하면서 공존의 길을 갈지는 아무도 장담할 수 없다.

운영 서비스 플랫폼

운영 서비스 플랫폼은 대부분 자산 및 시스템 관련 사업 영역에서 발달되었다. 전통적인 운영 플랫폼은 호텔, 골프장, 오피스 건물, 상가 건물, 병원 등 부동산 자산을 운영 관리하는 플랫폼과 콜센터,

데이터센터, 고객 A/S센터 등 영업 자산을 관리하는 플랫폼이다. 다만 최근에는 디지털 정보기술의 발달로 수많은 서비스 영역이 새로운 플랫폼으로 혁신적인 서비스를 보여주고 있다.

운영 서비스 플랫폼 혁신의 대표적인 사례는 배달의 민족과 요기요가 장악한 배달 중개 플랫폼이다. 배달 플랫폼은 엄밀하게 보면 배달 중개 플랫폼과 각 지역 배달 플랫폼으로 구성되어 있다. 배달 중개 플랫폼은 정보와 데이터를 처리하여 상호 연결하는 플랫폼이어서 전국적인 독점에 성공했다. 반면 배달 플랫폼은 지역 내 실제 배달을 수행하는 배달원들의 네트워크를 관리해야 하므로 전국적인 독점은 어려운 구조이다. 배달원들은 '긱 경제'라고 부르는 지극히 개인화되고 분산된 플랫폼 노동자들로서 시스템으로 관리가 어려운 상황이다. 그럼에도 메쉬코리아라는 기업은 모든 주문과 배달 현황을 중앙 시스템에서 모니터하고 관리할 수 있는 플랫폼을 구축해서 배달 시장 플랫폼화에 성공했다.

다른 운영 플랫폼의 좋은 사례는 자산 공유 서비스 플랫폼이다. 택시 공유 서비스인 우버나 리프트(Ly Lyft), 그랩, 디디추싱, 숙박 공유 서비스인 에어비앤비, 사무실 공유 서비스인 위워크, 패스트파이브(Fastfive) 등은 모두 대표적인 운영 플랫폼이다.

서울시에서 추진하는 자전거 공유 플랫폼인 따릉이, AWS 같은 클라우드 서비스, 전 세계 어디서든 의사소통을 할 수 있는 통신, 글로벌 금융, 글로벌 결제 등 수많은 운영 서비스 플랫폼들이 존재한다.

서비스 성격에
따른 유형

　제공하는 서비스의 성격에 따라 매우 다양한 플랫폼이 있다. 여기서는 주요한 서비스 플랫폼들만 살펴보도록 하겠다.

정보 검색 플랫폼

　인터넷 발달로 디지털 플랫폼이 구축될 때 가장 먼저 생기고 가장 많은 사람에게 유용한 서비스를 제공하는 것이 정보 검색 플랫폼이다. 현재 미국을 비롯한 글로벌은 구글, 한국은 네이버, 일본은 야후재팬, 중국은 바이두가 독점적인 플랫폼을 제공하고 있다.

　그러나 초기에는 춘추전국시대처럼 검색 플랫폼이 많았다. 미국의 경우 야후, 엠파스(Empas), 라이코스(Lycos), 알타비스타(Altavista), MS 빙(Bing) 등이 경쟁하다 결국 구글이 천하통일했다. 구글이 후발 주자였음에도 검색 플랫폼을 장악한 것은 차별화된 알고리즘을 가진 검색엔진과 심플한 디자인 때문이었다. 한국의 경우도 네이버, 다음, 야후, 네이트, 조인스(Joins), 파란(Paran) 등 다수의 검색엔진이 경쟁한 결과 네이버가 지식인 검색 서비스를 내세워 차별화함으로 써 천하통일했다.

인터넷 검색 플랫폼 이전의 검색 플랫폼은 무엇이었을까? 사람들은 찾고 싶은 게 있을 때 가장 먼저 도서관이나 서점에 가거나 백과사전을 봤다. 과거의 정보 검색에 드는 시간과 불편함은 현재 정보 검색 플랫폼이 제공하는 신속함이나 편리함과 비교할 수 없다. 정보 검색 플랫폼은 인터넷 혁명이 가져다준 가장 큰 선물 중 하나일 것이다.

구글이나 네이버 등이 일반적인 정보를 검색하는 종합 플랫폼이라면 실시간 도로 교통 상황을 반영한 지도 검색을 도와주는 티맵같은 내비게이션, 백과사전을 대신하는 온갖 지식을 검색하는 위키피디아(Wikipedia), 주식 등 실시간 증권 거래 정보를 검색할 수 있는 HTS(Home Trading Service) 등 수많은 전문 정보 검색 플랫폼들도 존재한다.

상거래 플랫폼

과거의 대표적인 상거래 플랫폼은 재래시장이나 백화점, 할인점, 전문점, 편의점 또는 선진화된 쇼핑센터나 쇼핑몰 등 대부분 오프라인이었다.

오프라인 플랫폼 자체도 20세기 들어 많은 혁신을 통해 업태를 발전시켜 왔다. 전통적인 재래시장에서 부자들의 상거래 플랫폼으로 생긴 백화점, 백화점과 경쟁하기 위해 한두 카테고리에 집중해서 유통하는 전문점들, 백화점 대비 유통 프로세스를 혁신하여 낮은 가격으로 소비자에게 제공하는 할인점, 브랜드 재고를 전문적으로 유통하는 아울렛, 지역 밀착 쇼핑센터, 광역 상권을 커버하는 초대형 쇼핑몰, 주로 소형 가게 등 소상공인들에게 멤버십을 통해 파격적으로 싸게 파는 B2B 할인점인 MWC(Membership Wholesale Club), 카탈로그 판매, 홈쇼핑, 네트워크 판매 등 다양한 유통 사업모델들이 발전해왔다.

이러한 오프라인 플랫폼에 가장 강력한 경쟁자로 등장한 것은 이베이, 아마존, 알리바바 같은 온라인 상거래 플랫폼이다. 온라인 플랫폼은 오프라인 상거래 플랫폼의 한계인 시간과 거리의 장벽을 극복하고 언제 어디서든 쇼핑할 수 있는 시스템을 구축하면서 엄청난 생활의 혁신을 가져왔다.

온라인의 도전에 맞서 전통적인 오프라인 유통업자들도 온라인과 오프라인 유통을 통합시켜서 고객들이 어디서나 구매하고 어디서나 픽업할 수 있는 O2O 서비스와 오프라인을 보조하고 지원하는 O4O 서비스를 도입하고 있다. 예를 들어 월마트의 경우 다양한 실험과 시도 끝에 온라인에서 주문하고 매장에서 픽업하면 배송비만큼 할인해주는 서비스와 매장에 설치된 키오스크에서 상품을 검색해서 주문하면 배송을 해주는 서비스가 유효하다는 것을 발견하고 온라인의 도전에 맞서 좋은 성과를 보여주고 있다.

미디어 & 엔터테인먼트 플랫폼

전통적인 미디어 혹은 언론 매체는 신문과 잡지, 라디오, TV, 영화관 등이다. 신문과 잡지는 문자, 라디오는 음성, TV와 영화는 동영상으로 메시지와 스토리를 전달해왔다. 그러나 디지털 시대로 들어서면서 미디어 시장 또한 완전히 바뀌었다. 한국언론재단에서 조사한 신문구독률은 1998년 64.5%였는데 2019년 6.4%까지 떨어졌다. 21년 만에 1/10로 감소한 것이다.

페이스북과 인스타그램, 유튜브 같은 SNS는 스마트폰이 만들어 준 새로운 사회적 관계 플랫폼이다. 이제 사람들은 오프라인뿐만 아니라 네트워크를 통해 온라인으로 친구를 만나고 대화하고 정보를 공유한다. SNS는 초기의 소셜네트워크 기능을 넘어서 점점 미디어 기능을 담당하고 있다. 특히 세대별로 주력 SNS가 확연히 변하고 있다. 문자 세대인 50대 이상은 페이스북을 주로 이용하고, 이미지 세대인 30~40대는 인스타그램을 주로 하며, 동영상 세대인 10~20대는 유튜브나 틱톡을 선호한다.

최근 미디어와 엔터테인먼트 분야에서 가상현실(VR, Virtual Reality)과 증강현실(AR, Augmented Reality) 및 AI(Artificial Intelligence) 기술의 융합으로 새로운 혁신적인 플랫폼들이 시도되고 있다. 네이버가 선보인 제페토(ZEPETO)는 참여자가 아바타를 만들고 3D 가상세계에서 현실에서 경험해보지 못한 일들을 경험해볼 수 있는 서비스이다. 식상해진 기존 SNS를 넘어 새로운 경험을 원하는 10대들을 중심으로 젊은 세대에게 3차원의 가상 공간을 의미하는 메타버스의 세계를 경험해볼 수 있게 하는 새로운 서비스 플랫폼이다.

로블록스(Roblox)라고 하는 온라인 메타버스 게임 플랫폼 또한 젊은 10~20대들로부터 큰 주목을 받고 있다. 로블록스는 단순한 게임 플랫폼을 넘어 가상 공간에서 물건을 사고파는 경제활동도 하고 상호 소통도 하는 커뮤니티 플랫폼으로 진화하고 있다.

이러한 미디어 시장의 변화와 함께 최근 인터넷 기반의 온라인 스트리밍 서비스인 OTT의 등장은 미디어 시장에 또 한 번의 큰 변화를 예고하고 있다. 넷플릭스를 비롯한 왓챠 플레이(Watcha Play), 디즈니플러스(Disney+), 애플플러스(Apple+), 아마존 프라임 비디오(Amazon Prime Video), HBO맥스 같은 글로벌 OTT와 웨이브, 티빙, 시즌(Seezn) 같은 국내 OTT가 큰 격돌을 하면서 기존의 오프라인 영화 플랫폼이었던 CGV나 롯데시네마 등 멀티플렉스와 지상파, 종편 TV 등의 이용 형태에 큰 변화가 예상되고 있다.

자산 공유 플랫폼

우버나 에어비앤비, 위워크는 자산 공유 서비스다. 이들의 등장으로 다양한 공유경제 모델이 거론되었으나 많은 실험들이 실패로 끝났다. 그중 대표적인 유형은 크게 2가지다. 첫째는 자산 공유 서비스이면서도 수익모델을 찾지 못해 실패한 경우이다. 둘째는 공유경제를 오해해서 자산 공유가 아닌 소비재를 공유하겠다고 시도한 경우이다. 예를 들어 고급 의류나 핸드백 등 패션 잡화, 유모차 등 아기용품을 공유하겠다고 시도한 것들이다.

공유경제의 논리는 다음과 같다. 보통 자산을 구매하기 위해서는 많은 투자자본이 들어간다. 그런데 많은 돈을 들여 구매한 자산의 활용도가 매우 낮다면 자원의 낭비다. 그래서 사용하지 않는 자산을 이용료를 받고 팔아 활용도를 높인다면 자원의 낭비도 줄이고 수익도 올릴 수 있다는 모델이다. 과거에는 이런 구상이 실현 불가능했다. 지금은 인터넷 기술로 활용되지 않은 자산에 대한 정보를 공유해서 필요한 사람을 찾고 서로 얼굴을 보지 않아도 의사소통을 할수 있는 수단들로 연결할 수가 있고 모든 기록이 남으므로 문제 발생 시 추적 가능해서 상호 신뢰할 수 있다.

최근 공유경제 플랫폼은 계속 실험 중이다. 중국에서 한때 유니콘 기업으로 주목받던 자전거 공유 서비스 회사 오포(ofo)는 2018년 결국 파산했다. 손정의가 128억 달러(약 14조 원)를 투자한 오피스 공유 플랫폼 위워크는 2019년 기업가치 470억 달러(약 50조 원)를 목표로 뉴욕 증시에 상장을 시도했으나 IPO(Initial Public Offering)에 실패했다. 시장에서는 위워크의 기업가치를 150억 달러 정도밖에 평가하지 않은 것이다. 이 사실이 놀랍지도 않은 것은 약 14조 원을 투자한 위워크의 2018년 매출은 18억 달러(약 2조 원)이고 영업적자가 19억(약 2조 1,000억 원) 달러였기 때문이다. 차량 공유 서비스 우버도 수익성에 문제가 있어 돌파구를 배달 서비스에서 찾아보려고 우버이츠(Uber Eats)를 출범했다.

이처럼 자산 공유 서비스가 수익모델을 찾기란 쉽지 않다. 그럼에도 불구하고 아직도 주방 공유 플랫폼 등 많은 시도들을 하고 있다. 명심할 것은 공유 플랫폼의 경우 수익모델 자체에 문제가 있다는 사실이다. 오히려 자산 공유 서비스는 서울시의 자전거와 킥보드 공유 플랫폼 사례처럼 공공기관에서 추진하는 것이 좋은 사례일 수 있다. 공익성은 있는데 수익모델이 어려워서 사기업이 할 수 없을 경우 운영의 효율성만 담보된다면 공공기관이 플랫폼을 구축하는 것도 좋은 방법이다.

의사소통 플랫폼

전통적인 의사소통 플랫폼은 음성으로 직접 말하는 전화였다. 전화도 처음 유선전화에서 주파수로 하는 무선전화, 인터넷 전화 등으로 발전해왔고 스카이프(Skype) 같은 인터넷 전화로 국가 간 통화도 무료로 할 수 있다. 음성이 아닌 문자로 의사소통을 하는 대표적인 플랫폼은 미국의 왓츠앱(WhatsApp), 한국의 카카오, 중국의 위챗, 일본의 라인 같은 메시징(Messaging) 앱이다. 최근 젊은 세대들에게는 전화보다 메시징 앱이 훨씬 자주 사용하는 의사소통 수단이 되었다. 더 나아가 최근 미국을 중심으로 스냅챗(Snapchat)이라는 동영상 메시징 플랫폼이 10~20대들을 중심으로 주목받으며 급성장하고 있다.

코로나로 비대면 사회가 되면서 웹엑스(Webex)나 줌(Zoom) 같은 화상회의 플랫폼이 주목받았다. 줌은 후발주자였음에도 불구하고 1년 만에 글로벌 화상회의 플랫폼 시장을 장악해버렸다. 최근 기업에서 업무 효율을 위해 임직원 간 의사소통 툴인 업무용 메신저 서비스 또한 주목받고 있는데 슬랙(Slack), 라인웍스(Line Works), MS 팀즈(TEAMS), 태스크월드(Taskworld), 잔디(JANDI) 등이 그것이다.

금융 및 결제 플랫폼

전통적인 금융 플랫폼인 은행, 증권사, 보험사들은 직접 창구에서 결제를 진행했다. 인터넷 발달로 온라인 금융 시장이 열리고 핀테크의 발전으로 스마트폰에서 언제 어디서든 금융 활동을 할 수 있는 시대가 되었다.

오프라인 지점이 없는 인터넷 전문 은행 카카오뱅크는 2017년 사업을 시작한 지 4년 차인 2021년 상장을 준비하고 있는데 시가총액 20조~30조 원 수준으로 KB금융지주와 신한금융지주의 15조 원 수준을 넘어 국내 1위가 될 것으로 예상하고 있다.

한편 간편결제 플랫폼인 삼성페이, 네이버페이, 카카오페이, 페이코, 토스 등은 송금이나 결제, 환전 서비스뿐만 아니라 계좌 통합 관리 등 금융 및 결제 관련 포털 역할을 하면서 생활의 중심 플랫폼이 되었다. 최근엔 투자 정보와 자산 관리, 신용 관리, 보험 관리 등 종합 금융 생활 플랫폼으로 진화 중이다.

.

서비스 범위에
따른 유형

제공되는 서비스 범위에 따라 가능한 모든 범주를 포괄하는 종합 플랫폼과 전문 영역에 집중된 전문 플랫폼으로 나눌 수 있다. 또한 불특정 다수에게 제공되는 개방형 플랫폼과 일부에게만 제공되는 폐쇄형 플랫폼으로도 구분할 수 있다.

종합 플랫폼 vs 전문 플랫폼

모든 플랫폼에는 범위와 넓이를 중시하는 종합 플랫폼과 깊이와 전문성을 중시하는 전문 플랫폼이 있다. 대표적으로 유통 플랫폼에서는 모든 상품을 취급하는 종합 쇼핑몰과 일정 카테고리만 취급하는 전문 쇼핑몰이 있다.

종합 쇼핑몰은 백화점과 할인점 같은 다양한 상품을 한곳에 모아 원스톱 쇼핑 서비스를 제공해준다. 다만 다양한 상품이 있는 만큼 구색이 많지 않아 전문적인 상품을 찾는 사람들은 원하는 상품을 찾기 힘들 수 있다. 반면 전문 쇼핑몰은 장난감 전문점인 토이저러스나 홈용품 전문점인 홈디포, 가전 전문점인 하이마트나 베스트바이와 같은 카테고리 킬러들을 말한다. 이들은 전문 분야의 상품 구색이 충분하여 전문점을 찾는 고객의 욕구를 충족시킨다.

유통과 마찬가지로 병원도 종합병원과 전문병원이 있다. 기업도 종합기업과 전문기업으로 구분할 수 있다. 종합기업은 문어발식으로 돈 되는 사업이라면 무엇이든 하는 반면, 전문기업은 한두 가지 분야에서 글로벌 경쟁력을 갖추기 위해 선택과 집중 전략을 취한다.

오프라인에서는 종합 플랫폼을 구축하기 위해 전문 플랫폼보다 훨씬 많은 투자가 필요하고 위험도 많아 처음부터 종합 플랫폼을 시도하기가 쉽지 않다. 따라서 오프라인에서는 전문 플랫폼을 구축하는 것이 훨씬 효과적이고 안전하다. 반면 온라인에서는 디지털 기술의 통합 효과 때문에 종합 플랫폼을 구축하는 데 드는 노력이나 전문 플랫폼을 구축하는 노력이 오프라인에 비해 상대적으로 크게 차이가 나지 않는다. 오히려 종합 플랫폼 구축 시 네트워크 효과 때문에 성공 확률이 높아질 수 있어서 온라인에서는 대부분 종합 플랫폼 구축을 목표로 하는 경우가 많다. 다만 독점적인 종합 플랫폼 구축에 실패할 경우에는 어쩔 수 없이 전문 플랫폼을 구축하기도 한다.

네이버, 카카오, 쿠팡, 이베이, 아마존 같은 대표적인 온라인 플랫폼들은 종합 플랫폼이다. 다만 패션 전문 쇼핑몰인 무신사, 식품 전문 쇼핑몰인 마켓컬리, 인테리어 전문 쇼핑몰인 오늘의 집 등은 전문 플랫폼이다. 전문 플랫폼은 시간이 갈수록 카테고리를 늘려서 점점 종합 플랫폼화하려는 유혹을 받는다. 이는 온라인 시장에서 작동하고 있는 롱테일 법칙(Long-tail) 때문이다. 롱테일 법칙은 카테고리나 상품의 종류를 추가하는 데 드는 한계비용이 적어서 가능하면 다양한 상품을 온라인상에서 보여주는 것이 소비자의 선택권을 넓혀주어 매출을 올릴 수 있다는 원리다. 그런 점에서 온라인에서는 전문 플랫폼보다는 종합 플랫폼의 비전을 꿈꾸는 사람들이 많은 것이고, 그래서 플랫폼 간 경쟁이 더욱 치열하다.

개방형 플랫폼 vs 폐쇄형 플랫폼

개방형 플랫폼은 고객을 특정 짓지 않고 모든 고객을 대상으로 하는 플랫폼이고, 폐쇄형 플랫폼은 특정한 고객들에게만 오픈된 플랫폼이다. 대부분의 플랫폼은 개방형이지만 일부 폐쇄형으로 운영되는 플랫폼도 있다. 대표적인 개방형 플랫폼은 지마켓, 11번가와 같은 오픈마켓이다. 일정 절차를 거쳐서 이 플랫폼에 등록된 공급자는 언제든지 상품을 공급할 수 있고 소비자는 누구나 구매할 수 있다.

반면 폐쇄형 플랫폼은 보통 브랜드들의 자사몰과 대기업 등이 임직원들에게만 오픈하는 복지몰 등이다. 자사몰에서는 회사의 브랜드 제품만 팔 수 있고 다른 브랜드는 팔 수 없다. 복지몰은 대표적인 폐쇄몰로 그 그룹에 속해서 복지 포인트를 받은 사람들만 이용할 수 있다. 또 다른 예는 컴퓨터 운영 시스템의 역사에서 마이크로소프트의 윈도 시스템과 리눅스 운영 시스템이 있다. 윈도는 돈을 내고 구매한 사람에게만 오픈된 폐쇄형 OS라면, 리눅스는 누구에게나 소스

코드를 오픈한 개방형 OS이다.

아마존처럼 독점에 성공한 플랫폼 기업은 등록한 사람에 한해 플랫폼을 사용할 수 있는 중앙 집중형 폐쇄형 플랫폼 모델을 사용하는 경우가 많다. 예를 들면 본사에 등록된 판매업자에게만 쇼핑몰 입점을 허용하거나 아마존 프라임 회원제로 유료회원들에게만 특별한 서비스를 제공하는 것과 같은 방법이다. 이러한 거대 독점 기업은 폐쇄적인 플랫폼 구조에도 불구하고 더 많은 가치를 소비자에게 제공하기 때문에 생존이 가능하다.

거대 기업이 된 독점 플랫폼에 대항하기 위해 후발 경쟁자가 쓸 수 있는 절묘한 옵션으로 개방형 플랫폼을 제공하는 전략이 있다. 개방형 플랫폼은 개인이나 소기업들 같은 개미군단들이 연합해서 거대 기업과 경쟁하고자 하는 경우 사용한다. 사용료나 수수료 같은 장애를 모두 제거해버리고 함께 다양한 콘텐츠를 공유함으로써 연합군을 만들어서 독점 기업에 대항하는 전략이다.

최근 아마존의 대항마로 떠오르고 있는 쇼피파이 같은 쇼핑몰이 대표적인 사례이다. 중소 브랜드들이 초저렴한 가격으로 자신들의 쇼핑몰을 쇼피파이 안에 구축하도록 도와주고, 개별 브랜드의 쇼핑몰에 등록된 상품들을 드롭쉬핑 방법으로 관련된 다양한 쇼핑몰에 연결하여 소비자에게 접근할 수 있도록 도와주며, 거래 발생 시 주문 처리나 결제까지 도와주는 플랫폼으로 주목받고 있다. 최근 네이버는 쿠팡에 대항하기 위해 쇼피파이 방식을 도입해서 수많은 독립 판매자들의 연합군을 조직화하겠다고 발표한 적이 있다.

플랫폼 사업모델의
5가지 특징

투자자는 플랫폼 사업의 특징을 바로 알고 투자 의사 결정을 해야 하고, 사업가는 사업에 성공하기 위한 기본 조건을 알아야 성공하는 전략을 수립할 수 있다.

모든 의사 결정이 그렇지만 반드시 명과 암이 존재하므로 내가 가진 자원을 기반으로 사업의 속성을 깊이 이해하고 기회와 위험을 파악하여 후회 없는 의사 결정을 해야 한다.

종류와 차원이 다양한 플랫폼 사업이 있지만 전반적으로 다음과 같은 특징들을 가지고 있다.

양면시장 구조: 두 부류의 고객 집단

앞에서 설명한 것처럼 전형적인 플랫폼 사업의 가장 큰 특징은 두 부류의 고객이 있다는 것이다. 하나는 공급자 혹은 공여자이고

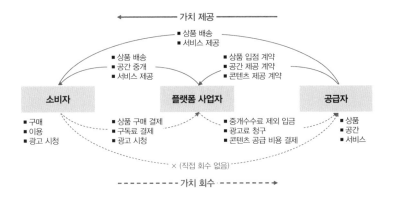

다른 하나는 소비자이다. 전형적인 플랫폼은 공급자와 소비자라는 두 고객을 상대하고 있다는 의미에서 중개 사업이라고 할 수 있다. 고객이 둘이다 보니 두 개의 시장이 존재한다. 하나는 플랫폼과 공급자 간의 시장이고, 다른 하나는 플랫폼과 소비자 간의 시장이다. 그래서 양면시장이라고 한다.

물론 모든 플랫폼이 양면시장인 것은 아니다. 단면시장인 경우도 있다. 직영 모델은 단면시장이다. 왜냐하면 플랫폼 사업자가 자기 책임으로 상품과 서비스를 공급하고 직접 소비자에게 전달하기 때문이다. 소매시장에서 리테일러들은 자기가 직접 구매해서 고객에게 직접 판매한다. 정부나 공기업들은 대부분 소비자들에게 상품과 서비스를 직접 제공한다. 단면시장이라고 플랫폼이 아닌 것은 아니다. 고객들은 오히려 단면시장을 선호할 수도 있다. 책임 주체가 분명하므로 중요한 거래나 신뢰도가 필요한 거래, 혹은 투자 규모가 너무 커서 사기업이 감당하기 어려운 경우, 공익과 깊은 관련이 있어 경쟁의 폐해가 예상되는 경우 등 여러 가지 이유로 단면시장이 더 효과적일 수도 있다.

두 개의 시장에서 플랫폼 사업자는 2가지의 네트워크 효과를 얻을 수 있다. 하나는 규모의 수요경제 효과이고 다른 하나는 규모의 공급경제 효과이다.

규모의 수요경제 효과란 기업의 규모가 커지면 커질수록 더 많은 수요자가 늘어나는 효과이다. 규모가 커지면 공급자가 늘어나고 공급자가 늘어나면 선택 옵션이 늘어나 수요자 효용이 증가하고 수요자도 더 늘어나는 것이다. 비슷한 논리로 규모의 공급경제 효과는 기업 규모가 커지면 단위당 비용이 줄어들어 가격을 낮출 수 있기 때문에 소비자 효용이 증가하고 그 결과 소비자가 더욱 많아져서 기업이 성장하는 것이다.

양면시장인 플랫폼 사업모델에서 공급자 역할을 하는 것은 콘텐츠 사업자들이다. 플랫폼 사업자는 그런 점에서 콘텐츠 사업자와 공동 운명체이다.

자산 기반 사업모델: 대규모 투자 필요

플랫폼 사업모델은 인프라와 시스템을 제공한다는 의미에서 기본적으로 자산 기반 사업모델이다. 자산이 경쟁력의 핵심이고 진입 장벽인 것이다. 여기서 말하는 자산이란 토지, 건물, 시설물 등 고정자산과 상품, 재고 등 유동자산 중 고정자산을 의미한다. 따라서 큰 투자자본을 필요로 한다.

전통적인 플랫폼 사업은 대부분 대규모의 부동산을 기반으로 한다. 따라서 민간기업이 감당하기 힘든 만큼 투자 규모가 천문학적이어서 정부나 공기업이 플랫폼 사업을 많이 감당해왔다. 도로, 항만, 공항, 철도 등 사회간접시설인 플랫폼 사업은 지금도 공기업들이 운영하고 있고, 일부 민영화된 플랫폼 사업인 전기, 통신, 에너지 등도 대기업 중심으로 운영되고 있다.

최근 플랫폼 사업모델이 주목받고 있는 이유는 디지털 시대의 플랫폼은 개념이 다르기 때문이다. 최근 생겨나는 혁신적인 디지털 플랫폼의 핵심 자산은 부동산이 아닌 데이터와 네트워크, 그리고 데이터 가공 기술 등과 같은 보이지 않는 자산이다. 문제는 데이터나 네트워크, 관련 응용 기술 등도 인프라로 활용 가능하게 구축하려면 막대한 투자자본이 필요하다는 것이다.

혹자는 최근 성공한 디지털 플랫폼 사업들이 창업 초기에 소수의 인원이 적은 자본으로 출발했다는 점을 들어 큰 자본 없이 아이디어만으로 창업이 가능하다고 생각할지도 모른다. 그러나 비록 처음엔 적은 자본으로 시작했지만 그 아이디어를 실현하기 위한 막대한 후속 투자가 있었다는 것을 간과해서는 안 된다. 보통 플랫폼 사업이 네트워크 효과가 일어날 만큼 충분한 초기 공급자와 소비자를 확보하기 위해서는 상당히 긴 시간을 수익 없이 투자하면서 막대한 손실 규모를 견뎌내야 한다. 소위 '죽음의 계곡'을 건너야 하는 것이다. 이 죽음의 계곡을 건너기 위해 필요한 충분한 자본력이 없다면 시작하지 않는 것이 좋다. 만약 중단하면 그동안 투자한 자본은 물거품이 되어버리기 때문이다.

투자자본이 큰 플랫폼 사업은 출구 전략 또한 쉽지 않다. '자산시장은 소프트랜딩(Soft Landing)이 없다'는 속설이 있는 것처럼 자산시장은 문제가 발생할 경우 출구 전략을 세우기 어렵다. 내가 보유하고 있는 자산이 유의미한 고객 데이터나 네트워크라면 M&A를 통해 출구 전략을 세울 수도 있겠지만 경쟁력을 잃어버린 플랫폼 자산은 경쟁자가 유사한 자산을 가지고 있을 가능성이 크기 때문에 제값을 받고 팔기가 어렵다.

내가 아동 고객 데이터를 가진 플랫폼 사업을 하고 있는데 경쟁자가 훨씬 더 좋은 서비스로 고객을 빼앗아가 버린다면 그동안 고객과 고객 데이터를 모으기 위해 투자한 자산은 무용지물이 되어버릴 가능성이 크다. 이처럼 플랫폼 투자는 확실한 1등이 되지 못하는 순간 큰 위험에 직면할 가능성이 높다.

서비스 기반 사업모델: 글로벌 진출이 쉽지 않다

플랫폼 사업이 제공하는 핵심 가치는 대부분 편리한 서비스 제공이다. 서비스를 제공하기 위해서는 자산도 중요하고 시스템도 중요하지만 무엇보다 운영하는 사람과 운영 능력이 중요하다.

예를 들어 대규모 투자를 해서 멋진 쇼핑몰을 지었는데 운영 시스템이 엉망이어서 주차도 불편하고 내가 원하는 브랜드를 찾기도 어렵고 교환 환불도 불편하다면 크게 투자한 것만큼 크게 망할 가능성이 높다. 아무리 플랫폼이 사산 기반 사업이라고 해도 사업의 성패를 가르는 것은 자산 자체보다는 운영 능력이다. 플랫폼 사업에서 자산은 필요조건이지 충분조건은 아니다. 한국의 검색 시장에서 네이버가 후발주자였음에도 쟁쟁한 글로벌 검색엔진을 물리치고 시장을 지배할 수 있었던 비결은 무엇일까? 자본력이나 기술력이라기보다는 운영 능력, 시장 대응 능력이라고 할 수 있다. 한국 소비자들이 원하는 것을 파악해서 지식인 검색이라는 독특한 서비스를 출시했고 그 결과 경쟁자들을 물리치고 승리할 수 있었다.

서비스 산업에서 운영 능력 및 사람이 중요하기 때문에 필연적으로 생기는 특징이 로컬 사업이라는 것이다. 다시 말하면 글로벌 사업 진출이 쉽지 않다. 나는 오랫동안 글로벌 진출을 시도해보면서 속성상 '상품은 글로벌 비즈니스이고 서비스는 로컬 비즈니스이다'라는 말에 공감하게 되었다. 상품은 기본적으로 이동이 쉽고 소비자에게 전달하기가 쉽다. 따라서 제품이 좋고 가격이 좋다면 전 세계 어디든 소비자를 만족시킬 수 있다.

그러나 서비스는 결국 사람을 상대해야 하는데 언어와 문화가 다른 외국 사람을 만족시킨다는 것은 쉽지 않은 일이다. 이런 특징 때문에 대부분의 서비스 산업은 국가 내에서 내수시장으로 존재하고 상품은 국제무역에 의해 글로벌 시장으로 존재한다. 플랫폼도 국가의 경계를 벗어나 글로벌 시장으로 진출하는 것은 매우 힘든 일이다.

플랫폼 시장의 글로벌화가 어렵다는 것이지 불가능하다는 것은 아니다. 플랫폼의 글로벌화를 위해서는 몇 가지 조건이 갖추어져야 한다. 언어 문제를 해결해야 하고, 가능하면 사람을 적게 쓰는 기술 중심의 서비스여야 하고, 현지 파트너를 잘 만나서 현지화에 성공해야 하고, 가능하면 현지 업체와 제휴하거나 M&A를 통해 현지인들에게 인정받아야 한다. 구글, 아마존, 애플 등 미국 기업들은 비록 플랫폼 기업이지만 글로벌화에 성공한 사례들이고, 네이버의 라인이나 지마켓 창업자가 싱가포르에서 론칭한 큐텐 등은 한국 플랫폼 기업이 글로벌화에 성공한 드문 사례이다.

공공성 기반 사업모델: 수익구조 창출이 쉽지 않다

플랫폼 사업은 속성상 다수의 참여자를 대상으로 하므로 공공성이 매우 중요하다. 플랫폼이 공평하지 않고 차별적인 운영을 한다면 참여자들이 플랫폼 이용을 거부할 것이다. 따라서 플랫폼이 성공할 수 있는 가장 기본 조건은 공공성에 기초하여 공정하고 차별 없는 운영, 원칙과 법칙에 기초한 운영, 다수의 참여자들에게 오픈된 개방적인 운영을 하는 것이다.

이러한 공공성 기반 사업모델은 공공의 이익을 추구해야 하기 때문에 구체적인 수익모델을 찾기가 쉽지 않다. 보통 플랫폼 사업자들이 선택하는 대표적인 수익모델은 중개수수료, 광고 수입, 구독료, 라이선싱, 캐릭터 아이템 판매 등이다. 먼저 아마존 등 상거래 플랫폼이나 에어비엔비, 우버 등 자산 공유 플랫폼은 거래액의 일정 비율을 수수료로 받는다. 페이스북이나 구글, 유튜브 등 SNS나 검색 서비스는 소비자로부터 직접적인 수익을 얻지 않고 광고 수입을 통해 수익을 얻는다. 넷플릭스나 쇼피파이, 멜론 등은 월간 구독료로 수익을 얻고, AWS 같은 클라우딩 서비스 업체는 고객사가 사용한 시간만큼 서비스 비용을 부과해서 수익을 얻는다. 카카오나 라인 같은 경우 다양한 캐릭터 판매를 통해 수익을 얻기도 한다.

위와 같은 대표적인 사례는 고객 기반이 그만큼 넓고 독점적인 서비스를 통해 수익구조를 만들어낸, 세계적으로 성공한 플랫폼 사업이다. 이들과 반대로 수많은 플랫폼 사업자들이 수익구조를 구축하는 데 실패하고 있다. 대중에게 널리 알려진 마켓컬리나 쿠팡, 위메프, 티몬 등 상거래 사업모델들이 수익구조를 만들 수 있을지에 대해 부정적인 전망들이 많다. 심지어 세계적인 자산 공유 시스템 위워크나 우버도 만족할 만한 수익구조를 만들지 못했다. 중국의 자전거 공유 기업 오포는 파산했다. 클라우드 펀딩 기업인 와디즈, MCN 플랫폼을 표방한 샌드박스도 수익구조 문제를 해결하지 못하고 있다.

그들은 여전히 멋진 플랫폼의 미래를 그리며 투자자들에게 희망 고문을 하고 있지만 공공성을 추구해야 하는 플랫폼의 본질과 완전경쟁시장으로 수렴해가는 시장의 흐름을 생각해보았을 때 수익구조를 만들어내기는 결코 쉽지 않은 일이다.

2020년 12월 배달시장을 점유율 90% 내외로 독점하고 있는 '배달의 민족'에 맞서 경기도가 내놓은 공공 배달 앱 '배달 특급' 이야기는 플랫폼이 공공성에 기반한 사업모델이라는 것을 간접적으로 보여주는 좋은 사례이다. 혹자는 갑작스럽게 배달시장에 뛰어든 경기도의 결정을 비난하기도 하지만 독점화된 플랫폼이 공공성을 해치고 독점 이익을 추구할 때 정부나 지자체가 가만히 손 놓고 있을 수 없다는 것을 보여준다. 독점화된 플랫폼 기업이 공공성의 의무를 다하기 위해 최선을 다한다면 문제없겠지만 독점적 지위를 이용해 공공성을 해칠 경우 또 다른 공공성을 추구하는 플랫폼인 정부와 지자체와 충돌할 수도 있다. 어떤 의미에서 보면 공공을 위해 정부와 플랫폼 사업자는 선의의 경쟁 관계에 있다고 할 수 있다.

그렇다면 이익을 추구하는 기업이 공공성을 위해 손실을 감안하라는 말인가? 물론 기업은 이익을 내야 하고 동시에 플랫폼이기에 공공성도 포기할 수 없다. 따라서 플랫폼 사업은 2가지 조건을 모두 만족시키는 경우에만 지속 생존 가능성이 있다. 구글, 아마존, 페이스북처럼 공공의 이익에 기여하면서 동시에 수익모델을 찾는 경우에만 지속적인 생존 가능성이 있다.

독점적 시장 지배: 플랫폼을 장악한 자가 세상을 지배한다

플랫폼 사업모델은 대규모 자본 투자가 필요하고, 글로벌 진출이 쉽지도 않아 내수시장에서 사업을 해야 하고 수익구조를 찾기도 어려운데 왜 많은 사람들과 투자자들은 플랫폼 사업모델을 찾기에 혈안이 되어 있을까? 많은 결함에도 불구하고 플랫폼 사업모델이 가지고 있는 가장 큰 매력은 한번 독점을 하면 장기간에 걸쳐 독점을 더욱 강화할 수 있고 지속 성장 가능한 모델을 만들 수 있기 때문이다.

한국처럼 작은 시장에서 플랫폼으로 성공하기 위해서는 독점에 가까운 시장점유율을 차지해야 한다. 실제로 네이버는 검색 광고 시장의 70% 내외를 차지했다. 다만 최근에는 구글의 약진으로 2019년 기준 네이버 58%, 구글 34%로 두 회사가 92%를 차지하고 있다. 한때 경쟁했던 야후나 다음 등 많은 검색엔진들은 존재감이 미미하다.

앞으로도 특별한 일이 없는 한 새로운 경쟁자가 나타나기 쉽지 않다. 다행히 네이버는 검색시장을 기반으로 네이버쇼핑, 네이버페이 등 다양한 관련 플랫폼으로 확장해가고 있고 수익모델 또한 잘 구축되어 있다.

상거래 플랫폼의 경우 거대 시장인 미국은 아마존의 온라인 시장점유율이 38%로 압도적인 1위다. 2위인 쇼피파이와 이베이는 각각 6% 전후에 머물고 있다. 한국의 경우 2021년 2월 교보증권 보고서에 따르면 2020년 거래액 기준으로 네이버쇼핑이 27조, 쿠팡이 21조, 이베이코리아가 20조 원으로 전체 온라인 시장 161조 중 각각 17%, 13%, 12%를 차지하고 있다. 한국 온라인 쇼핑 시장은 아직 독과점 업자가 정해지지 않았다고 할 수 있다. 쿠팡은 거래액 21조 원, 매출 13조 원인데도 불구하고 아직도 영업이익이 5,000억 원 적자를 벗어나지 못하고 있다. 수익구조를 만들기가 쉽지 않다는 반증이다.

다른 많은 플랫폼 사업들도 마찬가지다. 2020년 12월 〈연합뉴스〉에 따르면 2019년 기준 배달 앱 시장점유율은 배달의 민족이 78%, 요기요가 19.6%로 1, 2위가 98%를 차지하고 있다. 이처럼 독과점을 달성한 경우 이익을 기대해볼 수 있지만 그렇지 않은 경우 수익구조를 만들기가 쉽지 않고 독과점을 할 때까지 막대한 자본력으로 견뎌야 하는 숙명을 안고 있다.

디지털 기반 플랫폼 사업이 그나마 독점을 할 수 있는 비결은 앞에서 언급한 네트워크 효과 때문이다. 문제는 한번 선점자가 독과점을 해버린 경우 후발주자가 그것을 깨고 독점을 하기가 쉽지 않다는 것이다. 록인(Lock-In) 효과 때문에 독점을 스스로 강화하는 효과가 있어서 상당한 크기의 변화가 없으면 독과점을 장기간 무너뜨리기 쉽지 않다. 그래서 플랫폼 사업의 가장 중요한 전략은 선점 전략이다. 누가 먼저 독과점을 할 것인가의 경쟁이다. 보통 시장 선두주자는 빨리 독과점 구조를 만들어 시장을 장악하기 위해 공격적인 M&A로 경쟁자들을 흡수 통합해버리기도 한다. 플랫폼을 장악한 기업이 세상을 지배할 것이라는 말이 나오는 것은 한번 독과점이 완성되면 오랜 기간 동안 시장을 지배할 수 있기 때문이다.

앞에서 살펴본 플랫폼 기업의 특징을 종합해보면 플랫폼 기업으로 성공하기 위해서는 기본적으로 세 개의 산을 넘어야 한다.

- 작은 시장에서 생존하기 위해서는 시장을 독점해야 하는데 어떻게 시장을 독점할 것인가?
- 공공성을 요구하므로 수익구조를 만들기 어려운데 어떻게 수익구조를 만들 것인가?
- 플랫폼을 구축하기 위해 막대한 자산이 필요한데 어떻게 투자 재원을 마련할 것인가?

독점을 위한
전략

    플랫폼 기업에게 독점은 생존의 필수조건이라고 할 수 있다. 낮은 수익구조를 커버하기 위해서는 충분한 고객 기반이 있어야 하는데 내수시장은 독점을 해야 그나마 충분한 고객을 확보할 수 있다. 그러나 독점은 쉽지 않은 것이다. 더구나 완전경쟁시장에서 독점은 더욱 어렵다. 희망적인 것은 네트워크의 효과로 시장의 선점자가 되면 독점을 하기에 매우 유리한 상황이 된다는 것과 파레토의 법칙처럼 역설적으로 시장은 독과점일 때에야 비로소 안정화될 수 있어서 장기 독과점이 가능하다는 점이다.

    독점을 위한 가장 좋은 전략은 무엇인지, 후발주자가 독점 기업과 경쟁할 수 있는 방법은 없는 것인지, 독점에 성공한 후에 진입 장벽을 쌓는 방법은 무엇이 있는지에 대해 이야기해보고자 한다.

선점 전략

최고가 될 수 있는 가장 좋은 방법은 최초가 되는 것이다. 특히 플랫폼 기업에게 이 말은 정말 중요하다. 한번 독점적인 플랫폼이 구축되면 후발주자로서 플랫폼을 바꾸기가 거의 불가능에 가깝기 때문에 선점하지 않으면 안 된다.

빠른 실행 후 피보팅

선점하려면 완벽한 사업 계획보다 빠른 실행이 중요하다. 완벽한 계획을 세우느라 시간을 놓치기보다는 먼저 실행해보고 고객들의 반응과 피드백을 빨리 받아 전략을 신속하게 수정해서 고객이 원하는 플랫폼을 찾는 것이다. 여기서 중요한 개념이 피보팅(Pivoting)이다.

피보팅이란 농구에서 다리의 한 축을 중심으로 공을 돌리는 것을 의미한다. 스타트업에서 처음 사업모델에 집착하지 않고 비전과 목표를 중심축으로 놓고 소비자의 반응에 따라 신속하게 사업 전략을 전환하는 것을 말한다.

현재 우리가 알고 있는 플랫폼 기업들은 대부분 이러한 피보팅 과정을 거쳐서 완성된 것이다. 예를 들면 트위터는 초기 팟캐스트처럼 인터넷 라디오 서비스를 하려고 창업했지만 팀원 간 문자로 의사소통을 위해 개발한 것이 현재의 SNS 서비스로 발전되었다. 넷플릭스도 초기 비디오 대여사업을 하다가 현재의 영상 스트리밍 사업모델로 피보팅을 해서 대성공을 거두었다. 최근 코로나 상황에서 항공사들이 물류 운송 서비스를 하거나 착륙하지 않는 비행 여행 서비스를 내놓은 것, 마이리얼트립이라는 여행사가 현지에 가지 않고 현지 대리인이 직접 관광지를 랜선으로 소개하고 집에서 여행지를 둘러보는 '랜선투어'라는 서비스를 시작한 것, 스타벅스가 커피 딜리버리 서비스를 시작한 것 등 신속하게 환경 변화에 따라 전략을 수정하는 피보팅의 사례들을 보여주었다.

피보팅에서 중요한 것은 축이 있어야 한다는 것이다. 보통 사업 모델에서 축은 핵심 고객과 고객에게 주고자 하는 핵심 가치와 비전, 사업 목표를 말한다. 사업의 비전과 목표, 추구하는 핵심 가치는 변하지 말아야 한다. 대신 축을 중심으로 그 핵심 가치를 달성하기 위한 전략과 콘셉트는 고객의 피드백에 따라 언제든지 바꿔가며 고객이 필요한 플랫폼을 만들어가야 한다는 것이다.

고객과 공여자 끌어들이기

선점을 하기 위해 초기 단계의 목표로는 매출이나 수익구조보다는 고객과 좋은 공여자를 끌어들이는 것에 집중해야 한다. 단기적인 목표는 충분한 네트워크 효과가 나타날 수 있는 규모까지는 공격적으로 고객과 공여자를 모으는 것이다. 성공한 플랫폼 기업들은 고객을 모으기 위해 초기에 강력한 마케팅 투자를 감행했다. 카카오는 무료로 카카오톡을 이용하게 해주었고 배달의 민족은 TV 광고를 비롯해서 엄청난 마케팅 투자를 쏟아부었다. 쿠팡은 매출이 13조인데도 적자를 낼 만큼 물류 시스템에 대한 과감한 투자를 통해 경쟁자가 따라올 수 없는 온라인 상거래 인프라를 구축했다.

긴장감 유지하기

어느 정도 승기를 잡았고 확실하게 독점적 지위를 만들 때까지 긴장을 늦춰서는 안 된다. 보통 M&A 등을 통해 경쟁자를 통합하는 것도 좋은 전략이다.

독점적 지위에 올랐다고 고객들과의 약속을 잊고 가격을 올리는 전략은 매우 위험하다. 가격을 올리기보다는 기업 내부의 사업 프로세스를 혁신하거나 다른 수익모델을 찾아서 수익구조를 만들어야 한다. 최근 배달의 민족이 수수료를 올리려고 시도했다가 고객들의 거센 저항을 불러일으킨 사례에서 보여주듯이 고객과의 약속을 저버린 행동은 공들여서 쌓은 플랫폼을 붕괴시키는 결정적인 원인이 될 수 있다. 그리고 너무 일찍 다른 서비스로 확장하는 것도 경계해야 한다. 고객 기반을 중심으로 확실한 시너지 효과가 있을 경우에만 조심스럽게 서비스 확장을 시도해볼 수 있다.

후발 플랫폼 기업의 독점을 위한 전략 옵션

플랫폼 기업은 록인 효과 때문에 선점자가 한번 독점해버리면 후발주자가 선점자를 물리치기 쉽지 않다. 그렇다고 아예 방법이 없는 것은 아니다.

서비스 업그레이드하기

후발주자 입장에서 만약 선두주자가 충분한 고객의 지지를 얻지 못하고 있을 경우 경쟁자보다 더 혁신적이고 더 좋은 서비스를 제공한다면 시장 탈환이 가능할 수도 있다. 경우에 따라서는 후발주자가 유리할 수도 있다. 과거에 없던 서비스를 제공하는 과정에서 선두주자가 실수로 잘못된 투자에 발목이 잡히거나 고객의 필요를 충분히 충족시키지 못하는 경우 후발주자는 선두주자가 이미 닦아놓은 길로 빠르게 고객에게 접근해서 서비스를 업그레이드를 하면 고객을 한꺼번에 이동시킬 수 있다.

대표적인 사례는 네이버이다. 초기 검색시장의 선두주자는 야후였다. 그러나 네이버가 지식인 검색 서비스로 야후를 물리치고 검색 플랫폼을 장악했다. 온라인 상거래 플랫폼도 초기에는 지마켓과 옥션, 인터파크, 롯데몰, 신세계몰 등이 선두주자였다. 그러나 쿠팡은 아마존 방식의 직매입+마켓플레이스 전략으로 선회하여 로켓배송을 표방하고 물류 인프라를 구축하면서 빠른 배송과 책임 있는 상품 소싱을 통해 업계 1위를 차지했다. 후발주자가 더 좋은 서비스를 내놓을 경우 선두 자리를 빼앗고 독점을 구축할 수 있다는 좋은 사례이다.

소수자 연합군 형성하기

후발주자가 취할 수 있는 또 다른 전략은 중소 경쟁자들의 연합군을 형성하는 방법이다. 강력한 독점 기업에 대항하기 위해 다수의 독립적인 쇼핑몰들을 하나의 플랫폼으로 엮어서 경쟁하는 모델이다. 미국에서 아마존의 독점에 대항해서 경쟁하는 쇼피파이나 한국의 네이버 스마트스토어가 그것이다.

이들은 다수의 독립된 콘텐츠 제공자들이 자기의 쇼핑몰을 쉽게 구축하고 운영할 수 있는 통합된 플랫폼을 제공함으로써 연합군을 만들어서 경쟁하고자 한다. 독립적인 소규모 쇼핑몰들이 부담스러워하는 쇼핑몰 구축, 거래 데이터 분석 및 리포팅, 결제 및 배송, A/S 관리 등을 효과적으로 할 수 있는 서비스를 제공한다.

네이버는 물론 검색엔진을 가지고 있다는 강점을 기반으로 한 전략이기는 하지만 쇼핑윈도를 통해 오프라인의 수많은 독립 점포 운영자들을 모으고 스마트스토어를 통해 수많은 독립 콘텐츠 업자들이 자사몰을 쉽게 검색하고 홍보할 수 있게 서비스를 제공함으로써 후발주자인데도 짧은 시간 안에 선두주자의 자리를 차지할 수 있었다. 쿠팡이 아마존처럼 한국 시장을 압도적으로 점유하는 데 가장 큰 경쟁자는 네이버가 될 가능성이 크다.

시장 세분 후 세분시장 독점하기

후발주자가 취할 수 있는 또 다른 좋은 방법은 시장을 세분해서 독점하는 방법이다. 그러나 어설프게 세분시장에 도전할 경우 결국 독점적인 플랫폼 기업의 먹잇감이 될 가능성이 높다. 따라서 독점적인 플랫폼 기업의 영향력이 미치지 않거나 보다 전문성이 필요한 시장에서 세분시장 독점을 시도해야 한다.

세분시장은 지리적 세분시장과 카테고리 전문 세분시장으로 나눌 수 있다.

첫째는 지리적 세분시장이다.

유통 플랫폼의 경우 온오프라인 독점 기업에 맞서 경쟁 우위를 가질 수 있는 시장은 가까운 거리에 있는 소비자를 대상으로 한 로컬 시장 혹은 네이버후드(Neighborhood) 시장이다. 네이버후드 시장은 걸어서 갈 수 있는 우리 동네에 있는 가게이므로 거대 독점적 플랫폼 기업에 비해 고객들에게 훨씬 더 편리하고 친근하고 빠른 서비스가 가능하다.

세계적인 유통 플랫폼 기업 월마트도 최근 새로운 성장 엔진으로 '월마트 네이버후드(Wal-Mart Neighborhood)' 매장들을 넓혀가고 있다. 전통 할인점인 월마트(생활용품 판매), 월마트 슈퍼센터(생활용품+슈퍼), 샘스클럽(MWC, Membership Wholesale Club) 등 모든 유통을 가지고 있는 월마트가 마지막으로 네이버후드 시장을 주목하고 집중하려는 이유는 온라인 무풍지대가 될 수 있기 때문이다.

일본의 코메리(KOMERI)라는 기업과 한국의 꼬끼오(CCOKIO)라는 기업은 온라인이나 대형마트가 진입하기 어려운 시골을 중심으로 종합 유통 플랫폼을 구축하여 지역 독점에 성공하고 있다. 이들은 대형 유통점들이 사업성이 없다고 포기한 시골에 들어가서 기본적인 생필품부터 농자재, 건자재 등 주민들에게 필요한 모든 것을 구매할 수 있는 원스톱 서비스를 제공함으로써 지역의 라이프스타일 센터 역할을 하고 있다.

일본이나 한국에서 온라인의 광풍 속에서도 편의점이 지속적으로 성장하는 것도 이런 네이버후드 시장에서 편의점이 온라인이나 대형마트보다 고개들에게 더 편리한 가치를 제공하기 때문이다.

온라인에서도 네이버후드 플랫폼을 구축한 재미있는 사례는 바로 '당근마켓'이다. 당신의 근처에 있는 마켓이라는 의미의 당근마켓은 지역주민 간 중고제품 거래 플랫폼을 구축한 후 폭발적인 성장과 성과를 보여주고 있다. 미래에 쿠팡이 한국 온라인 시장을 아마존처럼 35% 정도 차지한다 해도 당근마켓은 세분시장에서 독점적인 시장 지배를 향유할 수 있을 것이다.

둘째는 카테고리 전문 세분시장이다.

오프라인의 경우 언제나 종합 플랫폼의 경쟁자는 카테고리 전문점이었다. 종합점인 백화점이나 할인점에 대응해서 스포츠 어쏘리티(Sports Authority) 같은 스포츠 전문점, 토이저러스, 유니클로, 자라, 이케아 같은 카테고리 킬러들이 카테고리 시장의 독과점 기업이 되었다. 마찬가지로 온라인 시장도 카테고리 전문점이 가능하다. 다만 온라인은 오프라인보다 종합 플랫폼의 독점 파워가 강하기 때문에 전문적이고 차별적인 서비스가 가능한 고관여 제품 속성을 가진 카테고리에서 제한적으로 독점적인 플랫폼이 성공하고 있다.

대표적인 것은 패션 전문점이다. 일본의 조조타운(ZOZO TOWN)과 한국의 무신사가 대표적인 패션 전문 플랫폼이다. 종합 플랫폼은 생활필수재, 소비재, 내구재의 경우 시장 지배력이 높다. 다만 패션과 같은 고관여 제품들이 있는 사치재 시장은 전문점이 더 우위를 보이고 있다. 더구나 많은 종합 플랫폼 기업들마저 수익을 내지 못하고 있는 상황에서 조조타운과 무신사가 훌륭한 수익구조를 구축해 성공하면서 패션 전문점에 대한 관심을 불러일으키고 있다.

마켓컬리는 식품 전문점 플랫폼으로 도전장을 내서 한때 멋진 성과를 보여주었지만 미래가 밝지만은 않다. 종합 플랫폼 기업들의 강한 견제와 빈약한 마진으로 수익구조를 만들기 어렵기 때문이다. 그나마 마켓컬리가 지금까지 생존해온 것은 같은 식품 시장에서도 사치품처럼 엄선된 고급 시장을 중심으로 브랜딩에 심혈을 기울여왔기 때문이다. 마켓컬리가 생존하기 위해서는 보다 근본적인 전략의 재설계가 필요할 것이다.

셋째는 기타 다양한 세분시장 전략이 존재한다.

먼저 소비자를 상대로 하는 B2C 플랫폼과 다르게 B2B 시장에서 독점을 추구하는 플랫폼이 있다. 오프라인에서 코스트코는 MWC(Membership Wholesale Club)이라는 B2B 유통 플랫폼을 구축한 후 현재까지 온오프라인을 통틀어 가장 경쟁력 있는 사업모델로 평가받고 있다. 온라인에서는 B2B 플랫폼이 쉽지 않은 가운데 도매꾹이라는 업체가 온라인 도매 플랫폼 기업을 만들어가고 있다.

다음으로 리엔펑(Li&Fung)이나 시몬느 같은 공급망(SCM, Supply Chain Management) 전문 플랫폼을 구축하여 성공한 사례가 있다. 홍콩 기업 리엔펑은 소규모 패션 브랜드들이 원단을 구매해서 생산하기는 어렵다는 점을 알고 주문량에 관계없이 전 세계에서 가장 싸게 소싱(Sourcing)할 수 있는 플랫폼을 구축해 엄청난 규모의 기업이 되었다. 한국 기업 시몬느도 리엔펑과 유사하게 명품들에게 핸드백과 신발 등을 최고의 품질과 가격으로 소싱해주는 플랫폼을 구축해서 멋진 성과를 보여주었다.

이외에도 최근 온라인 시장의 발달에 발맞춰 물류 플랫폼 기업들이 많이 생겨나고 있다. 특히 마이창고라는 스타트업은 물류 크라우드소싱 기업을 표방해서 중소 온라인 브랜드들이나 사업자들에게 물류 풀필먼트(Fulfillment, 보관, 포장, 배송, 반품 등 물류 서비스)를 제공하는 플랫폼을 구축해서 성공적으로 성장해가고 있다. 이처럼 다양한 영역에서 시장을 세분하여 독점적인 플랫폼을 구축하거나 톨게이트 전략처럼 작지만 장기적으로 수익을 향유하고 있는 사업모델들이 많이 생겨나고 있다.

진입 장벽 구축 전략

한번 독점적인 플랫폼 구축에 성공한 기업의 과제는 독점적인 플랫폼을 지속적으로 유지하기 위해 진입 장벽을 구축하기 위한 전략이다.

록인 전략

독점을 지속하기 위한 가장 일반적이고 좋은 방법은 록인 전략이다. 충성고객에게 확실한 혜택을 주어 한번 고객이 되면 경쟁사로 갈 수 없도록 만드는 전략이다. 대표적인 사례는 아마존 프라임 서비스이다. 연간 119달러를 내면 아마존 프라임 회원이 되는데 혜택이 너무 많다. 먼저 수량에 관계없이 모든 구매 상품 2일 내 무료배송, 식료품 등 2시간 내 무료배송, 넷플릭스같이 방대한 콘텐츠를 가진 아마존 프라임 비디오 서비스 무료, 아마존 프라임 뮤직 무제한 스트리밍 무료, 무제한 사진 저장, 트위치(Twitch)라는 게임 무료, 홀푸드(Whole food), 워싱턴포스트(Washington Post) 등 관계사 할인 혜택 등 무려 22가지 혜택이 주어진다. 이런 전략 때문에 아마존은 미국 소매시장의 35%를 지배하고 있다.

회원제 전략은 코스트코가 원조이다. 연회비 3만 5,000원 정도(이그제큐티브 8만 원)를 내면 거의 도매가격으로 물건을 구매할 수 있으니 회원이 되면 다른 할인점에 갈 이유가 없다. 코스트코는 내부적으로 연회비만큼의 이익만 낸다는 정책이 있다고 알려져 있다. 상품 가격을 결정할 때 운영비 정도의 마진만 붙여서 판매하므로 경쟁자가 가성비(가격 대비 품질 비율)를 따라올 수 없고 고객도 다른 경쟁점으로 가기가 힘들다는 것이다.

콘텐츠 차별화

두 번째 방법은 콘텐츠를 차별화하는 것이다. 특히 유통 플랫폼에서 콘텐츠 차별화가 중요한 것은 소비자들이 플랫폼을 찾는 이유가 바로 콘텐츠를 찾기 위해서이기 때문이다. 콘텐츠를 차별화하기 위해 좋은 콘텐츠를 찾아 독점적인 공급 계약을 맺기도 하지만 더 확실한 방법은 아예 자체 콘텐츠를 만들어버리는 것이다. 즉 PB(Private Brand) 콘텐츠를 개발하는 것이다.

플랫폼 기업이 아예 100% PB로 독자적인 콘텐츠를 구축하는 사례는 특히 패션이나 생활용품 유통에서 일반화된 전략이다. 예를 들면 패션 기업의 유니클로, 자라, H&M, 스파오(SPAO), 탑텐(TOP10) 등 SPA 브랜드와 모던하우스, 카사미아, 자주, 이케아 등 생활용품 브랜드들이다. 이들은 독점적인 PB 상품을 개발, 생산, 유통의 전 과정을 직영하는 모델로 탁월한 경영 성과를 보여주었다.

이들은 온라인 시장 변화에도 적극 대응해서 온라인에서도 O2O 전략, O4O 전략을 통해 다양한 브랜드에 유통 공간을 제공하는 편집 플랫폼 사업자들과 경쟁하고 있다.

생태계 구축

주로 소재, 부품, 장비 기업 등 핵심 공급 라인의 파트너들, 혹은 핵심 마케팅 라인의 파트너들과 일종의 동맹을 맺어서 경쟁하는 전략이다. 애플이나 삼성과 같은 기업들에게 공급망(SCM, Supply Chain Management) 전략은 기업의 생존을 결정하는 핵심 전략이다. 파트너들의 수준이 곧 나의 수준이 되기 때문이다.

그런데 애플과 삼성의 전략은 차이가 있다. 애플은 파트너를 협력의 대상으로 보고 파트너를 엄선하고 한번 선정되면 확실하게 물량을 몰아줘서 함께 성장하는 모델을 선택하고 있다. 반면 삼성은 협력보다는 경쟁을 중시해서 다수의 파트너들을 참여시켜 파트너

• 애플, 삼성의 SCM 전략 차이

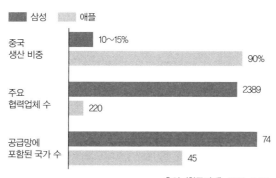

출처: 〈한국경제〉, 2020. 4. 30.

들 간에 경쟁을 통한 혁신과 생산성 향상을 유도하는 모델을 선택하고 있다. 애플은 파트너들 수가 220개인 데 반해 삼성은 2,400여 개이다. 생산공장도 애플은 중국에 집중하는 반면 삼성은 다변화하는 전략을 취하고 있다.

애플이나 삼성의 전략은 다르지만 자신들만의 생태계를 구축하여 진입 장벽을 구축하겠다는 목표는 같다. 파트너를 집중시켜 협력하는 애플 모델과 파트너를 분산시켜 경쟁시키는 삼성의 모델 중 어느 것이 더 효과적인가에 대해 정답은 없다. 경영 스타일의 문제라고 보아야 한다. 다만 갑작스런 코로나로 엄선된 소수 업체에게 집중 오더를 주고 대부분 중국에서 생산해온 교과서와 같았던 애플의 전략은 큰 타격을 받은 반면 생산 다변화와 경쟁 관계로 파트너들을 관리해온 삼성은 애플에 비해 타격이 크지 않았다. 위험을 분산하는 모델이 위기에는 더 효과적이었던 셈이다.

죽음의 계곡을 뛰어넘는
수익모델 만들기

플랫폼 기업의 가장 큰 약점은 수익모델을 구축하기가 쉽지 않다는 것이다. 앞서 그 이유가 플랫폼 기업의 공공성과 시장 초기의 완전경쟁에 가까운 환경 때문이라고 이야기했다. 현재 승승장구하고 있는 것처럼 보이는 많은 플랫폼 기업들도 초기에는 수익모델을 발견하기까지 죽음의 계곡이라 불리는 힘든 시간과 많은 시행착오를 거쳐왔다.

대부분 수익모델은 다음 2가지에 대해 의사 결정을 하는 것이다.

먼저 누구에게 돈을 받을 것인지를 결정해야 한다. 플랫폼 이용자인 최종 소비자에게 돈을 받을지, 서비스 공급자 혹은 공여자에게 돈을 받을지, 아니면 양쪽 모두에게 받을지, 아니면 제3자인 광고주에게 돈을 받을지를 결정해야 한다.

둘째는 돈을 받는 기준을 결정해야 한다. 정액으로 받을지, 사용량이나 빈도수만큼 정률로 받을지, 혹은 월 단위로 받을지, 일 단위로 받을지, 시간 단위로 받을지를 결정해야 한다.

플랫폼 기업이 선호하는 4가지 수익모델이 있다.

중개수수료 모델

플랫폼 공간 사용이나 매칭에 대한 서비스 대가로 수수료를 받는 모델이다. 상품을 판매하거나 상품화된 서비스를 판매하는 플랫폼이 주로 선택하는 모델이다. 대표적인 사례는 마켓플레이스 모델을 선택하는 지마켓, 네이버 같은 상거래 플랫폼, 에어비앤비나 우버 같은 자산 공유 플랫폼, 백화점, 대형 오프라인 쇼핑몰 같은 오프라인 플랫폼 등에서 사용한다.

지마켓, 네이버, 11번가 같은 마켓플레이스형 플랫폼은 입점 업체로부터 매출액의 일정 비율을 수수료로 받는다. 기본적으로 배송이나 물류 등은 공급업자들 책임이다. 다만 최근에는 물류 풀필먼트 서비스를 별도로 제공하면서 물류수수료를 받기도 한다.

이러한 수수료 외에도 광고를 통해서도 수익을 창출한다. 네이버가 상거래 서비스의 후발주자였는데도 짧은 시간 안에 국내 1위 온라인 상거래 플랫폼이 될 수 있었던 것은 스마트스토어의 수수료를 파격적으로 싸게 제공함으로써 판매업자들을 모집했고, 그 후 검색광고 등으로 수익모델을 만들면서 국내의 주력 쇼핑몰 사이트로 성장했기 때문이다.

에어비앤비는 소비자로부터 게스트 서비스 수수료로 6~12%를 받으면서 동시에 자산 공여자로부터도 호스트 서비스 수수료로 3%

를 받는다. 우버는 소비자와 운전자를 연결해주면서 사용료의 약 20%를 수수료로 받는다.

오프라인 쇼핑몰이나 한국, 일본 등 아시아계 백화점들은 대부분 수수료를 받는다. 명품의 경우는 매출액의 4~10%, 대형 SPA에게는 10~15%, 국내 패션 브랜드에게는 25~35%의 수수료로 받는다. 이 경우 운영비용은 별도이다.

소매(Retail) 모델

단순 중개를 넘어 플랫폼 사업자가 직접 상품을 매입해서 재판매하는 사업모델이다. 직접 매입에 따른 자산 투자와 재고 리스크 때문에 통상보다 높은 마진을 받을 수 있다. 자본력이 풍부할 경우 보다 나은 수익모델을 만들 수 있는 사업모델이다.

아마존, 쿠팡, 마켓컬리, 무신사, JD.COM 등은 마켓플레이스 모델과 직매입 후 재판매 모델을 병용해서 운영하고 있다. 직매입 후 재판매 모델은 직접 물류 창고를 가지고 직매입한 후 고객에게 판매하므로 로켓배송이나 새벽배송 같은 빠른 시장 대응력, 그에 따른 시장 장악력을 높일 수 있고 높은 마진을 만들 수 있으며 엄선된 상품으로 브랜드 신뢰도와 브랜드 가치를 높일 수 있다. 다만 물류 운영 능력과 많은 자본 투자가 뒷받침되어야 한다.

쏘카는 자동차를 매입하여 기존의 렌트 회사가 1일 단위로 대여하는 것을 10분 단위로 대여하고 대여비를 받는 모델을 선택하고 있다. 위워크도 사무실을 통으로 임차하고 시설을 완비한 뒤 기존 사무실 임대업자가 1년 단위로 계약하는 것에서 1개월 단위로 계약을 하고 라운지, 커피, 음료 등 부가 서비스를 무료로 제공하여 많은 스타트업이나 중소 규모 사업자들이 합리적인 요금을 내고 유연하게 사무실을 임차할 수 있는 서비스를 제공하고 있다.

구독료 모델

매월 정액을 내면 콘텐츠를 마음껏 사용할 수 있는 수익모델이다. 전통적으로는 신문이나 잡지 구독, 최근에는 넷플릭스, 웨이브 같은 OTT(Over The Top의 약자로 전통적인 케이블을 넘어 인터넷으로 TV와 동영상을 시청할 수 있는 서비스) 서비스, 스포티파이, 멜론 같은 온라인 음원 스트리밍 서비스 모델, MS 오피스나 어도비 같은 소프트웨어 라이선싱 모델 등이 있다. 주로 디지털 콘텐츠나 지적자산을 공유하는 모델로 사용량에 따라 콘텐츠의 가치가 소모되지 않는 상품에 주로 많이 활용된다. 상표권이나 지적재산권은 정량이나 정률의 라이선스 비용을 내면 지적자산을 범위와 용도에 맞게 활용할 수 있다.

물론 이런 디지털 상품 외에도 다양한 구독 서비스는 가능하다. 달러쉐이브 클럽(Dollar Shave Club)은 면도날을 매월 정기적으로 배송해주는 서비스를 통해 오랜 독점 시장이었던 질레트(Gillette)의 아성에 도전해서 큰 성공을 거두었다. 온라인 패션 유통 기업 스티치 픽스(Stitch Fix)는 고객의 스타일에 대한 정보를 수집한 후 그것을 기초로 개인화 맞춤 추천 프로그램을 통해 정기적으로 제품을 추천해서 집으로 보내고 원하지 않는 상품을 반품할 수 있는 시스템을 구축해서 큰 성공을 거두었다.

광고 모델

가장 보편적인 플랫폼의 수익모델이다. 광고 모델의 핵심 논리는 유용한 정보를 공짜로 공유하게 하여 고객을 모으고 그 고객에게 광고를 하게 해서 수익을 만들자는 논리다. 그런데 그 유용한 정보를 제공하는 데 드는 비용은 다수의 자발적인 정보 제공자들의 공짜 서비스에 의존한다. 결국 플랫폼 사업자는 마당을 제공해주고 정보 제공자와 사용자가 자발적으로 공유하게 하고 플랫폼 사업자는 플랫폼 운영비용을 감당할 만큼의 광고 수익을 얻으면 된다. 이런 사업모델은 기본적으로 사용자가 많을수록 좋아서 글로벌 혹은 권역별 독점을 이루어내는 기업만이 성공할 수 있는 모델이다.

대부분의 글로벌 정보 검색 플랫폼이나 SNS, 유튜브나 틱톡 같은 동영상 플랫폼, 게임 플랫폼, 팟캐스트나 최근 인기를 끄는 클럽하우스 같은 오디오 공유 플랫폼 등이 이 모델을 채택하고 있다. 특히 광고를 싫어하는 고객을 상대로 유튜브는 프리미엄 유료 회원제를 별도로 운영해서 정기 회비를 낸 고객에게 광고를 시청하지 않고 끊김 없이 유튜브를 시청하거나 더 수준 높은 콘텐츠를 제공하는 등 새로운 수익모델을 발굴하기도 한다.

강력한 플랫폼을 위한 자금 조달의 비밀, 레버리지 전략

플랫폼 사업의 또 하나의 가장 큰 애로 사항은 막대한 자본 투자가 필요하다는 점이다. 독점적인 플랫폼을 구축하기 위한 것이니 온라인이든 오프라인이든 막대한 투자가 필요한 것은 자명하다. 다만 오프라인 플랫폼은 부동산 자산의 점유를 기반으로 한 경우가 많아서 온라인 플랫폼보다 훨씬 더 많은 투자가 필요하지만 온라인의 경우에는 오프라인보다 훨씬 적은 투자로 훨씬 더 강력한 플랫폼을 구축할 수 있어서 매력적이다. 관건은 어떻게 막대한 자본 투자를 이루어낼 수 있느냐이다.

레버리지 전략의 이해

플랫폼 기업이 막대한 투자자본을 만들어내는 데 가장 좋으면서 중요한 전략은 남의 자본을 활용하는 것이다. 이를 레버리지

(Leverage) 전략이라고 한다. 레버리지 전략은 말 그대로 지렛대 전략인데 남의 자본인 부채를 극대화하거나 공유 자원을 활용해서 적은 자기자본을 가지고 투자수익률을 극대화하는 전략이다.

기본적으로 자본을 조달하는 방법은 첫째 회사의 지분(Equity)을 팔아서 조달하거나, 둘째 금융부채를 통해 차입하거나, 셋째 친인척이나 지인들에게 자금을 빌리거나, 넷째 상업부채를 통해 조달하거나 마지막으로 공유 자산이나 남의 자산을 싸게 이용하는 등 다양한 방법이 있다.

이들 중 조달비용을 기준으로 가장 비싼 것은 소위 투자를 통해 지분을 파는 것이고 가장 싼 방법은 상업부채나 공유 자산을 이용하는 것이다. 지금까지 성공한 대부분의 플랫폼 기업의 성공 배경에는 이러한 자본 조달 전략의 비밀이 숨겨져 있다. 사례를 들어 설명해 보겠다.

우선 오프라인 유통 플랫폼 기업인 롯데, 현대, 신세계의 성장 배경에는 핵심 레버리지 전략인 회전차 자금이 있다. 회전차 자금이란 쉽게 이야기하면 줄 돈을 늦게 주고 받을 돈을 빨리 받아 생기는 활용 가능한 자금을 말한다. 유통 산업에서 회계적으로 회전차 자금은 '(매입채무 회전일수 − 매출채권 회전일수 − 재고자산 회전일수) × 일평균 매출'로 계산하는데 매입채무 회전일수는 줄 돈을 늦게 줌으로써 생기는 여유자금, 매출채권 회전일수는 받을 돈을 늦게 받아 생기는 부족자금, 재고자산 회전일수는 재고 보유로 묶이는 자금을 의미한다.

기본적으로 백화점을 건축하는 데 투자되는 자금 외에 상품을 매입하려면 천문학적인 자금이 들어가고 그 상품을 운영하기 위한 비용도 많이 들어간다. 그런데 한국의 백화점은 매장 인테리어 투자, 상품 운영과 상품 소싱에 따른 투자자금과 재고 책임을 모두 브랜드에게 맡기고 백화점은 막대한 수수료만 챙기는 구조를 만들어왔다. 백화점은 상품에 대한 투자를 하나도 하지 않으면서도 소비자가 구매한 자금을 받아서 보유하고 있다가 1개월 뒤에 브랜드들에게 결제를 해주는 시스템을 구축했다. 1개월 매출이 1,000억 원이면 1,000억 원의 돈을 회전차 자금으로 활용할 수 있는 것이다. 백화점들은 이 자금에 자체 조달 자금을 조금 더해서 2호점을 오픈할 수 있었다. 2호점에서도 마찬가지의 회전차 자금이 생긴다. 이런 식으로 일정 규모가 넘으면 회전차 자금으로 출점을 하면서 자가발전할 수 있다. 그런데 더욱 중요한 것은 막대한 회전차 자금은 장부상 매입채무로 기록되면서 이자가 없다는 점이다.

이러한 회전차 자금의 원리로 초기 오프라인 유통 대기업들은 막대한 자산을 늘리며 독과점 체제를 만들어왔다. 이런 유통의 독과점에 자기도 모르게 기여한 수많은 입점 업체들은 애석하게도 나중에 수명이 다했다고 자신들의 돈으로 구축된 독과점 플랫폼 기업에 의해 버려지는 운명을 맞이하곤 했다.

온라인 플랫폼 기업도 마찬가지다. 최근 뉴욕에 상장된 쿠팡의 경우 그동안 3조 원 정도 투자를 받았는데 누적적자가 4조 5,000억 원이 넘는다. 그런데도 막대한 현금을 보유하고 있다. 비결은 무엇인가? 바로 회전차 자금이다. 쿠팡은 로켓배송을 하기 위해 업체로부터 물건을 매입한다. 매입한 물건은 판매 후 60일 후에 결제를 해준

다. 직매입이라는 장점 때문에 많은 업체들이 불합리한 결제 조건에
도 쿠팡과 계약을 해왔다. 쿠팡의 로켓배송 매출이 월 1조 원이라면
2조 원의 이자 없는 자금을 조달한 셈이다. 장부상 쿠팡의 매입채무
가 그것을 말해준다. 이러한 회전차 자금으로 쿠팡은 그동안 누적적
자에도 불구하고 생존해올 수 있었다.

현재까지 유통의 회전차 자금 이슈는 개별 기업 간의 거래 조건
으로 보고 공정거래법에서 다루어지지 않고 있으나 분명히 독점적
플랫폼 기업의 문제로 언젠가 중요한 이슈가 될 수 있다. 플랫폼 사
업 주체 입장에서는 멋진 전략이 전체 산업 생태계의 다른 피해자를
기반으로 한다는 점은 사회적인 문제가 될 가능성이 있다.

이러한 레버리지 효과는 비단 상거래 플랫폼에만 해당하는 것이
아니다. 예를 들어 네이버나 구글 같은 정보 제공 기반 서비스 플랫
폼 기업은 무상으로 엄청난 개인정보와 지적자산을 활용하고 있고,
유튜브, 아이튠즈, 스포티파이 등 콘텐츠 플랫폼도 엄청나게 저렴한
가격으로 콘텐츠를 활용하고 있다. 페이스북이나 인스타그램도 수많
은 개인정보나 정보 활동들을 무상으로 제공받고 있는 셈이다. 이들
은 기술 기반에 대한 적은 투자의 대가로 엄청난 개인정보나 지적자
산을 초저렴하게 제공받아 자신들의 수익모델을 구축해온 것이다.

결국 플랫폼 사업으로 성공하려면 이들처럼 어떻게 남의 자산(지
적자산 포함)이나 공유 자산 등을 잘 활용하여 레버리지를 극대화할
수 있는가가 핵심 전략이라고 할 수 있다. 모든 자산 구축을 자기자
본으로만 하려고 하는 계획은 투자자금의 부담 때문에 오히려 실패
할 가능성이 높다.

플랫폼 기업이 이처럼 타인 자본이나 공공 자산에 기반해서 성장해왔다는 점은 플랫폼 기업이 공공성을 갖는다는 이론적인 근거가 될 수 있고, 플랫폼 기업일수록 공공의 이익에 걸맞은 운영을 해야 하는 이유이다.

플랫폼 기업의 출구 전략

재무 전략의 완성은 투자 전략이 아니라 출구 전략이다. 투자하고 나서 투자금을 얼마나 잘 회수하는가가 핵심 전략이다. 그런 점에서 출구 전략은 사업 주체나 투자자, 이해관계자 모두에게 매우 중요하다.

많은 투자자와 사업가들이 플랫폼 사업모델에 매료되어서 플랫폼 구축에 투자하고자 한다. 그러나 산이 높은 만큼 골이 깊다고 플랫폼 사업모델은 독점에 성공했을 때의 장점이 많은 반면 실패했을 때 출구 전략이 쉽지 않은 사업모델이다.

'자산시장은 소프트랜딩이 없다'는 속설처럼 대표적인 자산 베이스 사업인 플랫폼 사업 또한 소프트랜딩이 없다. 소프트랜딩은 문제가 생겼을 때 충격을 최소화하면서 대처가 가능한 경우이고, 하드랜딩(Hard Lading)은 갑자기 문제가 크게 몰아닥쳐 충격이 크고 대처하기가 매우 어려운 경우를 말한다. 플랫폼 사업은 한번 문제가 생기면 쉽게 복구하거나 회복하기 힘들다. 따라서 플랫폼 사업자는 자신의 사업모델과 경쟁 상황 등을 면밀하게 주시해서 시의적절하게 전략적인 의사 결정을 내려야 한다. 작은 욕심 때문에 시기를 놓쳐버리면 회복하기가 힘들다.

먼저 플랫폼 사업은 투자받기 전에 분명하게 독점을 목표로 해야 한다. 독점을 할 수 있는 전략적인 로드맵이 분명해야 한다는 것이다. 독과점할 가능성이 없는 사업은 시작하지 않는 것이 좋다. 최소 동일 영역에서 2, 3등은 할 수 있어야 한다. 나중에 피보팅을 하면 되겠지 하는 마음으로 시작하는 것은 매우 위험하다. 콘텐츠 사업과 달리 플랫폼 사업은 완주하지 못할 거라면 아예 시작하지 않는 것이 좋다.

둘째, 야심 차게 사업을 시작했으나 시장 환경이 바뀌어서 독점할 가능성이 희박해졌다면 가능한 빨리 피보팅을 해서 사업 목표를 재설정하거나 사업을 매각하거나 그것도 안 되면 중단하는 것이 낫다. 사업 규모를 키우는 것이 능사는 아니다. 가능성이 확실한 사업은 급속히 키워야겠지만 애매한 사업의 규모를 키우는 것은 머리 위에 있는 화롯불에 장작을 보태는 것과 같다. 실패했을 때 감당할 수 없을 만큼 책임이 무거워지기 때문이다.

셋째, 어느 정도 사업 규모를 갖추었는데 경쟁에서 밀린다면 먼저 전문 플랫폼으로 전환해서 독점 가능한 새로운 틈새시장이나 새로운 영역을 찾거나, 독점 플랫폼과 경쟁할 중소 플랫폼끼리 연합전선으로 경쟁할 가능성을 찾거나 아니면 가능한 빨리 매각하는 것이 좋다. 1등 플랫폼에 매각하는 것이 가장 좋고 다음으로는 1등과 경쟁할 만한 자본력을 갖춘 경쟁 기업에 매각하는 것이 좋다.

넷째, 플랫폼으로서 성공 가능성은 낮은데 생존은 가능할 경우 플랫폼이 아닌 콘텐츠 전문 기업으로 전환하는 것도 하나의 전략적

대안이 될 수 있다

플랫폼 사업은 꿈의 사업모델이다. 그래서 웬만한 기업들은 모두 하나같이 플랫폼 기업이 되고자 플랫폼을 구축하려 한다. 투자자들도 플랫폼 기업에게만 투자하려고 한다. 그러나 플랫폼은 독점해야 생존할 수 있는 속성 때문에 카테고리별로 플랫폼으로 성공할 기업은 많지 않다. 물론 원대한 꿈을 꾸고 그 꿈에 도전하는 정신이 필요하지만 한편에서는 냉정하게 현실을 인정하고 현명한 전략적 판단을 하는 것이 중요하다.

최근 쿠팡의 뉴욕 증시 상장으로 한국의 유통 플랫폼 업계가 발칵 뒤집혔다. 쿠팡이 상장에서 확보된 자금을 가지고 공격적으로 투자해서 아마존처럼 현재 160조 원 규모의 한국 온라인 상거래 시장의 35% 정도를 차지해서 독점 기업이 된다면 거래액이 56조 원 수준이 된다. 그렇게 되면 전통적인 유통 기업인 롯데, 현대, 신세계뿐만 아니라 수많은 중소 플랫폼 기업들의 운명은 매우 어둡게 될 것이다.

이런 상황에서 전통적인 오프라인 유통 플랫폼 기업들은 어떻게 해야 할 것인가? 벌써 매물로 나온 이베이코리아의 지마켓을 인수해서 쿠팡과 경쟁할 것인가? 반쿠팡 연대를 만들어서 연합작전을 펼 것인가? 아니면 온라인 플랫폼보다는 경쟁력 있는 오프라인 플랫폼에 집중하면서 온라인 플랫폼은 쿠팡을 이용할 것인가? 언제나 문제의 해답은 어떤 목표를 세우는가에 있다. 욕심과 자존심과 욕망에 기초하기보다는 미래 유통에서 자신의 역할에 초점을 맞춰 합리적인 목표를 세워야 한다. 어떤 목표와 전략을 선택하느냐에 따라 10년 뒤 업계의 지도는 많이 달라져 있을 것이다.

중소 온라인 플랫폼 기업들의 미래는 더욱 암울하다. 왜냐하면 온라인은 오프라인보다 훨씬 완전경쟁시장이어서 고객의 이동이 빠르고 독점화될 가능성이 높기 때문이다. 실제로 코로나 영향으로 온라인 매출이 대폭 성장했던 2020년의 경우에도 네이버, 쿠팡, 쓱닷컴은 50~80% 성장을 한 반면 다른 중소 플랫폼들은 10% 내외의 성장밖에 하지 않았다. 온라인 쇼핑 플랫폼의 독점화가 가속화되고 있다는 증거이다. 이런 상황에서 현재 중소 온라인 유통 플랫폼을 운영하고 있는 경영자들의 선택지는 무엇일까? 그들의 출구 전략은 무엇일까?

중소 온라인 유통 플랫폼의 선택 옵션은 많지 않다. 전문 몰로 전환하거나 독점 가능한 틈새시장을 찾아서 생존 전략을 수립해야 하는데 쉽지 않은 상황이다. 이미 많은 세분시장에 선점자들이 있기 때문이다. 중소 온라인 플랫폼들과 연합하거나 오프라인 기업과 연합하는 것도 쉽지 않다. 다른 방법이 없다면 발전적으로 해체하는 것도 피해를 줄일 수 있는 하나의 방법이다. 여기에서도 냉정한 진단 후에 피해와 충격을 최소화할 수 있도록, 빠르게 올바른 목표를 세워야 한다.

4장

콘텐츠
사업모델

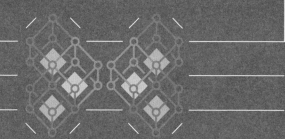

살아가면서 필요한 상품과 서비스는 모두 콘텐츠다

각종 유무형 상품과 서비스 포괄

'콘텐츠'란 단어는 보통 매우 좁은 개념으로 사용되어 왔다. 예를 들어 '한국콘텐츠진흥원'은 콘텐츠를 창의적 아이디어의 산물인 문화예술 작품을 지칭하는 개념으로 접근해 콘텐츠산업 육성 정책을 지원하고 있다. 이때 콘텐츠산업은 영화, 게임, 문화예술, 패션산업 등을 말한다. 온라인에서의 콘텐츠는 온라인 플랫폼을 채우는 각종 정보와 이미지 등 내용물을 말한다. 상품에 대한 사진, 상세 이미지, 설명서 혹은 동영상, 그래픽 등을 지칭하기도 한다.

플랫폼 사업모델이 그릇을 만드는 것이라면 콘텐츠 사업모델은 그 그릇에 담길 내용물인 상품이나 서비스를 제공하는 것이다. 이 책에서 콘텐츠 사업모델이라고 할 때 콘텐츠의 개념은 앞에서 이야기한 협의의 개념을 포함하되, 더 포괄적인 의미를 담은 광의의 개념이다. 인간이 살아가는 데 필요한 각종 유무형의 상품과 서비스를 모두 포괄하는 의미로 콘텐츠라는 개념을 사용하고자 한다.

인간은 플랫폼 위에서 콘텐츠를 소비하며 살아간다. 인간이 소비하는 콘텐츠는 유형와 무형이 있다. 유형 콘텐츠는 의식주와 같이 인간 생존에 필요한 각종 상품들이다. 무형 콘텐츠는 문화예술, 게임, 스포츠 등 인간의 삶을 풍요롭게 해주는 서비스 상품들이다.

콘텐츠 기업은 규모와 종류가 다양하다

콘텐츠 기업은 이러한 콘텐츠를 만들어 인간의 필요와 문제를 해결하고자 하는 기업들이다. 플랫폼 기업이 대규모의 자산에 기반한 사업모델이어서 주로 대기업 형태를 가지고 있다면, 콘텐츠 기업은 플랫폼 기업과 달리 개인이나 중소 규모의 기업들이 창의성에 기반하여 각종 콘텐츠를 생산해내는 사업모델이므로 기업의 규모와 종류가 다양하다. 애플이나 현대차와 같은 거대 기업도 있지만 소공인이라고 하는 수많은 개인 기업들도 콘텐츠 기업이라고 할 수 있다.

플랫폼 기업과 콘텐츠 기업은 공생 관계다. 플랫폼 기업의 경쟁력은 얼마나 좋은 콘텐츠 기업을 유치했는가에 달려 있고, 콘텐츠 기업의 경쟁력은 얼마나 좋은 플랫폼에 입점하는가에 달려 있다. 따라서 서로가 공생할 수 있는 적절한 거래 조건을 잘 구축하고 협상하는 것이 중요하다. 이러한 콘텐츠 기업은 콘텐츠의 속성에 따라 상품, 문화, 서비스, 운송, 기계 및 건축 콘텐츠 기업 등으로 나눌 수 있다. 그리고 기타 기업의 규모와 성장 단계에 따라 몇 가지 기준으로 구분할 수 있다.

상품 콘텐츠 기업:
필수재와 사치재, 소비재와 내구재

가장 대표적인 콘텐츠 기업은 인간이 살아가는 데 필요한 상품을 만들어서 제공하는 기업이다. 상품은 필요성에 따라 살아가는 데 필수적인 생필품과 필수적이지는 않지만 삶을 풍요롭게 해주는 사치품으로 나뉜다. 그리고 내구성에 따라 수명이 짧은 소비재와 수명이 1년 이상인 내구재로 나눌 수 있다.

필수재와 사치재는 마진율에서 차이가 난다. 필수재는 경쟁이 심하고 차별화 요소가 낮아서 마진이 적은 반면, 사치재는 차별화 요소가 강해서 마진이 높다. 소비재와 내구재는 회전율에서 차이가 난다. 소비재는 수명주기가 짧아서 회전율이 높고, 내구재는 수명주기가 길어서 회전율이 낮다.

사치재: High Margin

③ 사치 내구재	① 사치 소비재
• 대형 가구 • 대형 가전 • <u>스포츠, 레저</u> • 자동차 용품 • 특수 상품	• 패션 • 뷰티 • 건강 • 홈패브릭 • 원예 • 애견용품
④ 필수 내구재	② 필수 소비재
• 주방 • 소형가전, 가구 • 문구·완구 • 정리·수납 • 공구·철물 • 하우징	• 식품 • 일용 잡화 • 뷰티 잡화 • 패션 잡화 • 모바일 액세서리 • 애견식품 • 욕실, 청소, 세탁

내구재: Low Turnover (왼쪽) 소비재: High Turnover (오른쪽)

필수재: Low Margin

필수재, 안정적이지만 경쟁이 치열하다

필수재는 말 그대로 생활하는 데 없어서는 안 될 의식주와 관련된 생활필수품이다. 대표적으로 식품, 음료, 일용 잡화, 각종 액세서리, 욕실·청소·세탁 용품, 주방 관련 상품들, 문구·완구, 정리·수납, 공구·철물 등이다.

필수재 시장은 보통 수요가 많고 안정적이어서 경쟁이 치열하다. 그 결과 표준화가 많이 진행되어 일상용품화되어 있으므로 마진을 높게 받기 힘들다.

필수재는 생활에 밀접한 상품인 만큼 유통 채널도 집 근처에서 구매하는 경향이 있고 표준화가 잘되어 있다. 또한 일용상품화된 상품군의 속성 때문에 근린 슈퍼나 잡화점, 문구점, 할인점, 온라인 플랫폼 등 많은 유통 채널의 주력 상품이 되어왔다.

사치재, 고관여 제품, 충성고객 확보가 중요

여기서 사치재는 일반적인 의미의 럭셔리한 상품을 의미하기보다는 필수적이지는 않지만 보다 풍요로운 삶을 누리고자 하는 인간의 욕구를 충족해주는 상품군이다. 고급 패션 브랜드나 화장품, 건강식품을 비롯해서 인테리어를 꾸미는 홈패브릭, 대형 가전이나 대형 가구, 가드닝 관련 제품, 고급 애견용품 등이 사치재라고 할 수 있다.

사치재는 소비자 취향에 따라 구매가 결정되므로 수요 예측에 실패할 리스크가 있고 고급 제품이므로 재고 리스크도 커서 기회비용을 상쇄하기 위해 보통 마진을 높게 받는다.

사치재는 주로 고관여 제품(소비자가 상품 구매 시 관심을 가지고 신중하게 구매하는 경향을 가진 상품)이어서 전문적인 판매 서비스가 필요한 상품이 많다. 또한 아무 데서나 유통되는 것이 아니라 백화점이나 전문점 등 상품에 대한 전문 지식을 가지고 대면 서비스가 가능한 유통 채널을 통해 유통된다. 사치품은 온라인 시장에서도 아마존이나 라쿠텐, 쿠팡 등 종합몰보다는 조조타운이나 무신사 등 전문 몰을 통해 구매하는 경향을 보이고 있다.

럭셔리 상품들은 초기 온라인 시장에서 주목을 받지 못하다가 파페치(Farfetch)나 네타포르테(Net-A-Porter)와 같은 고급품을 전문으로 판매하는 온라인 채널들이 생겨나면서 럭셔리 제품의 중요한 유통 채널이 되어가고 있다. 특히 나이키 같은 파워 브랜드는 아예 D2C를 미래의 핵심 전략으로 내세워 아마존에서 판매를 중단하고 오프라인의 도매(Wholesale) 거래선도 축소하면서 자사 몰인 나이키닷컴(NIKE.com)을 중심으로 판매하는 중요한 변화를 보이고 있다. 사치품 시장은 브랜드 가치를 중심으로 독립적인 플랫폼을 강화하면서 고객들과 직접 의사소통을 하고 충성고객을 확보하려는 전략에 따라 유통 채널을 관리하고 있다.

소비재, 회전이 높은 앵커 상품, 근린 상권에 적합

소비재는 한마디로 사용하면서 없어지는 상품이다. 제품 수명주기가 아주 짧은 상품이어서 자주 반복 구매를 해야 하므로 회전율이 매우 높다.

소비재이면서 필수재인 식품은 종류에 따라 차이가 있지만 거의 주 1회는 반복 구매를 해야 하므로 월 4회전, 연 50회전 정도 한다. 식품은 마진이 아주 박한 상품이지만 높은 회전율 덕택에 동네 수퍼마켓처럼 영세한 가게들도 생존할 수 있다.

소비재이면서 사치재 시장은 사실 사업을 하기 가장 좋은 시장이다. 패션이나 화장품, 건강기능식품, 애견용품, 가드닝 제품 등은 시즌에 따라 한 번씩 구매해야 하므로 회전율이 꽤 높은 편이다. 그리고 기본적으로 사치품 성격을 가지고 있어서 마진도 상대적으로 높은 시장이다. 이러한 매력 때문에 오프라인에서는 독립 브랜드 매장들이 가능해 그동안 오프라인 프랜차이즈 사업모델의 대상이 되어왔다. 다만 이러한 매력적인 상품의 속성 때문에 최근 온라인을 중심으로 너무 경쟁이 치열해져서 점점 회전율은 둔화되고 마진율은 축소되는 경향을 보이고 있다. 그래서 소비재 시장도 사치재로서 확실한 이미지를 가진 고급 브랜드와 필수재 성격의 대중 브랜드로 양극화되는 경향이 있다.

소비재 시장은 소모성 있는 상품의 특성 때문에 배후 인구가 적어도 사업이 가능하다. 근린 상권만 가지고도 사업이 가능해서 지역 밀착의 유통 채널을 통해 많은 상품들이 유통된다. 소비재 상품은 고객들을 자주 매장에 불러오는 효과가 있기 때문에 주력 상품 혹은 앵커 상품이나 마케팅 상품으로 자주 활용된다.

내구재, 회전율이 낮아 광역 상권, 전문점 유통

내구재는 소비재와 달리 제품 수명이 긴 제품을 말한다. 보통 제품 수명이 1년 이상이면 내구재로 분류할 수 있다. TV, 냉장고, 세탁기 같은 대형 가전이나 침대, 식탁, 책상, 소파 같은 대형 가구들, 컴퓨터, 노트북, 핸드폰 같은 디지털 가전, 텐트, 자전거, 자동차, 골프채, 테니스 라켓 같은 레저 스포츠 용품, 식기, 조리도구 같은 주방 용품, 공구, 철물 같은 각종 하드웨어 제품 등을 말한다.

내구재는 보통 회전율이 낮아서 사업적인 매력은 적다. 다만 대형 가전이나 가구, 텐트, 자전거, 골프채 등 내구재이면서 사치재인 상품군은 회전율은 낮지만 마진이 좋고 단가가 높은 장점이 있다. 회전율이 낮으니 배후 인구가 충분히 많아야 하고 일반적으로 부피가 커서 주로 광역 상권을 대상으로 한 백화점이나 외곽의 전문점을 중심으로 유통되는 경향이 있다. 목적 구매 성격을 가지고 있어서 주차장이 완비된 외곽의 전문점이어도 찾기만 쉬우면 고객들이 찾아가는 경향이 있다.

회전율이 낮은 내구재이면서 마진도 낮은 필수재인 상품군은 사업적인 매력이 많이 떨어진다. 주방용품이나 문구·완구, 소형 가전, 정리·수납, 공구·철물 등은 보통 주력 상품이기보다는 방문 고객에게 구색을 보여주는 용도로 많이 활용된다. 주로 슈퍼마켓이나 잡화점 등 근린 상권의 구색 상품으로 유통되고, 수명주기가 길어서 오래 보관하고 팔 수 있는 반면 자금이 묶이는 단점이 있다. 다이소 같은 초저가 할인점은 내구재여서 회전율이 낮지만 필수재인 상품들을 품질을 낮춘 대신 초저가로 공급해서 소비재화함으로써 회전율을 높이는 전략으로 성공한 사례이다.

문화 콘텐츠 기업:
타임 킬링 상품을 찾아라

문화 콘텐츠 기업은 무형의 문화 상품을 만들어서 제공하는 기업이다. 문화 콘텐츠는 인간의 삶을 풍요롭게 하고 감성적이고 정서적인 욕구를 충족해주는 무형의 상품이다. 표면적으로는 여유 시간을 의미 있고 가치 있게 보내는 타임 킬링 상품의 속성을 가지고 있다.

대중문화 콘텐츠

영화, 드라마, 음반과 같은 대중문화를 기획하고 제작하고 유통하는 기업들이 최근 주목을 받고 있다. 넷플릭스, 웨이브, 티빙 등 OTT 플랫폼의 발달은 자연적으로 그 플랫폼을 통해 유통시킬 콘텐츠를 필요로 하게 되고, 그러한 대중문화를 기획하고 제작하는 전문 기업들이 탄생했다. CJ ENM의 계열사인 스튜디오드래곤(Studio Dragon)이 대표적이다. 이 기업은 코로나로 CGV와 롯데시네마, 메가박스 등 오프라인 멀티플렉스들이 문을 닫는 최악의 상황에서도 넷플릭스 등 온라인 영상 콘텐츠 유통 플랫폼을 통해 〈킹덤〉을 필두로 〈스위트 홈〉, 〈스타트업〉, 최근의 〈빈센조〉까지 많은 히트작들을 연달아 성공시키면서 저력을 보여주고 있다.

음반 부문은 전통적인 SM, YG, JYP 등 대형 기획사 3사에 더해서 BTS의 성공으로 일약 스타가 된 빅히트 엔터테인먼트가 있다. 이들 기획사는 대중문화를 이끌 스타들을 발굴해 훈련한 다음 등용시켜서 한류라는 글로벌 대중문화를 만들어왔다. 이들이야말로 21세기가 문화의 세기이고 매력을 무기로 한 문화권력으로 이동한다는 것을 일찍이 발견하여 새로운 금맥을 캔 혁신가들이다. 처음엔 음반을 기초로 한 가수의 등용문이었지만 이제는 스타가 된 가수들이 배우, MC, 인플루언서 등 다양한 부분으로 활동 영역을 넓혀가고 있다. 일부 기획사들은 드라마와 영화 제작까지 사업 영역을 확대하고 있다.

게임 콘텐츠

게임 또한 아주 중요한 문화 콘텐츠 중 하나다. 게임 전문 시장조사 업체인 뉴주(NEWZOO)의 '2020년 글로벌 게임시장 보고서'에 따르면 2020년 글로벌 게임시장 규모는 1,593억 달러(약 190조 원)로 전년 대비 9.3%로 큰 폭의 성장을 했다. 한국 시장은 2020년 약 17조 원 규모로 약 9% 정도 성장했고 수출도 8조 원 내외가 될 만큼 중요한 역할을 하고 있다. 2019년 기준 한국의 세계 시장 점유율은 6.2%로 미국(20%), 중국(19%), 일본(12%), 영국(6.3%)에 이어 5위를 차지했다.

기기 및 세그먼트별 시장 전망/전년 대비 성장률

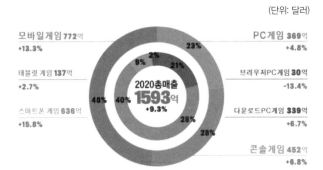

출처: '2020 글로벌 게임시장 보고서', 뉴주(newzoo)

　　한때 사행성 사업이라고 부정적인 논란을 불러일으켰던 게임 산업은 이제 4차 산업혁명의 핵심 산업군으로 변신했다. 게임업계를 주로 이끌고 있는 엔씨소프트, 넥슨, 넷마블 등 빅3 기업에 더해 최근 상장을 준비하고 있는 크래프톤은 창업한 지 10여 년 만에 20조~30조 원의 기업가치를 이끌 만큼 큰 부가가치를 만들어내고 있다.

　　최근 게임 산업은 주로 모바일 게임을 중심으로 성장하고 있고, 단순히 개인 차원의 게임이 아니라 다수가 함께 게임을 하며 승부를 겨루는 이스포츠(E-Sports)로 진화하고 있다. 최근엔 로블록스(ROBLOX)와 같은 메타버스 플랫폼의 구축으로 게임이 메타버스의 핵심 콘텐츠로 부각되고 있다.

스포츠 콘텐츠

스포츠 또한 일종의 문화 콘텐츠 사업으로 날이 갈수록 중요해지고 있다. 일상에 지친 현대인들에게 신체적·정신적인 건강을 함께 지킬 수 있도록 해주는 스포츠는 현대인의 라이프스타일의 중심을 이루고 있다. 먼저 직접 스포츠를 즐기는 두 스포츠(Do Sports) 영역으로서 골프장, 축구장, 야구장, 배드민턴장, 테니스장 및 헬스장, 요가센터 등 스포츠를 할 수 있는 플랫폼을 구축하는 사업이 있다. 여기에는 스포츠, 아웃도어 레저 관련 용품을 제작하고 판매하는 유형의 상품 콘텐츠 사업도 포함한다. 둘째는 직접 스포츠를 즐기기보다는 스포츠를 관람하기를 원하는 관중을 위한 프로페셔널 스포츠(Professional Sports) 영역이 있는데 미국의 MLB, NFL, PGA, 유럽의 프로축구 리그(European League), 한국의 프로야구(KBO)나 프로축구(K-League)와 같은 프로 스포츠 구단을 운영하는 것이다. 이러한 프로 스포츠 콘텐츠는 사회적인 영향력과 마케팅 효과, 네트워크 효과 등 보이지 않는 무형의 가치가 매우 큰 문화 사업 영역이다.

관광 레저 여행 콘텐츠

관광 산업은 원가가 적게 들면서 많은 고용 효과와 수익을 낼 수 있는 매력적인 문화 사업 영역이다. 물론 관광이나 레저 산업이 발전하려면 관광 레저 플랫폼이 구축되어야 한다. 그러나 아무리 좋은 관광 자원과 레저 시설이 있더라도 그 자원을 활용해서 콘텐츠화하지 못하면 사업모델로서 성공하기 힘들다.

한류의 신화를 만드는 데 주춧돌 역할을 한 〈겨울연가〉의 배경이었던 남이섬은 관광 콘텐츠의 좋은 성공 사례이다. 관광 레저 산업은 영화나 드라마와의 컬래버레이션이 중요한 역할을 한다. 문화 산업은 상호 융복합했을 때 시너지 효과가 매우 크다는 것이다. 주로 TV 예능 프로그램들이 주요 관광지를 배경으로 게임을 하면서 관광지에 스토리를 입히고 자연스럽게 소개를 하면 예능도 콘텐츠가 풍성해지고 관광자원도 영화나 드라마를 통해 전 세계인에게 홍보를 할 수 있는 시너지가 생긴다.

전주는 전통 한옥촌이라는 콘텐츠를 발전시켜 세계적인 관광도시가 되었고, 최근 서울의 고궁과 쇼핑 거리들, 음식점들이 외국인들에게 소개되면서 관광객 수가 급증하고 있는 것은 최근 폭발적인 관심을 모았던 이날치 밴드처럼 이미 우리가 가지고 있는 자원들을 콘텐츠화해서 효과적으로 홍보를 잘한 결과들이다.

그런데 사업적인 관점에서 이런 도시나 고궁, 유적지 같은 관광자원과 레저 시설, 테마파크 등은 그 자체로는 플랫폼 비즈니스 성격이고 막대한 자본 투자가 필요하다. 이런 관광자원에는 주로 지자체나 정부에서 투자를 한다. 민간기업은 공공자산인 관광자원 플랫폼을 활용해서 그 관광자원에 콘텐츠를 입혀서 사업모델을 만들 수 있다. 이처럼 관광, 레저, 여행 산업에서 공공과 민간이 서로 플랫폼과 콘텐츠로 협력한다면 좋은 사업 기회들을 찾을 수 있다.

IP 콘텐츠(브랜드, 저작물, 캐릭터, 디자인, 예술품 등)

지적 자산은 대표적인 문화 콘텐츠 중 하나이다. 주로 개인의 저작물이나 예술작품 등 개인에 귀속된 지적 자산과 상업 디자인, 캐릭터, 브랜드 등 조직의 소유인 기업화된 지적 자산을 통칭한다. 말 그대로 자산이므로 지적 자산을 양도하거나 사용할 수 있는 권리를 팔아서 수익을 창출할 수 있다.

다른 문화 콘텐츠가 기업화된 사업모델을 갖춘 사례를 많이 보여준 것에 비해 지적 자산은 개인의 창의성에 기반을 둔 것으로 개인이나 소그룹 단위의 사업모델을 만들 수 있다. 개인기업이나 소규모 창의적인 집단으로도 지적 자산을 통해 막대한 부가가치를 창출할 수 있는 영역이다.

실제로 최근 전 세계적으로 선풍적인 인기를 끌고 있는 핑크퐁 아기상어 캐릭터의 경우 ㈜스마트스터디라는 10년 차 된 유아동 디지털 콘텐츠 전문 스타트업이 개발했는데, 2020년 9월 장외시장에서 기업가치를 8,100억 원으로 평가받았다. 이것은 한때 아이들의 대통령이라 불린 뽀로로의 브랜드 가치와 맞먹는 수준이다. 성공한 캐릭터의 가치는 어느 플랫폼의 가치에 뒤지지 않는다.

중요한 것은 지적 자산인 콘텐츠를 통해 이러한 가치를 만들어내는 데 투자된 자원이 그렇게 크지 않다는 것이다. 이처럼 캐릭터와 같은 성공적인 지적 자산의 경우 투입 자본 대비 창출된 경제적 가치는 플랫폼이나 기타 상품 콘텐츠에 비해 훨씬 높다.

서비스 콘텐츠 기업:
패키지화하라

서비스 산업의 영역은 매우 넓다. 광의로 본다면 플랫폼 사업, 플랫폼을 지원하는 서비스 사업, 콘텐츠화된 서비스 사업을 모두 포함한다. 여기서는 콘텐츠화된 서비스 사업에 대해 설명하고자 한다. 이것은 서비스가 하나의 상품처럼 패키지화되어서 거래되는 서비스를 말한다.

패키지화된 서비스라 함은 상품처럼 표준화되어 있고, 정해진 가격으로 상호 거래가 가능하며 시스템으로 관리되는 서비스를 말한다. 예를 들면 세스코라는 기업은 벌레 퇴치 서비스 상품을 고객에게 판매한다. 상품을 구매하면 정기적으로 방문하여 벌레를 퇴치해준다. 병원에서 판매하는 건강 진단 상품, 증권회사의 펀드 상품, 보험회사의 보험 상품, 학원의 커리큘럼 등은 모두 콘텐츠화된 서비스 상품들이다.

건강관리 서비스

고령화가 진행되고 소득의 증가로 건강한 삶에 대한 욕구가 늘어나면서 건강관리가 삶의 최우선 순위가 되어가고 있다. 여기에 발맞춰 투자업계에서도 제약·바이오 기업에 대한 관심이 급증하고 있다. 바이오 헬스케어 산업을 미래 한국의 주력 성장 산업으로 키워야 한다는 컨센서스가 있는 것이다.

글로벌 건강 관련 시장 규모는 2019년 기준 약 2,000조 원에 이르는 거대 시장이다. 이 중 약 66%인 1,300조 원이 제약 및 바이오 시장이고, 22%인 450조 원 정도가 의료장비 시장, 나머지 진단 등 의료 서비스 시장이 12%인 약 250조 원이다. 최근 IT 기술을 바탕

• 글로벌 헬스케어 시장 현황 및 전망(2019~2020년)

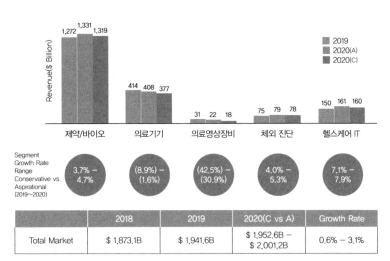

	2018	2019	2020(C vs A)	Growth Rate
Total Market	$ 1,873.1B	$ 1,941.6B	$ 1,952.6B – $ 2,001.2B	0.6% – 3.1%

2020(A): Aspirational(낙관적 전망), 2020(C) Conservative(보수적 전망)
출처: Frost&Sullivan, Post-pandemic Global Healthcare Market Outlook 2020, 2020. 7

으로 의료 서비스인 스마트 헬스케어 시장이 성장 중이다.

제약 사업과 의료장비 사업이 건강 관련 상품 콘텐츠 시장이라면 체외 진단 및 헬스케어 IT 같은 스마트 헬스케어 시장은 서비스 콘텐츠 시장이다. 최근 건강관리 시장은 과거의 치료 중심 시장에서 진단과 예방 및 건강관리 시장 중심으로 패러다임이 바뀌면서 서비스 콘텐츠 시장이 급성장하고 있다. 특히 개인들의 건강관리 데이터를 기반으로 한 맞춤형 건강관리 서비스, IBM의 왓슨(Watson)과 같은 인공지능을 통해 질병을 진단하고 처방하는 서비스, 원격 의료, 각종 건강관리 앱, 피트니스, 요가 등 각종 헬스케어와 같이 예방에 초점을 둔 서비스 상품들이 주목을 받고 있다.

건강 관련 사업에 관심 있다고 해서 상품 시장인 제약·바이오 산업에 진입하기는 쉽지 않다. 왜냐하면 인간의 생명을 다루므로 미국의 FDA나 한국의 식품의약품안전처와 같은 정부의 엄격한 감독 하에 이루어지므로 높은 기술 수준을 갖추어야 한다. 더구나 글로벌 차원에서 미국의 존슨앤존슨(Johnson&Johnson), 머크(Merck)나 독일의 화이자(Pfizer) 같은 선진국 기업에 의해 독과점이 이루어져 있다. 반면 서비스 시장인 스마트 헬스케어 시장은 병원이나 중소 규모 기업이 얼마든지 도전해볼 만한 사업 기회가 있다.

공동체의 감염병 예방을 위한 방역, 노인치매 관리를 비롯한 주민 건강관리 등을 담당하는 보건 서비스는 공공의 성격이 커서 정부의 역할이라고 할 수 있다. 특히 보건 서비스는 코로나 팬데믹 상황에서는 측량이 불가능한 국가적 손실을 가져오므로 감염병 예방과 진단 시스템 등은 국가의 핵심 과업이 되었다. 노령화에 따른 요양 및 노인 건강관리 문제도 개인이 감당하기 힘든 부분이 많아 국가 보건 정책의 핵심 사업이 되었다.

그러나 이런 보건 서비스는 비록 국가가 주도하지만 실행은 다양한 민간업체가 하므로 작은 사업 기회들이 있다. 예를 들면 요양병원 운영, 방역, 치매 환자 요양 간호 등 다양한 서비스를 민간업체에 위탁해서 수행하고 있다. 다만 이러한 사업들은 대기업들보다는 개인기업 수준에서 할 수 있는 서비스 사업들이다.

건강 관련 콘텐츠로서 의료 서비스와 보건 서비스는 공동체에 미치는 영향이 너무 중요하고 크기 때문에 정부의 감독과 정책에 지대한 영향을 받는 사업이다. 더구나 한국에서는 아직 영리병원이 합법화되지 않아 제약·바이오 산업 이외의 서비스 사업에서 큰 기업의 탄생을 기대하기는 쉽지 않다. 그러나 크게 보면 정부가 품질과 가격을 관리해주기 때문에 진정한 서비스로 차별화 경쟁을 할 수 있는 사업 영역이기도 하다. 최근에는 병원에도 브랜딩 개념이 도입되고 IT 시스템을 기반으로 현대적인 경영 시스템이 도입되어 수준 높은 고객관리 시스템으로 많은 혁신적인 서비스들이 등장하고 있다. 그 결과 한국의 가성비 있는 의료 서비스를 받기 위한 의료 관광 사업도 활성화되고 있고, 선진화된 의료 서비스와 기술을 통째로 해외로 수출하는 시도들도 많아지고 있다.

자산관리 서비스

가장 돈이 되는 서비스는 자산관리다. 자산이라 함은 부(Wealth)가

저장되어 있는 형태를 말하는데 크게 4가지다. 부동산(토지, 건물, 주택 등), 동산(자동차, 가전, 가구, 의류 등), 현금(즉시 인출 가능한 예금 등), 유가증권(주식, 국가 & 기업 채권, 개인간 채권, 보험증권 등)이 그것이다.

개인이나 기업의 재산을 관리해주는 자산관리 서비스는 은행, 증권회사, 투자자문사, PEF(Private Equity Fund)나 VC(Venture Capital) 같은 펀드 회사, 보험회사, 부동산 회사 등이 제공한다. 이들 기관들은 플랫폼 성격도 있지만 본질은 자산관리 서비스라는 콘텐츠를 제공하는 사업이다. 다시 말하면 은행의 잘 설계된 상품, 증권회사의 엄선된 투자 상품, 보험, 펀드, 부동산 중개 서비스 등은 패키지화된 서비스이고, 이들 기업의 성패는 콘텐츠로서 패키지화된 서비스 상품 개발에 있다. 이런 금융기관들이 업의 본질을 콘텐츠가 아닌 플랫폼으로 보고 사업을 한다면 더 좋은 자산 서비스 상품을 내놓는 경쟁자에게 시장을 내어줄 것이다.

자산관리 서비스들이 직면한 가장 큰 과제는 여러 가지 위험으로부터 자산가치를 지키고 증식하는 것이다. 최근 주기적인 경제위기로 미국 등 선진국들이 무제한 돈을 찍어내는 양적 완화(중앙은행이 국채 매입 등을 통해 시장에 직접 돈을 푸는 정책)를 하면서 통화량이 급증함에 따라 자산 가격이 급등하면서 자산가치가 많이 상승했다. 그러나 점차 경기가 회복하면서 인플레이션 우려가 대두되고 그 결과 금리 인상이 예견되면서 그동안 급등했던 자산 가격이 폭락할 가능성이 높아지고 있다. 이처럼 경제가 급변하는 상황에서 어떻게 자산가치를 보전하고 투자 수익을 극대화할 것인가? 이러한 문제에 대한 솔루션을 제공하는 서비스는 수준 높은 지적 자산과 정보 능력을 요구

한다. 따라서 자산관리 서비스는 부가가치가 상당히 높은 콘텐츠 사업모델이 될 수 있다.

지식 및 교육 서비스

지식 서비스 또한 수준 높은 콘텐츠 사업모델이 될 수 있다. 여기서 지식 서비스란 여러 가지 정보를 활용해서 문제 해결을 위한 솔루션을 제공하는 것으로 정의할 수 있다. 대표적인 지식 서비스 기업은 컨설팅 전문회사, 법률 전문회사, 회계 및 세무 전문회사, 디자인 및 설계 전문회사 등이다. 이들 지식 서비스 기업들은 다양한 사례와 실전 경험들을 데이터베이스로 축적해서 경쟁자들에 비해 훨씬 정확하고 신속하게 설득력 있는 솔루션을 제시하는 것으로 차별화하고 있다.

지식 서비스 기업으로는 컨설팅 기업은 맥킨지, 보스턴컨설팅그룹, 베인앤드컴퍼니처럼 글로벌 플레이어가 있는 반면 다양한 분야에 수많은 중소 컨설팅 기업과 1인 컨설팅 기업들이 있다. 법무법인이나 회계법인, 세무법인은 통상 국내법 기준이므로 국내에서 법무법인의 김앤장, 태평양, 광장 등과 회계법인의 삼일, 삼정, 안진 같은 소수의 대기업과 수많은 중소 및 1인 기업들의 양극화 구조로 되어 있다.

미래에는 대형 지식 서비스 기업을 떠나 전문적인 지식을 가진 지식인들이 유튜버 등의 플랫폼을 활용해서 독특한 콘텐츠로 개인 브랜드를 만들고 사업화하는 것이 일반화될 것이다. 결국 개인들도 콘텐츠의 경쟁력만 가진다면 얼마든지 개인 브랜드를 만들어 사업할 수 있는 좋은 환경이 된 것이다.

지식 서비스와 함께 교육 서비스도 좋은 콘텐츠 사업모델이다. 특히 학구열이 높은 한국의 경우 사교육 시장이 비정상적으로 비대해져서 사교육 서비스가 공교육 시스템을 무력화하는 수준까지 발전해왔다. 교육은 의료나 보건 서비스처럼 국가의 의무 중 하나이므로 원칙적으로 공교육을 중심으로 하고 사교육이 보조하는 구조가 바람직하다. 따라서 현재의 비정상적으로 비대화되어 있는 사교육 시장은 장기적으로 크게 조정될 가능성이 높다. 특히 코로나로 인한 비대면 온라인 교육 시장의 성장과 출생률의 급격한 감소로 인한 대입 시장의 변화, 대학의 구조조정 등 변수가 많은 시장이다.

미래의 사교육 시장은 주로 온라인을 중심으로 경쟁력 있는 콘텐츠를 개발하는 방향으로 성장할 가능성이 크다. 콘텐츠 내용도 단순히 지식을 암기하는 것이 아닌 다양한 타깃별, 수준별, 영역별 교육 콘텐츠들을 개발하여 사업화하는 기회들이 넘쳐날 것이다. 왜냐하면 지식과 정보의 양이 폭증하는 시대에 교육은 평생의 기본 활동이 되어야 하고 많은 콘텐츠들이 필요하기 때문이다.

디지털 콘텐츠 기업:
IoT, 로봇과 인공지능에 주목하라

이제는 디지털 기기를 떠나서 살 수 없는 세상이 되었고, 더불어 디지털 콘텐츠 시장도 지속 성장하고 있다. 디지털 콘텐츠 시장은 크게 디지털 하드웨어 시장과 디지털 소프트웨어 시장으로 나뉜다. 디지털 하드웨어의 대표적인 상품은 컴퓨터, 노트북, 스마트폰과 IoT 기술이 탑재된 TV, 로봇청소기, AI 스피커, 냉장고, 세탁기 등 디지털 가전제품들, 스피커, 이어폰, 외장용 저장장치, 모니터, 프로젝터 등 디지털 액세서리들이다.

디지털 하드웨어 시장에서 기회를 찾아라

디지털이 사회를 혁신하는 원리는 정보의 통합(Integration)을 통해 프로세스와 기능들을 단축하는 것이다. 디지털의 통합하는 속성 때문에 과거 녹음기, 카메라, 온도계 등 많은 기능들이 스마트폰 안에 통합되어 생활을 매우 편리하게 해준 장점이 있는 반면, 사업 기회 관점에서는 소수 대기업으로 시장이 집중되고 많은 작은 시장들이 사라져버렸다. 디지털 하드웨어 시장의 주력 상품들은 애플, 삼성, LG 등 글로벌 플레이어 간 경쟁이어서 후발주자가 끼어들 기회가 없다. 다만 스피커, 시계, 측정기기, 로봇청소기 등 소형가전 시장이나 배터리, 이어폰, 휴대폰 케이스 등 디지털 액세서리 상품들의 경우 전문기업이나 중소기업에게도 기회가 조금 남아 있다.

디지털 소프트웨어 시장의 대표 상품은 컴퓨터나 스마트폰의 하드웨어를 가동시키는 윈도우, iOS, 안드로이드 같은 운영 소프트웨어(OS, Operation System), 문서 작업, 그래픽, 오디오, 동영상, 데이터, 설계, 프레젠테이션 등 각종 작업을 도와주는 응용 소프트웨어가 있다.

이외에도 기업에서 기본적으로 사용하는 의사소통 프로그램인 그룹웨어(Groupware), 경영관리 프로그램 BI(Business Intelligence), ERP(Enterprise Resource Planning), CRM(Customer Relationship Management), SCM(Supply Chain Management), POS(Point of Sales), WMS(Warehouse Management System), FMS(Factory Management System) 등 다양한 업무 지원 프로그램들이 있다.

인공지능에 관심을 가져라

디지털 소프트웨어의 가장 발전적인 형태는 빅데이터 분석 시스템과 이에 기반한 인공지능 프로그램일 것이다. 미래에는 인공지능이 하나의 상품화된 콘텐츠로서 응용 소프트웨어처럼 다양한 시스템에 장착해서 사용하는 시대가 올 것이다.

소프트웨어 중 운영체제와 응용 프로그램은 고도의 지식이 집약된 것으로 기술적인 난이도와 진입 장벽이 매우 높은 디지털 콘텐츠다. 운영체제와 응용 프로그램은 마이크로소프트, 애플, 어도비 등 소수의 기업이 독과점하고 있다. 이에 반해 기업에서 사용하는 그룹웨어나 경영관리 프로그램들은 비록 SAP나 오라클(Oracle) 등 글로벌 기업이 압도적인 시장점유율을 차지하고 있지만 SDS, LG CNS 등 전문 SI(System Integration) 회사들이나 중소 소프트웨어 개발회사들도 진입할 기회들이 있다.

운송 콘텐츠 기업:
친환경, 자율주행에 주목하라

자동차, 선박, 항공, 드론 등 모빌리티 장비들은 비록 규모는 거대하지만 하나의 콘텐츠 성격을 가지고 있다. 이들 모빌리티 시장은 기본적으로 글로벌 경쟁 시장이다. 고도의 기술과 디자인이 집약된 최첨단 산업이기 때문이다. 최근 모빌리티 산업의 가장 큰 이슈는 친환경과 자율주행이다.

자동차, 새로운 참여자 등장

자동차는 그동안 화석연료인 석유자원에 기반한 내연기관에서 전기차와 수소차로의 전환이 이루어지고 있고 자율주행차의 상용화 또한 눈앞에 두고 있다. 자동차 시장이 전기차 중심으로 재편된다면 세계 자동차 시장의 지형에 큰 변화가 올 것으로 예상된다. 왜냐하면 기존의 내연기관 자동차는 기능이 복잡한 만큼 후방 지원 사업들이 많았고 수많은 중소기업에게 고용 창출의 기회를 주었지만 전기자동차는 배터리와 반도체 시스템에 의해 움직이므로 후방 경제 효과가 많이 축소될 것이기 때문이다.

자동차 제조 시스템이 간소화되면 그동안 소수의 메이저 자동차 메이커들이 과점하던 시장에 새로운 참여자들이 많아져서 자동차가 트렌디한 상품으로 변화될 가능성도 있다. 벌써 애플카와 구글카 이야기가 나오고 있는데 나중에 삼성카, LG카, 샤넬카, 루이비통카가 나오지 말란 법이 없다.

선박, 럭셔리 시장을 노려라

조선 산업에는 벌크선이나 컨테이너선, 원유나 LNG 운반선, 석유시추선 등 화물선, 모터보트와 요트, 유람선, 초대형 크루즈선 등 여객선 등이 있다. 우리나라는 화물선 부문에서 LNG 운반선, 친환경 연료인 LNG 추진선이나 쇄빙선, 석유시추선 등 초대형 고부가가치 화물 선박에서 압도적인 기술적 우위를 가지고 있다. 이러한 초대형 화물 선박 중심의 시장 전략 때문에 조선업에서는 3개 업체가 독점하고 있고 중소 조선업체는 존재감이 없다.

조선업계에서 글로벌 1위 국가임에도 내수시장이나 아시아 시장을 목표로 한 여객선이나 크루즈선 등을 건조할 전문화된 조선소가 없다는 것은 아직도 조선업 시장에 기회가 있다는 것을 말해준다. 왜냐하면 삼면이 바다인 우리나라와 수많은 섬으로 이루어진 일본, 필리핀, 인도네시아 등을 비롯한 아시아 각국은 중소형 여객선 수요가 충분한 시장이기 때문이다. 특히 여가와 관광을 목표로 한 럭셔리 요트나 유람선과 크루즈선 등의 건조는 미래에 우리가 공략할 수 있는 좋은 시장이다.

항공, 새로운 운송기기의 탄생

항공 산업은 대형 상용 여객기 시장과 비즈니스용 개인 여객기 시장, 그리고 군용 및 우주항공 시장 등이 있다. 현재 대형 상용 항공기는 미국의 보잉(Boeing), 유럽의 에어버스(Airbus)가 독점하고 있고, 캐나다의 봄바르디어(Bombardier), 브라질의 엠브레어(Embraer)는 비즈니스 목적의 개인용 항공기 시장을 독과점하고 있다. 여기에 중국의 COMAC(Commercial Aircraft of China), 러시아의 UAC(United Aircraft Corporation) 같은 우주항공 및 군용 전투기 제조사들도 민간 상용 여객기 시장에 뛰어들면서 대륙을 가지고 있는 국가들 중심으로 상용 항공기 사업이 경쟁하고 있다. 우리나라도 최근 KAI(Korea Aerospace Industries) 중심으로 항공 산업을 육성하고 있는데 우주항공 및 군용 전투기 시장을 목표로 하고 있다.

상업용 항공기 시장과 별도로 최근 드론 기술이 발달하면서 새로운 항공 산업이 기대되고 있는데, 먼저 물류용, 소방용, 농업용, 군사용 드론 등 다양한 특수 목적 드론 시장의 가능성이 열리고 있다. 더불어 최근 현대자동차가 도심 항공 사업(UAM, Urban Air Mobility)에 관심을 보이면서 단순히 자동차와 항공기의 개념이 아닌 도심 모빌리티 개념의 플라잉카 같은 새로운 운송기기의 탄생을 예고하고 있다.

기계 및 건축 관련 콘텐츠 기업: 전문화, 차별화하라

기계 산업은 지속 성장 가능한 영역이다

기계는 인간의 노동을 도와주는 도구로 산업 발전과 생산성 향상의 원동력이 되어왔다. 1, 2차 산업혁명의 역사는 곧 기계 산업의 역사라고 할 수 있을 정도다. 기계 산업은 크게 각종 공구나 용기, 보일러 같은 금속 제품들, 내연기관, 동력 전달, 유압기계, 공작기계 같은 산업용 기계, 경운기, 트랙터 같은 농업용 기계, 굴삭기, 불도저, 크레인 같은 건설용 기계, 재봉틀, 편직기 같은 섬유용 기계, 반도체용 기계, 발전기, 전선, 조명 등 전기 기계, 의료용 기기, 정밀 측정 기기, 사진 및 광학 기계 같은 정밀 기계 등 다양한 기계 산업들이 있다.

기계 산업의 꽃은 기계와 인공지능을 결합한 로봇 산업이라고 할 수 있다. 이미 상당 부문 로봇에 의해 자동화된 공장들이 가동되고 있다. 앞으로도 로봇을 활용한 기계 산업의 재편은 커다란 성장 기회가 있다.

이러한 기계 산업은 수요가 제한되어 글로벌 마켓을 대상으로 사업을 할 수밖에 없어서 글로벌 경쟁 시장이라는 특징을 가지고 있다. 그리고 전문화된 사업 영역이어서 진입 장벽이 상대적으로 높기에 한번 독과점을 하면 지속 성장 가능한 사업 영역이다. 기술력이 발달한 미국, 독일과 일본 기업들이 기계 산업에 주도권을 가지고 있는데, 우리나라의 중소기업들도 충분히 도전해볼 만하다.

건축 산업은 플랫폼 위에 콘텐츠를 구축하는 사업이다

건축 산업은 주택, 상가, 공장 등 공간을 만드는 산업으로 의식주의 필수품 중 하나를 제공하는 중요한 사업이다. 건설 산업은 철도, 도로, 항만, 터널, 지하철 등 사회 인프라를 구축하는 필수 산업이다. 건설 사업이 주로 플랫폼을 구축하는 사업이라면 건축은 그 플랫폼 위에 주거 공간이라는 콘텐츠를 구축하는 사업이라고 할 수 있다.

우리나라의 건축은 획일적인 아파트 중심의 공동주택으로 되어 있어서 공간 구조의 디자인적인 차별화가 많지 않은 약점이 있다. 그래서 최근 내부 인테리어를 통해 차별화하려는 욕구들이 많아져서 내부 인테리어 시장이 많이 발전하고 있다. 미래에는 교외의 단독주택 형태의 다양한 건축 문화가 형성될 가능성이 높다. 획일적인 아파트가 아닌 환경 친화적이고 디자인적으로 차별화된 공동주택에 대한 수요도 있을 것이다. 공동주택 부문은 대기업들이 주도하고 있지만 중소형 공동주택과 단독주택 시장에는 중소 기업과 개인들도 충분히 도전할 수 있다.

콘텐츠 기업의
5가지 특징

콘텐츠 사업은 여러 가지 면에서 플랫폼 사업과 상반된 특징을 가지고 있다. 대표적으로는 다음 5가지 특징이 있다.

트렌디한 사업이라 제품 수명주기가 짧다

콘텐츠는 속성상 소비되는 성격을 가지고 있다. 상품도, 서비스도 소비가 되면 새로운 것으로 채워져야 하는데 소비자들은 늘 새로운 상품을 원하기 때문이다. 예를 들어 식료품이나 패션, 생활용품 중 시즌 상품은 매 시즌 새로운 디자인과 상품을 출시해야 한다. 비시즌 상품도 주기적으로 디자인 혁신을 통해 소비자의 변화에 대한 욕구를 만족시켜야 한다. 비록 식품이나 패션보다 변화의 주기는 길지만 다른 디지털 상품, 운송, 기계 같은 하드웨어 상품들도 경쟁력을 유지하기 위해서는 기술과 디자인 혁신으로 새로운 상품을 내놓아야 한다.

이러한 이유로 콘텐츠 상품은 제품 수명주기가 매우 짧은 특징을 가지고 있다. 제품 수명주기가 짧은 것은 기존에 사업하는 기업 입장에서는 힘들고 변화가 심해서 안정적이지 않다는 단점이 있다. 반면 늘 새로운 시장이 만들어져서 성장할 기회가 주어진다는 점과 시장 진입을 원하는 기업에게는 늘 새로운 수요와 기회가 존재한다는 긍정적인 요소도 있다.

콘텐츠 시장에서 새로운 상품을 출시할 때는 트렌드를 파악하는 것이 중요하다. 트렌드란 고객들의 변해가는 취향의 흐름이다. 고객들의 취향은 사회적 이슈나 기술적인 이슈, 디자인 이슈 및 늘 새로움을 추구하는 욕망에 따라 주기적으로 변해가는 속성을 가지고 있다. 때론 글로벌 트렌드 주도 그룹들에 의해 제안되기도 한다. 이러한 트렌드의 힘은 생각보다 강하다. 콘텐츠 기업들은 기본적으로 트렌드를 고려해서 전략을 수립해야 한다.

이처럼 콘텐츠 시장은 외부적으로 변화가 심해서 불안정한 경영 환경에서 생존해야 하는 과제를 안고 있다. 누가 어떻게 늘 변화하는 시장 환경에서 안정적으로 소비자의 관심을 이끌어낼 수 있는가가 기업 생존의 가장 중요한 요소인 것이다.

사람 중심 사업이다

콘텐츠 사업은 상품을 통해 기능과 디자인 면에서 소비자의 마음을 사로잡을 수 있는 매력을 제공하므로 기본적으로 기술과 디자인이 핵심이다. 그런데 이러한 기술과 디자인은 사람이 가지고 있다. 따라서 콘텐츠 사업은 전적으로 사람에 의해 성패가 좌우되는 사람 의존형 사업이다.

콘텐츠 사업이 핵심 인재에 의해 성패가 좌우된다는 것은 기업 내부적으로도 안정적인 구조를 만들기가 쉽지 않다는 것을 의미한다. 왜냐하면 그 핵심 인재가 변심할 가능성이 상존하기 때문이다. 만약 핵심 인재가 변심했는데 그보다 뛰어난 인재 확보에 실패한다면 사업의 미래가 불투명해질 수 있다. 따라서 콘텐츠 기업은 핵심 인재를 확보하고 양성하고 유지하고 대안을 준비하는 일이 경영의 가장 중요한 일 중 하나이다. 때로는 그 핵심 인재의 창의성이 고갈되었을 경우 전략적으로 인재들을 교체하기도 한다.

콘텐츠 사업이 소수의 핵심 인재에 의존한다는 것은 다른 의미에서 진입 장벽이 매우 낮다는 것을 의미한다. 큰 자본이 드는 것이 아니므로 소수의 역량 있는 사람들이 얼마든지 창업할 수 있기 때문이다. 특히 유통 플랫폼이 잘 갖추어진 수많은 재능 있는 개인들이 홀로 혹은 소수의 팀을 구성해서 창업을 하는 경우가 많아졌다. 이들을 소공인(小工人)이라 부른다.

과거에는 대량생산된 상품을 지역에 판매해서 생활하는 소상인(小商人)들이 많았다면 온라인 유통 등 유통 플랫폼 기업들이 직접 소비자에게 판매하면서 소상인의 영역은 줄어드는 대신 유통 플랫폼들이 필요로 하는 새로운 상품 콘텐츠에 대한 필요를 해결해주는 소공인들이 증가하게 된 것이다. 이러한 소공인의 급격한 증가는 콘텐츠 시장을 완전경쟁에 가까운 시장으로 바꿔나가고 있어서 콘텐츠 기업은 내외부적으로 변화가 심한 경영 환경 속에서 생존해야 하는 숙명을 가지고 있다.

일시적 독점으로 마진이 좋은 기술, 디자인 기반 사업이다

일반적으로 가치 창출 방법에서 개발(R&D)은 가장 높은 가치를 만들 수 있는 기능인데, 대부분의 콘텐츠 사업은 개발을 기반으로 하고 있다. 그러나 개발 기능은 실패할 경우 위험도 그만큼 커진다. 콘텐츠 중 일부 일상용품이나 생필품 등은 상대적으로 안정적인 시장이어서 저위험 저수익 구조도 있지만 콘텐츠 시장은 언제나 지속적인 혁신을 통해 새로운 가치를 만들 수 있는 잠재력을 가지고 있는 시장이어서 플랫폼 기업에 비해 훨씬 높은 수익률을 기대할 수 있다.

기본적으로 콘텐츠 시장은 시장 참여자들이 많고 완전경쟁에 가까운 시장이어서 이익을 내기 어려우나 기술과 디자인을 혁신하면 기술 특허와 디자인 의장 특허 등에 의해 일시적으로 독점할 기회가 있다. 이러한 독점 판매 기간 중 기업은 혁신에 투자한 비용을 회수하고도 남는 훨씬 많은 이익을 남길 수 있는 것이다. 특히 상품 콘텐츠보다 게임이나 문화 콘텐츠 등 무형 상품 콘텐츠의 경우 성공했을 때의 보상은 막대하다.

예를 들면 무형 상품 시장에서 대표적인 게임 콘텐츠 기업인 엔씨소프트의 경우 2020년 매출 2조 4,000억 원에 영업이익이 8,300억 원으로 영업이익률이 34%에 육박한다. 반면 온라인 최고 플랫폼 기업인 네이버는 2020년 매출 5조 3,000억 원에 영업이익 1조 2,000억 원으로 영업이익률 23%이다. 콘텐츠 기업이 플랫폼 기업보다 11% 높다.

유형 상품 시장에서도 상품 콘텐츠 기업인 휠라(FILA)는 코로나로 피해가 컸던 2020년 기준 매출 3조 800억 원에 영업이익 3,900억 원으로 영업이익률 12.7%인 반면 오프라인 유통 플랫폼 기업 신세계는 매출 4조 8,000억 원에 영업이익 884억 원으로 영업이익률은 1.8%에 불과하다. 온라인 종합 상거래 플랫폼 중 거의 유일하게 이익을 내는 이베이코리아의 경우도 2018년 기준 매출이 약 10조 원에 영업이익 486억 원으로 약 5% 정도의 영업이익률을 기록하고 있다. 유형 상품 시장도 온오프라인 상관없이 콘텐츠 기업의 이익률이 플랫폼 기업에 비해 훨씬 크다.

콘텐츠 기업의 3가지 혁신

콘텐츠 기업이 혁신을 만드는 방법은 기술 혁신과 디자인 혁신, 그리고 경영 혁신 등 3가지가 있다. 이들 중 단연코 기술은 하이테크 상품이나 디지털 상품 등에서 혁신을 통해 엄청난 가치를 만들어내는 가장 중요한 요소이다.

기술은 기본적으로 과학과 공학 지식에 기반을 둔 것으로 최근 정보기술인 IT(Information Tech), 생명공학 기술 BT(Bio Tech), 나노 소재 기술 NT(Nano-Tech), 환경 에너지 기술 ET(Environmental Tech), 우주항공 기술 ST(Space Tech), 문화 콘텐츠 기술 CT(Culture Tech)를 중

심으로 많은 투자와 혁신이 일어나고 있다. 기술에는 원천 기술도 중요하고 원천 기술을 상품에 적용하는 응용 기술, 조립 기술, 융합 기술 등 다양한 수준과 범위의 기술들도 중요하다. 기술은 보통 특허로 지적 자산이 보호되어 있고 기업에게 일시적인 독점을 통해 가치를 회수할 수 있도록 해준다. 기술이 중요하지만 그렇다고 혁신적인 기술을 가졌다고 무조건 사업에 성공하는 것은 아니다. 세상에 혁신적인 기술은 이미 넘쳐나고 있는 데다 그 기술을 기반으로 성공하기 위해서는 경제성을 확보하는 관문을 통과해야 한다.

기술이 혁신을 통해 기능적인 가치를 제공한다면 디자인은 혁신을 통해 감성적인 가치를 제공한다. 디자인의 혁신이란 사물과 세상을 보는 관점을 바꾸어서 전혀 새로운 감성과 시각으로 상품을 재창조하는 것이다. 디자인과 기술이 만날 때 기술은 드러날 필요가 없고 디자인만이 드러나야 한다. 소비자는 디자인을 선택하기 때문이다. 결국 상품의 매력은 드러나는 디자인에 의해 결정되는 경우가 많으므로 상품 콘텐츠와 문화 콘텐츠에서 가장 중요한 차별화 요소는 디자인이다. 디자인은 매력으로 상품의 일시적인 독점을 통해 높은 가치를 회수할 수 있도록 해준다.

경영 혁신은 상품이나 서비스가 개발되고 생산되고 소비자에게 전달되는 전 과정의 가치사슬을 혁신하여 보다 좋은 상품과 서비스를 보다 저렴한 가격에 소비자에게 제공할 수 있는 시스템을 만드는 것이다. 아무리 기술이나 디자인 혁신을 이룬 기업도 경영 시스템이 문제가 있으면 사업에 성공할 수 없다. 콘텐츠 기업은 이상의 3가지 혁신을 지속적으로 해야 생존할 수 있다.

상품 기반 사업이므로 글로벌 시장 진출이 용이하다

'상품은 글로벌(Global)이고 서비스는 로컬(Local)'이라는 말이 있다. 상품은 물건이므로 국경을 넘어 유통되기 쉽다. 그래서 상품 콘텐츠는 글로벌 시장을 목표로 한다. 반면 서비스는 현지 사람들에게 하는 것이므로 현지인들에 의해 서비스되는 것이 바람직하다. 다른 나라 사람이 국경을 넘어 다른 나라 사람에게 서비스를 제공하는 것은 경쟁력이 없고 쉽지 않다. 서비스는 현지화가 중요한 것이다.

단적으로 삼성이나 LG, 현대는 상품 기업이다. 이들은 세계 각지에 진출해 있어서 세계적인 기업으로 인식되고 있다. 반면 SK는 에너지 서비스와 통신 서비스 기업이어서 한국에서는 유명하지만 세계인들은 잘 모르는 기업이다. 네이버나 카카오 같은 서비스 기업이 중국이나 미국에 진출하기는 것은 쉽지 않다. 예외적으로 미국의 구글이나 페이스북, 아마존이 서비스 기업이면서도 글로벌 시장을 장악한 것은 미국이라는 국력을 바탕으로 가능한 것이다. 구글은 아직 한국 시장에서 2위에 그치고, 아마존은 한국에 발을 붙이지 못했다. 이러한 서비스 플랫폼들은 중국의 알리바바, 텐센트, 일본의 라쿠텐 등 대부분 로컬 기업이 차지하고 있다. 그런 의미에서 네이버의 라인이 일본 메신저 시장을 장악하고, 지마켓 창업자인 구영배 대표가 동남아 상거래 플랫폼으로 론칭한 큐텐이 싱가포르 상거래 시장을 지배하고 있는 것은 대단한 일이다.

콘텐츠 기업의 최대 장점은 상품화되어서 글로벌 시장에 진출할 수 있다는 것이다. 자동차, 조선, 각종 전자제품 등은 글로벌 시장에서 우위를 점하고 있고, 최근 한류를 등에 업고 화장품, 패션, 식품 등 소비재도 글로벌 진출이 활발하다. 이보다 앞서 게임과 드라마, 영화, 음악 등 대중문화는 한류 붐을 일으키며 엄청난 영향력을 발휘하고 있고, 의료 서비스나 정부의 디지털 행정 서비스, 버스 중앙차로 같은 대중교통 서비스 같은 상품화된 서비스도 글로벌 수출의 대상이 되고 있다. 한국과 같이 작은 나라에서는 플랫폼 기업보다 글로벌 시장 진출이 용이한 상품 콘텐츠가 국가 경제를 위해서는 훨씬 중요한 사업이라 할 수 있다.

브랜드 기반 사업이다

진입 장벽이 낮아 경쟁이 심하고, 수명주기가 짧아 끊임없이 변신해야 하는 콘텐츠 사업의 약점을 보완해주고 마진이 좋고 글로벌 진출이 용이한 콘텐츠 사업의 강점을 극대화해주는 가장 확실한 전략은 브랜드 파워를 키우는 것이다. 단순히 상품을 파는 것이 아니라 브랜드를 만들어서 판매하는 것이다.

브랜드는 나를 다른 상품과 구별시켜주면서 가치를 더해주는 이름이다. 브랜드에는 정체성을 이야기하는 브랜드 아이덴티티(Brand Identity) 혹은 페르소나(Persona)와 소비자들에게 비쳐지는 모습인 브랜드 이미지가 있다. 일반적으로 브랜드 아이덴티티는 멋진데 브랜드 이미지는 다르게 인식되는 경우가 있다. 브랜드 관리란 브랜드 아이덴티티에 맞게 소비자들이 브랜드를 인식해서 브랜드 이미지를 갖도록 지속적으로 소비자들과 의사소통을 하는 과정이다. 물론 때론 브랜드 아이덴티티가 잘못되어 있을 경우 그것을 수정하는 것도 브랜드 관리다.

유형의 상품이든 무형의 상품이든 상품은 브랜드라는 옷을 입고 판매된다. 사실 상품 자체로는 수명주기가 매우 짧은데도 불구하고 콘텐츠 기업들이 장수하는 비결은 브랜드 구축에 있다. 브랜드는 일종의 콘텐츠 기업이 구축한 플랫폼 역할을 하고 있는 것이다. 따라서 모든 콘텐츠 기업의 최종 목표는 글로벌 브랜드 구축이다.

브랜드는 또한 자산이기도 하다. 콘텐츠 사업의 좋은 점은 상품을 팔아서 돈을 벌 뿐만이 아니라 보이지 않는 막대한 가치인 브랜드 자산을 구축하는 효과를 덤으로 얻을 수 있다는 것이다. 간혹 브랜드 자산이 보이지 않는다고 하여 소홀히 하는 경우가 많은데 브랜드 자산은 매출만큼 중요한 자산이다. 예를 들어 〈포브스〉가 2020년 브랜드 가치를 평가한 것을 보면 1위를 한 애플의 매출은 2,600억 달러인데 반해 브랜드 가치는 2,412억 달러이다. 코카콜라는 매출이 250억 달러인 데 반해 브랜드 가치는 644억 달러로 매출보다 2.5배의 브랜드 가치를 가지고 있다고 평가되었다. LVMH는 매출이 150억 달러인 데 반해 브랜드 가치는 472억 달러로 매출의 3배 이상의 브랜드 가치를 평가받았다. 반면 삼성은 매출은 2,095억 달러인 데 반해 브랜드 가치는 504억 달러로 매출의 약 24% 정도밖에 평가를 받지 못했다. 아마존도 매출이 2,605억 달러인 데 반해 브랜드 가치는 1,354억 달러로 매출의 50% 정도로 평가되었다. 이처럼 매출과 별도로 브랜드는 엄청난 가치를 가진 자산이다. 따라서 콘텐츠 사업모델이 플랫폼 사업모델에 비해 결코 매력이 뒤떨어지지 않는 사업모델이라고 할 수 있다.

콘텐츠 기업은 완전경쟁에 가까운 수많은 시장 참여자들 속에서 생존하기 위해 다음과 같은 산을 넘어야 한다.

- 어떻게 수많은 경쟁자들 속에서 시장에 성공적으로 진입할 것인가?
- 어떻게 끊임없이 변화하는 시장에서 지속적인 성장을 이루어 낼 것인가?
- 어떻게 지속 생존이 가능한 강력한 브랜드 자산을 구축할 것인가?

어떻게 콘텐츠 시장에
진입할 것인가?

플랫폼 시장도 경쟁이 있지만 콘텐츠 시장은 진입 장벽이 낮고 상품의 수명주기가 짧아 끊임없이 수많은 경쟁자들과 경쟁하면서 사업을 해야 한다. 이러한 시장에 진입을 시도하는 것은 쉽지만 진입에 안착하여 성공하는 것은 쉽지 않다. 그렇다면 어떻게 이렇게 완전경쟁에 가까운 치열한 시장에 성공적으로 진입하여 안착할 수 있을까? 몇 가지 팁을 나누어보려고 한다.

어떠한 전략도 시즌과 트렌드를 이길 수 없다

콘텐츠 사업을 시작하는 스타트업들은 처음부터 멋진 브랜드를 구축할 완벽한 사업계획을 가지고 시작하고 싶어 한다. 스타트업이 브랜드 구축을 목표로 한 로드맵을 가지고 시작하는 것은 매우 좋은 시도이다. 다만 그 로드맵보다 항상 더 중요한 것은 트렌드와 시즌

임을 잊어서는 안 된다.

콘텐츠 사업은 매년, 매 시즌 언제든지 전략적인 변화를 줄 수 있고 주어야 하므로 처음부터 로드맵에 제한되기보다는 일단 소비자의 관심과 구매를 이끌어내는 것이 더 중요하다. 소비자의 관심을 이끌어내는 것은 마치 출산 과정에서 착상이 되는 것과 같다. 착상이 되어야 영양분이 공급되고 생명이 탄생할 수 있다. 브랜드도 일단 소비자의 관심과 주목을 받아야 그다음 과정이 이루어질 수 있다. 소비자의 관심과 주목을 받으려면 일단 소비자가 관심 있어하는 트렌드와 소비자가 필요로 하는 시즌 상품을 제안해야 한다. 아무리 좋은 상품이라도 소비자가 당장 필요성을 느끼지 못하거나 관심 없는 상품은 주목을 끌 수 없다.

여기서 시즌이나 트렌드는 계절적인 변화나 사회적 이슈 등을 말한다. 예를 들어 2017년 겨울 이상 한파가 왔을 때 디스커버리는 롱패딩을 미리 준비하여 하루 매출 56억 원까지 일으키는 신기록을 세웠다. 그해 11월 매출 600억 원을 달성하는 기염을 토했다. 이상 한파를 예상하고 시즌 준비에 충실했기 때문이다.

최근 급성장하고 있는 블랭크 코퍼레이션이라는 기업은 2017년 4월 출시한 바디럽의 퓨어썸 정수기를 2019년, 2020년 인천 지역 수돗물, 녹물 및 유충 사태를 계기로 집중 판매한 결과 2020년 5월 기준 3년 누적으로 600만 개나 팔았다고 한다. 또한 이 기업은 젊은이들에게 숙면에 대한 욕구가 많다는 것을 알고 2017년 10월 마약 베개를 판매했는데 매달 6만 개 이상을 팔아 2019년 11월 기준 2년 만에 120만 개를 판매했다. 이 기업은 초기에 트렌드와 소비자들에게 이슈가 되는 상품들을 집중 판매해서 창업 3년 만인 2018년 1,260억 원이라는 경이적인 매출을 일으키는 데 성공했다. 물론 그 이후 단기적으로 급성장한 매출을 지속 가능한 브랜드로 전환하기 위해 진통을 겪고 있지만 스타트업으로서 시장에 성공적으로 안착한 좋은 사례이다.

차별화 전략

시장에서 경쟁 전략을 수립하는 모델은 크게 2가지가 있다. 첫째는 기업 외부 환경에 포커스를 둔 모델로 마이클 포터(Michael Porter)가 주창한 5 Force 모델이다. 기업을 둘러싼 5가지의 중요한 사업 주체인 공급자와의 교섭력, 구매자와의 교섭력, 기존 경쟁자와의 경쟁 강도, 신규 진입자의 위협, 대체재의 위협을 종합 검토해서 경쟁 전략을 수립해야 한다는 모델이다.

두 번째는 기업 내부 역량에 포커스를 둔 모델로 게리 하멜(Gery Hamel) 등에 의해 주창된 자원 기반 전략(Resource Based Strategy) 모델이다. 이들은 내부의 핵심 역량을 중심으로 지속적인 경쟁 우위를 가진 전략을 구축할 수 있다고 본다. 핵심 역량이라 함은 스킬과 기술 그리고 지식의 집합체로 기업이 지속 가능한 경쟁 우위를 갖기 위해서는 다음과 같은 VRIO의 조건을 갖추어야 한다고 주장한다.

- Valuable한가?: 기업이 차별화나 원가 우위로 고객에게 가치를 제공할 수 있는가?

- Rare한가?: 나와 소수의 기업만이 가질 수 있는 자원이나 역량이 있는가?
- Imitate가 어려운가?: 그 자원이 경쟁자에 의해 복제되거나 모방되는 데 비용이 많이 드는가? 즉, 진입 장벽이 있는가?
- Organized되어 있는가?: 이러한 기업의 자원과 역량을 통해 최고의 생산성을 발휘하도록 잘 조직화되어 있는가?

이러한 VRIO의 4가지 조건을 충족한 기업은 지속 가능한 경쟁우위를 가질 수 있지만 그렇지 않은 기업은 지속 가능하지 않다고 한다.

시장에 진입하려는 모든 창업자의 첫 번째 미션은 기술과 디자인의 차별화를 통해 본질적인 상품 가치의 차별화를 만드는 것이다. 그런데 기술과 디자인은 비록 특허나 상표, 의장, 실용신안 등을 통해 제도적으로 보호해준다고 하지만 완벽한 보호는 쉽지 않다. 세계 제일의 패션 기업 중 하나인 자라는 매년 유명 디자이너 브랜드의 신상품 디자인에서 뺄 건 빼고 더할 것은 더해서 약간 수정을 하여 저렴하게 출시해 엄청난 성공을 이루었다. 한때 디자인 카피 논쟁이 있었지만 카피도 일종의 크리에이티브라는 결론으로 정리되었다. 중국 가전 기업 샤오미 또한 대놓고 애플을 카피한 기업으로 유명하다. 여기서 우리는 차별화의 역설에 대해 고민해보아야 한다.

차별화의 역설은 다음의 경우를 말한다. 경쟁이 심해지다 보니 상품에서 가장 중요한 본질적인 가치는 서로 비슷해지는 본질 가치의 동질화 현상이 나타난다. 그 결과 본질적인 가치로 차별화하기는 더욱 어려워지고 본질이 아닌 비본질적인 요소의 차별화가 더욱 중요하게 된다. 예를 들어 두 브랜드가 같은 의류를 판매하는데 한 브랜드는 상품을 판매대에 쌓아놓고 팔고 다른 브랜드는 마네킹에 멋지게 디스플레이를 해서 옷걸이에 고급스럽게 걸어놓고 판다면 소비자는 후자를 선택할 것이다. 이처럼 상품의 내용 자체는 너무 비슷해서 차별화가 어려울 때 포장 디자인이나 판매 방법 등 비본질적인 요소의 차별화가 고객의 선택을 좌우하는 것이다.

비본질적인 차별화는 포괄적인 의미로 브랜드 이미지, 포장, 마케팅 메시지 등과 같은 마케팅 차별화나 경영 방식의 차별화, 기업문화의 차별화를 말한다. 상품 자체의 차별화만큼이나 그 상품을 가지고 소비자에게 어떤 브랜드로 포장해서 홍보할 것인지, 어떤 채널을 통해서 판매할 것인지, 직원들이 얼마나 세련되게, 열정적으로 서비스하도록 조직문화를 구축할 것인지 등의 마케팅 및 경영 방식의 차별화가 미래 차별화의 핵심이 될 것이다. 비본질적인 차별화는 오히려 다른 기업이 복제하기 어려운 영역이기도 하다.

상품 차별화는 유형 상품보다 무형의 문화 및 서비스 콘텐츠에서 훨씬 더 중요하다. 무형의 상품인 영화, 드라마, 음반 등 대중문화 콘텐츠와 게임, 유튜브 동영상, 웹툰 같은 디지털 콘텐츠들은 주로 온라인상에서 유통되므로 상호 비교가 쉽고 증거가 남고 전파 속도가 너무 빨라 노골적인 카피는 어렵다. 따라서 그 자체로 크리에이티브에 기반을 두어야 하고 독창성이 없거나 카피한 콘텐츠는 막대한 손해배상과 사회적 비난을 받기 때문에 이들에게 차별화는 생명이다.

대신 이들 문화와 디지털 콘텐츠의 차별화에 대한 보상은 매우 크다. 디지털 세계는 바로 글로벌 시장으로 연결되기 때문에 차별화되어 있으면서 대중적인 관심을 받은 콘텐츠 제작자는 바로 인플루언서가 되고 다양한 보상들이 뒤따라온다. 예를 들어 최근 갑자기 스타가 된 이날치 밴드는 크리에이티브 하나로 대한민국의 홍보 역사상 가장 큰 성과를 거두면서 가장 영향력 있는 스타가 되었다. 한류는 갑자기 우연히 생겨난 것이 아니라 수많은 사람들의 콘텐츠 차별화에 대한 열정이 만들어낸 값진 성과와 보상이라 할 수 있다.

원가 우위 전략

후발주자로서 경쟁자를 공략하는 또 하나의 방법은 상품 자체의 차별화가 아닌 원가 우위를 통해서 시장에 진입하는 것이다. 한마디로 가격을 낮춰서 박리다매로 경쟁자를 공략하는 전략이다. 그러나 후발주자 입장에서 규모의 경제 효과를 보기 힘든데 가격을 낮춰서 경쟁하는 것은 잘못하면 큰 실패를 불러올 수 있다. 원가 우위 전략은 제한된 조건하에서 사용하는 것이 성공 확률을 높일 수 있는 방법이다.

프로세스 혁신으로 원가 혁신

만약 시장이 유통 단계가 많아 가격이 너무 높다면 프로세스 혁신을 통해 유통 단계를 축소하여 가격을 낮출 수 있다. 사실 유통의 역사는 가격 인하의 역사였다. 월마트를 위시한 할인점은 유통 단계 혁신을 통해 백화점보다 훨씬 저렴한 가격으로 생필품 시장을 장악해 버렸다. 코스트코와 같은 멤버쉽 홀세일클럽은 소매업자 없이 직접 좋은 품질의 상품을 파격적인 도매가격으로 소비자에게 제공하고 있다.

온라인 시장의 등장 또한 배경에는 가격 비교를 통한 경쟁을 유발하여 고객에게 최저가 구매의 기회를 주기 위함이다. 최근에 온라인에서 D2C를 미래의 주력 유통 방식으로 채택하는 유명 브랜드들이 늘어나고 있는데 이는 곧 중간 소매업자들을 없애고 브랜드가 직접 소비자에게 판매하겠다는 것이다. 이를 통해 소비자와 브랜드 모두 만족도가 높아질 수 있다.

상품 포트폴리오 구성 변화를 통한 원가 혁신

또 하나의 원가 우위 전략은 상품 포트폴리오 구성을 변화시켜 가격을 낮추는 것이다. 주로 다양한 종류보다는 회전율이 좋은 기본 상품들로만 압축해서 단위당 규모의 경제 효과를 통해 가격을 낮추는 방법이다.

예를 들면 유니클로는 심플한 기본 스타일의 패션 제품을 좋은 품질로 공급함으로써 고객들의 대량 구매를 유도하여 경쟁사 대비 저렴한 가격으로 판매하는 사업모델을 통해 엄청난 성공을 거두었다. 유니클로는 고급 캐시미어 스웨터를 경쟁사 대비 1/3 수준의 가격으로 제안하여 엄청난 판매고를 올리기도 했다. 아이템당 판매량이 많아지면 판매가를 크게 낮춰도 많은 이익을 낼 수 있다는 계산이 깔린 전략이다. 생활용품 분야의 다이소도 비슷한 전략이다. 다이소는 비록 회전율이 떨어지는 플라스틱 제품 같은 내구재 상품이라도 파격적인 가격으로 판매량을 증가시킬 수 있다면 소비재 같은 효과로 박리다매를 통해 큰 이익이 가능하다는 생각을 증명해 보였다.

상품 포트폴리오를 이용한 또 다른 하나의 방법은 가격에 민감한 상품은 마진을 포기하여 가격을 낮추고 가격에 민감하지 않은 제품들은 제대로 가격을 받는 전략이다. 소위 미끼상품 혹은 로스리더(Loss Leader) 상품으로 고객들을 모으고 그 고객에게 다른 제품을 많이 팔아서 전체적인 이익을 만들어내는 방법이다. 최근에는 현명하게 가성비가 좋은 이벤트 상품들만 골라서 구매하는 체리피커(Cherry Picker) 고객들이 많아지면서 로스리더 전략의 실효성이 낮아졌다고 평가되기도 하지만 여전히 유통업계에서 많이 쓰이는 전략이다. 이외에도 묶음 판매 전략, 끼워 팔기 전략 등 다양한 원가 우위 전략 아이디어가 있다.

이러한 가격 중심 경쟁 전략은 유형 상품 시장보다 소모되지 않는 무형 상품 시장에서 훨씬 중요하고 치열하다. 예를 들어 무형 상품은 영화를 보거나 음악을 듣는다고 닳거나 소모되지 않는다. 지식의 경우는 공유할수록 더 증가하는 속성을 가지고 있다. 재미있는 스토리나 강의는 많은 사람들이 공유하면 할수록 중요해지고 재미있어지는 속성을 가지고 있다. 이런 무형 상품들의 가격 결정은 유형 상품과 많이 다르다.

대중문화 콘텐츠나 디지털 콘텐츠 등 무형 상품 시장에서 가격 전략의 목표는 이익보다 더 많은 고객의 확보에 있다. 무형 상품은 원가가 매몰비용(시설이나 인건비 등 한번 투자되면 회수하기 어려운 비용)화되어서 고정비용 성격이 되기 때문에 매출 증가에 따른 원가 증가가 없거나 매우 적다. 따라서 매출이 증가하면서 손익분기를 넘기면 바로 급격한 이익 증가로 연결되므로 매출을 극대화하는 것이 목표이다. 다만 가격을 올려서 매출을 올리기보다는 이용자를 늘려서 매출을 올리는 것이 바람직하다. 왜냐하면 이번 한 번으로 끝나지 않고 다음 콘텐츠에 대한 판매를 염두에 두기 때문이다. 처음에는 이익을 목표로 하기보다는 홍보를 목표로 하기에 파격적인 가격을 제시하는 경우가 많다.

그리고 문화와 디지털 콘텐츠 사업의 가격 전략은 철저히 소비자의 지불 의지를 예상해서 결정해야 한다. 디지털 상품에서 원가에 기초한 마진이란 중요한 의미가 없다. 그래서 제작비가 수백억 원이 드는 블록버스터급 영화도 수십억 원밖에 들지 않는 저예산 영화와 비슷한 가격을 받는다. 투자비 회수는 영화 관객 수에 기대하는 것이지 가격에 기대하지 않는다.

집중화 전략

스타트업이 시장에 진입하기 위해 알아야 할 중요한 원리는 화살촉 이론이다. 새로운 시장에 들어가려면 우선 화살촉처럼 끝이 날카로워야 벽을 뚫을 수 있다. 일단 벽을 뚫고 나서 조금씩 원하는 영역으로 확장을 해야 한다. 많은 콘텐츠 창업자들이 실수하는 것 중 하나는 첫 아이템을 성공한 이후 성공에 도취되어 마음속에 꿈꾸던 사업들을 너무 빠르게 추가한다는 것이다.

집중화 전략은 우선 목표 시장을 좁게 설정해야 한다. 전체 시장 중 가능성이 보이는 틈새시장을 목표로 가지고 있는 모든 역량과 자원을 집중해 성공해야 한다. 마치 전투에서 교두보를 마련하는 것과 같다. 교두보를 마련한 후 확실하게 주변을 장악하여 작은 틈새시장에서 지배적인 지위를 장악하고 성장 전략을 실행해야 한다.

집중화 전략은 마케팅 전략 측면에서도 의미가 있다. 마케팅의 목적은 소비자들의 인식의 사다리에 자기 브랜드를 심는 것인데 소비자들의 인식 능력에는 한계가 있어서 하나의 카테고리에 3개 정도의 브랜드밖에 인식할 수 없다고 한다. 따라서 브랜드의 목표는 각 카테고리에서 3위 이내를 해야 하는데 집중화 전략을 펴면 그 가능성이 높아진다. 그 브랜드 하면 생각나는 한 단어에 집중하기 때문이다.

집중화 전략의 좋은 예는 주변에 많이 있다. 가장 경쟁이 치열한 커피 시장에서 살아남은 이디야도 그중 하나이다. 한국의 커피 시장은 최근 수년 동안 그야말로 춘추전국시대였다고 해도 과언이 아니다. 카페베네부터 시작된 커피 시장의 붐은 최근 스타벅스의 압도적인 지배로 국내 토종 커피 브랜드들은 점점 시장에서 사라지고 있다. 그중에서 이디야 커피는 최근 매장 3,000개를 돌파하면서 국내 최대 매장을 보유하게 되었다. 이는 스타벅스의 1,270개 수준보다 2배 이상 많다. 매출도 2018년 기준 스타벅스가 1조 5,000억 원 수준인데 이에는 못 미치지만 약 8,000억 원을 넘기고 있다.

이디야가 정글 같은 커피 시장에서 생존할 수 있었던 비결은 무엇일까? 이디야는 철저히 스타벅스와의 경쟁에 집중했다. 먼저 스타벅스와 동급의 고급 커피를 30% 이상 싸게 팔았다. 매장 운영 방식은 스타벅스의 직영 방식이 아닌 프랜차이즈로 운영했다. 매장 위치는 스타벅스 매장 주변에서 임대료가 30% 이상 저렴한 곳을 임대했다. 매장 크기도 소형화해서 테이크아웃 중심으로 팔고 비용을 줄였다. 소비자들에게 이디야는 고급 커피를 저렴하게 파는 곳으로 알려지면서 신뢰를 쌓아갔다. 고급 커피를 판다는 것을 보여주기 위해 이디아 커피랩(EDIYA COFFEE LAB)이라는 커피 연구소 겸 플래그십 매장을 강남에 열어서 고객들이 체험하게 했다. 이디야는 철저히 고급 원두를 싸게 판다는 전략에 집중해서 성공한 것이다.

콘텐츠 기업의 4가지
성장 전략 옵션

　성공적으로 시장에 진입해서 기반을 구축한 브랜드는 성장 전략을 수립해야 한다. 콘텐츠 기업이 성장할 수 있는 전략 옵션은 크게 4가지 방법이 있다.

① 기존의 고객에게 기존의 상품을 업그레이드하거나 혁신을 통해 기존 사업모델을 리노베이션(Renovation)하는 방법이다.
② 기존의 고객에게 새로운 상품을 제공하여 콘텐츠를 확장하여 성장하는 방법이다.
③ 새로운 고객에게 기존의 상품을 제공하여 온라인 시장 또는 지리적으로 채널을 확장하여 성장하는 방법이다.
④ 새로운 고객에게 새로운 상품을 제공하여 기존 사업과 전혀 다른 새로운 시장에 진출하여 성장하는 방법이다.

리노베이션 전략

리노베이션 전략은 고객이나 상품군의 전략적인 변화 없이 기존의 사업모델을 지속적으로 리노베이션을 함으로써 성장하는 방법이다.

첫째, 모든 콘텐츠 기업은 주기적으로 디자인이나 신기술을 적용해 동일 아이템 내에서 신상품을 출시해야 한다. 이때 고객들의 필요와 트렌드를 파악해서 고객들에게 적중력 있는 디자인 상품을 개발해서 성장한다.

둘째, 공급망인 SCM(Supply Chain Management)을 혁신하여 원가를 줄이고 가격을 낮추어서 더 많은 고객을 확보하면서 성장하는 방법이다. 대부분 중간 거래 단계를 축소하거나 실력 있는 소싱처를 발굴하거나 공동구매를 통한 규모의 경제 확보를 통해 원가 혁신이 가능하다.

셋째, 판매망인 CRM(Customer Relation Marketing)을 통해 대고객 마케팅 전략을 혁신해서 성장하는 방법이다. 고객관리의 경우 기존 고객을 만족시키거나 감동시켜 충성고객을 만드는 방법과 신규 고객을 유치하는 방법이 있는데 전자가 훨씬 효과적이고 중요하다. 다만 매년 고객이 나이를 먹어가기 때문에 보다 젊은 신규 고객을 유치하기 위해 의식적으로 노력하는 것도 중요하다. 콘텐츠 기업이 보다 젊은 신규 고객 유치에 집중하고자 하는 이유는 젊을수록 단골고객의 고객 생애 가치(Lifetime Value)가 크기 때문이다.

마케팅 전략의 경우 마케팅 투자 효율 관점에서 미디어 전략도 잘 선택해야 한다. 3가지 미디어 전략인 직접 홍보(Owned Media), 홍

	기존 고객	신규 고객
신규 상품	**② Contents 확장** • 추가 아이템 론칭 • 추가 카테고리 론칭 　(= Line Extension)	**④ New Biz Model** • 신시장 진출 • 사업 포트폴리오 전략
기존 상품	**① Renovation** • 기존 상품 업그레이드 • SCM 혁신 • CRM 혁신 • 운영 혁신	**③ Geographical 확장** • 국내 판매망 확장 • 온라인 시장 확장 • 글로벌 시장 확장

보(Earned Media), 광고(Paid Media)에 대한 적절한 전략을 잘 구사해야한다. 직접 홍보는 자체 온라인 홈페이지나 오프라인 매장, 판촉물 등을 통해 직접 홍보하는 것으로 기본적인 투자가 필요하다. 그러나 많은 투자를 한다고 비례적으로 효과가 크지는 않다. 홍보는 언론 홍보나 SNS 홍보, 드라마 PPL(Product Placement) 등 큰 비용을 지불하지 않고 사회적 관계망이나 언론이나 입소문에 의해 홍보되는 것을 말한다. 홍보는 가능하기만 하다면 투자비용 대비 가장 효과적이다. 다만 내가 원하는 방향으로 메시지를 관리할 수 없다는 단점이 있다. 마지막 광고는 막대한 비용을 지불하고 원하는 메시지를 전달하는 것이다. 그런데 광고는 소비자들의 신뢰도가 낮다. 재미있는 것은 돈을 많이 투자하는 광고에 대해서는 소비자가 잘 믿지 않아 구매 전환율이 낮은 데 반해 역설적으로 돈을 적게 투자하는 홍보는 신뢰도가 훨씬 높아 구매 전환율이 매우 높다는 점이다. 물론 광고는 메시지를 컨트롤할 수 있지만 홍보는 컨트롤할 수 없다는 단점이 있다. 홍보의 경우 불명확한 메시지 전달, 잘못된 메시지 전달 등 사

고가 날 가능성이 높다는 것이다.

넷째, 조직이나 인력 관리 등 운영 혁신으로 성장하는 것이다. 운영 혁신이라 함은 모든 조직이 유기적으로 잘 조직되고 구성원의 역량이 잘 개발되고 발휘되어 생산성 혁신을 이루는 것을 말한다. 언뜻 보기에 운영 혁신은 성장과 무관해 보이지만 사실 성과를 내고 성장하는 것은 결국 사람이요 조직이므로 운영 혁신은 성장의 가장 기본적인 조건이다. 운영 혁신의 가장 중요한 포인트는 사람들로 하여금 성과에 매진하도록 몰입시킬 수 있는 문화와 시스템이다. 적절한 보상 시스템과 함께 합리적이고 공평한 평가 시스템, 효율적인 사내 의사소통 및 의사 결정 시스템, 무엇보다 효과적인 목표 관리 시스템 등을 말한다. 물론 이를 뒷받침할 공유된 기업문화와 조직체계 등이 중요하다. 최근에 애자일(Agile) 조직이 자주 거론되는 것은 MZ세대(밀레니얼 세대 + Z세대)들이 전통적인 수직적인 조직체계보다는 수평적이고 성과가 분명하고 일과 개인의 삶을 구분하는 기업문화를 선호하기 때문이다. 애자일 조직은 작고 유연한 기본 성과 단위를 조직의 기본 단위로 세팅하고 공정한 성과 평가에 따른 보상을 통해 우수 인재를 확보하고 생산성을 극대화하려는 기업의 고민이 담긴 조직 모델이다.

콘텐츠 확장 전략: 상품 라이프사이클 관리 전략

콘텐츠 확장 전략은 기존의 고객들에게 새로운 아이템이나 카테고리를 확장함으로써 성장하는 전략으로 콘텐츠 사업모델의 전형적인 성장 전략이다. 앞서 언급한 것처럼 콘텐츠 사업은 소비되는 상품의 특성 때문에 상품의 수명주기가 길지 않다. 그래서 콘텐츠 기업은 언제나 지속 가능성의 위험을 안고 사업을 해나가고 있는 것이다. 이런 콘텐츠 기업이 선택하는 가장 보편적인 지속 가능 전략, 즉 성장 전략은 주기적으로 새로운 콘텐츠를 개발해서 기업 수명을 연장하는 방법이다.

이런 이유로 콘텐츠 확장 전략에서 가장 중요한 것은 각 제품의 수명주기를 관리하는 것이다. 모든 상품은 도입기, 성장기, 성숙기, 쇠퇴기의 4단계 S자 성장 곡선을 가진다고 가정한다. 도입기에는 사업 기간 대비 성장 속도가 매우 느리지만 서서히 성장한다. 고객의 인지도를 높이고 선호도를 높여 시장에 안착하기 위해 많은 시간이 필요한 것이다. 도입기를 지나 성장기가 되면 성장 속도가 가파르게 높아진다. 시장에서 새로운 제품을 알아보고 입소문에 의해 고객들의 주문이 밀려든다. 기업 입장에서 가장 좋은 시간이다. 3단계인 성숙기가 되면 이제 고객들이 대부분 상품을 사용한 경험이 있고 새로운 경쟁 상품이 등장해서 고객들이 한두 명씩 이동하기 시작하면서 성장 속도가 둔화된다. 쇠퇴기는 새로움을 찾는 고객들이 식상해진 상품을 외면하고 떠나버리면서 역신장하는 기간이다.

제품 수명주기 관리에서 가장 중요한 포인트는 여러 가지 고객 서비스와 단골고객 관리, 신규 고객 유치, 브랜드 관리 등 리노베이션 전략을 통해 2, 3단계인 성장기와 성숙기의 기간을 연장하는 것이다. 그러나 이것만으로는 한계가 있다. 언젠가는 쇠퇴기가 오기 때문이다. 그럴 때 사용하는 전략이 신규 아이템이나 새로운 상품을 출시하여 기존의 상품을 스스로 대체하는 것이다. 이러한 신상품을 출시하는 전략을 사용하는 시점은 이전 상품이 성숙기로 들어가기 전에 하는 것이 좋다. 즉 성장기 후반이나 성숙기 전반 시점에서 시작해야 대체 효과가 크다고 할 수 있다.

신상품을 출시하는 방법에는 신규 아이템을 출시하는 전략과 신규 카테고리를 출시하는 전략이 있다. 먼저 신규 아이템은 같은 카테고리 내에서 새로운 아이템을 출시하는 것이다. 예를 들면 주방용품 카테고리에서 도마와 칼을 팔다가 프라이팬이나 냄비 등 새로운 아이템을 추가하는 것이다. 신규 아이템의 출시는 동일 아이템의 신규 모델을 출시하는 것보다는 범위가 넓지만 신규 카테고리로 확장하는 것보다는 범위가 좁은 특징이 있다.

또 다른 신상품 출시 방법은 신규 카테고리를 출시하는 것인데 일명 라인 익스텐션(Line Extension) 전략이라고도 한다. 신규 카테고리 출시는 동일한 브랜드명으로 추진하기도 하지만 경우에 따라서는 브랜드명에 약간의 변화를 주기도 한다. 신규 카테고리 확장은 기능적인 카테고리를 확장하는 것이 기본이지만 감성적인 카테고리를 확장하는 것도 포함한다. 이러한 라인 익스텐션을 통한 신규 카테고리 확장은 성공한 유명 브랜드들이 브랜드 자산의 활용을 극대화하는 전형적인 방법이기도 하다.

예를 들면 많은 스포츠 브랜드들은 성공한 후 아동복 라인을 론칭하기도 하고 운동화 라인이나 골프 의류 라인, 피트니스 라인 등으로 확장하기도 한다. 일부 명품 브랜드는 최고급 오리지널 라인을 유지한 채 보다 많은 고객들에게 판매하기 위해 메스티지(Mass +

Prestige) 라인을 론칭하기도 한다. 메스티지 라인은 가격을 대중들이 소화할 수 있는 정도로 낮추어서 새로운 상품을 공급하는 전략이다.

이처럼 기존 고객을 대상으로 새로운 콘텐츠를 확장하는 전략은 한번 획득한 단골고객 자산과 브랜드 자산을 활용하는 전략이므로 상대적으로 위험이 적고 성공 확률이 매우 높은 전략이다. 따라서 콘텐츠 사업가들이 가장 선호하고 가장 우선적으로 추진하는 전략이다. 이러한 콘텐츠 확장 전략이야말로 콘텐츠 사업모델의 최고 매력이라고 할 수 있다.

지리적 확장 전략: 글로벌 진출 전략

지리적인 확장 전략은 기존의 상품을 새로운 고객에게 판매하는 전략이다. 새로운 고객을 만나기 위해서는 새로운 채널을 개척해야 한다. 최근 가장 중요한 새로운 채널은 온라인이다. 온라인은 기본적으로 채널별로 국가 단위의 단일시장이 형성되어 있지만 채널별 고객군이 다르기 때문에 여러 개의 채널로 확장해야 한다. 온라인에서 지리적 확장은 채널의 확장이다. 기본적으로는 종합 채널 3~5개, 전문 채널 5~10개 내외면 주요 시장은 커버할 수 있다.

오프라인에서의 지리적 확장은 말 그대로 영업 지역을 확대하면서 그 지역 내의 유통 채널을 확대하는 것이다. 예를 들면 경상도 지역의 백화점, 쇼핑몰, 가두 전문점 채널 등으로 확대하는 것이다.

오프라인의 판매 채널을 결정할 때는 기본적으로 지역, 상권, 입지의 3가지 차원에서 검토해야 한다. 지역은 목표 고객의 범위를 설정하는 것이다. 상권은 고객과 상거래하는 구체적인 공간을 말하는 것으로 보통 같은 상거래 지역이라고 해도 A, B, C 등으로 상권의 등급을 구분해서 분석한다. 상권을 결정하는 요인은 결국 유동 고객의 숫자이다. 목표로 하는 고객이 주로 찾는 상업 지역이 좋은 상권이다. 입지는 구체적인 매장 위치다. 매장의 위치와 크기에 따라 임차 조건들이나 전략들이 달라지므로 입지는 최종적으로 가장 중요한 결정이다. 지역, 상권, 입지는 대상 상품의 성격에 따라 다르므로 판매 채널 확장을 통해 성장하려면 목표 지역, 상권, 입지에 대한 가이드라인을 미리 정리할 필요가 있다.

지리적 확장을 통한 성장 전략 중 가장 중요한 것은 글로벌 진출 전략이다. 앞서 이야기한 것처럼 상품 콘텐츠의 가장 큰 특징과 장점은 글로벌 진출이 용이하다는 것이다.

상품의 글로벌 지역으로의 확장에도 온라인을 통한 확장 전략과 오프라인을 통한 확장 전략을 함께 고민해야 한다. 가장 좋은 글로벌 전략은 우선 투자비용이 상대적으로 적게 드는 온라인으로 기반을 닦은 후 오프라인 유통 파트너를 찾아서 그들을 통해 확장하는 전략이다. 보통 글로벌 진출 전략을 수립할 때 고민하는 이슈는 직진출을 할 것인지, 아니면 유통 파트너를 찾아서 라이선싱이나 대리상 계약으로 진출할 것인지이다. 만약 해당 국가의 시장 규모가 충분히 커서 직진출 비용을 충분히 감당할 수 있다면 직진출도 좋지만 그렇지 않다면 후자의 방법이 훨씬 합리적이다. 다만 현지의 유통 파트너는 철저히 현지 기업이 좋을 것이다.

신시장 개척 모델

기존 사업과 전혀 다른 새로운 상품을 전혀 다른 새로운 고객에게 판매하여 성장하는 방법이다. 이 사업모델은 기업의 포트폴리오 전략 차원에서 검토되는 경우가 많다. 기업 차원에서 상품의 라이프사이클이 아니라 산업의 라이프사이클을 고려하여 위험을 분산하고 미래의 기회를 잡기 위한 전략이다. 사실 기업의 사업 기반은 좀 더 크게 보면 산업의 성장 기반의 영향을 많이 받는다. 특히 국토 면적이 좁은 작은 나라의 경우에는 내수시장이 제한되어 있어서 하나의 산업 기반에서 사업을 성장시켜 나가는 데 한계가 있는 경우가 많다. 그런 경우 과감하게 다른 산업 기반의 사업에 도전하는 것이다. 대부분 이런 시도는 이미 사업 기반이 구축된 작은 기업을 M&A하여 시작하는 방법을 많이 사용한다.

삼성전자의 모태는 과거에 설탕과 밀가루를 만들어 파는 제일제당과 섬유, 패션 기업이었던 제일모직이었다. 이병철 선대 회장이 과감히 반도체라는 사업에 도전하여 현재 대한민국과 세계의 디지털 시장을 지배하는 성과를 거뒀다. 두산그룹의 모체도 맥주를 판매하던 주류 회사였으나 2000년경 글로벌 인프라 구축 관련 기업으로 대전환을 하겠다는 기업 전략하에 한국중공업, 고려산업개발, 대우종합기계 등을 M&A하여 현재의 두산그룹으로 변신했다.

현재 4차 산업혁명으로 산업의 사이클이 많이 바뀌고 있다. 유형 상품 시장은 생산성 향상으로 공급 과잉 시대이고, 게임이나 웹툰, 영화, 각종 동영상 콘텐츠 등 무형의 콘텐츠 시장은 급성장하고 있다. 이처럼 산업의 흥망성쇠에 따라 과거 소니처럼 정체되어 있는 전자제품 기업에서 성장하는 문화 콘텐츠 기업으로 전환하려는 시도도 가능하다. 이런 변화는 특히 비상장 기업의 경우 경영이 2세, 3세로 승계되면서 젊은 경영 후계자들이 자신들이 관심 있는 산업으로 기업 구조를 바꾸려고 시도하면서 시작되기도 한다. 최근 한화가 태양광이나 방위, 항공우주 산업으로 그룹 성장 동력을 전환한 것도 비슷한 이유 때문이다.

이러한 신사업 전략은 기업 차원의 전략으로 매우 중요하다. 다만 쉽게 도전할 수 있는 전략은 아니다. 경영자의 명확한 비전, 이를 뒷받침할 인재와 재무적인 지원, 정부 정책과 시장 상황의 지원, 좋은 기업을 인수할 기회 등 제반 환경의 지원이 가능할 때 시도해볼 만한 전략이다.

모든 기업은 지금 사업하고 있는 산업의 기반을 분석해보고 산업의 라이프사이클에 따라 끊임없이 새로운 기회를 탐색해보는 노력과 시도가 필요하다.

강력한 브랜드 자산을
구축하는 방법

콘텐츠 기업은 늘 경쟁 환경에 노출되어 있고 끊임없이 경쟁하면서 생존을 고민해야 하는 운명을 안고 있다. 이런 콘텐츠 기업이 장기적으로 지속 성장할 수 있는 가장 좋은 방법은 강력한 브랜드를 구축하는 것이다. 강력한 브랜드는 경쟁자들 속에서 울타리 역할을 할 뿐만 아니라 여러 기업들과 컬래버레이션을 통해 작은 생태계 혹은 작은 플랫폼을 만들 수도 있는 강력한 힘을 가지고 있다. 더구나 강력한 브랜드는 매우 높은 마진을 향유할 수 있어서 만약 강력한 브랜드 구축에 성공한다면 어느 플랫폼 기업보다 매력적이고 강력한 사업모델이 될 수 있다.

브랜드 자산은 그 브랜드가 제공하는 실제적인 상품이나 서비스 가치에 더해서 그 브랜드 이름이 가져다주는 무형의 가치라고 할 수 있다. 똑같은 원두 커피인데 이디야보다 스타벅스 커피가 더 맛있어 보이는 것은 스타벅스의 브랜드 자산 때문이다.

브랜드 자산 구성 요소

브랜딩 전문가 데이비드 아커(David A. Aaker)에 따르면 브랜드 자산은 크게 5가지로 이루어져 있다.

- 브랜드 인지도
- 브랜드 충성도
- 지각된 품질
- 브랜드 연상 이미지
- 독점적 브랜드 자산

브랜드 인지도

브랜드 인지도는 사람들에게 널리 알려진 정도로, 인지도가 높은 브랜드는 일종의 신뢰감과 안정감을 준다. 브랜드 인지도가 자산인 이유는 잘 알려진 브랜드는 일단 소비자가 구매할 때 잠재적인 구매 대상 리스트에 포함되게 하는 힘이 있기 때문이다. 일반적으로 고객들은 인식의 한계로 카테고리당 세 개 정도의 브랜드까지만 인식할 수 있다고 한다. 브랜드의 목표는 해당 카테고리에 대한 고객의 인식의 사다리에서 3위 이내에 포함되는 것이다.

브랜드 인지도를 위한 마케팅 활동으로 광고, 홍보 등 모든 수단을 활용할 수 있다. 다만 인지도가 브랜드 자산의 모든 것을 해결해 주지 않는다. 인지도는 높은데 선호도가 낮을 수도 있기 때문이다. 예를 들어 아놀드 파마나 프로스펙스, 르카프 같은 오래된 브랜드는 많은 사람들이 알지만 그다지 좋아하지는 않는다. 이처럼 아무리 인지도가 높을지라도 선호도가 낮은 경우 브랜드 자산 가치를 반감시키는 효과가 있다.

브랜드 충성도

브랜드 충성도는 브랜드를 좋아하는 정도로 가장 중요한 브랜드 자산이라고 할 수 있다. 브랜드 충성도가 자산인 이유는 좋아하는 데서 그치지 않고 반복적으로 구매하여 매출을 올려주고 주위에 추천하여 또 다른 충성고객들을 확보해주기 때문이다. 주변 사람들의 추천은 어떤 광고보다도 강력한 신뢰를 주기 때문에 한 명의 충성고객은 많은 추가적인 충성고객을 확보하는 기반이 된다. 따라서 모든 브랜드의 최종 목표는 충성고객을 많이 확보하는 것이다.

충성고객을 확보하기 위해서는 고객에게 이성적인 가치, 감성적인 가치, 이념적인 가치를 제공해야 한다. 이성적인 가치는 유니클로나 자라, 이케아, 코스트코처럼 가성비(가격 대비 성능이나 품질의 정도)나 편리함 등 확실한 이익을 주는 것이다. 감성적인 가치는 애플이나 발뮤다(BALMUDA)처럼 디자인의 이상향을 자극하거나 최고급 서비스를 제공하는 호텔이나 미슐랭 스타 등급의 레스토랑처럼 수준 높은 고객 경험을 제공하여 고객과 정서적이고 감각적인 유대감을 공유하는 것이다. 이념적인 가치는 파타고니아(Patagonia)나 프라이탁(Freitag), 바디샵(Bodyshop), 러쉬(Lush)처럼 고객을 환경보호 활동, 동물 보호 활동 등 여러 가지 마케팅 활동에 참여시킴으로써 이념적인 유대감을 공유하는 것이다.

지각된 품질

지각된 품질은 상품이나 서비스의 객관적이고 실제적인 품질이 아니라 소비자들이 느끼는 품질을 말한다. 지각된 품질이 브랜드 자산인 이유는 실제 소비자의 구매에 영향을 미치는 것은 지각된 품질이기 때문이다. 지각된 품질을 높이기 위해서는 본질적인 상품이나 서비스 가치만큼 비본질적인 마케팅 요소를 중시해야 한다. 예를 들면 같은 음식인데 일회용 접시에 서빙된 음식과 고급 접시에 플레이팅된 음식은 서비스 품질이 다르다고 느낀다. 같은 상품이라도 고급스럽게 포장한 것은 비닐로 포장된 것에 비해 더 고급스럽게 느껴진다. 마켓컬리에서 파는 상품이 더 싱싱하고 고급스럽게 느껴지는 것은 상품 이미지와 포장 이미지 등을 차별화했기 때문이다. 브랜드는 지각된 품질을 높이기 위해 투자하는 것을 소홀히 하거나 그 중요성을 간과하지 말아야 한다.

브랜드 연상 이미지

브랜드 연상 이미지는 브랜드 이름을 들었을 때 소비자들의 머릿속에 연상되는 이미지를 말한다. 브랜드 연상 이미지가 자산인 이유는 브랜드에 대한 호감을 가지게 해주고 독특한 느낌을 주고 브랜드 인지도를 강화하기 때문이다. 브랜드 연상 이미지를 위해 심볼이나 로고, 캐릭터, 형태 디자인, 독특한 컬러, 인물, 메시지 등 여러 가지 도구를 이용한다. 예를 들어 애플 하면 누구나 한쪽을 베어 먹은 사과 심볼을 떠올린다. 맥도날드는 노랑 컬러와 아치 형태의 M 자를 떠올린다. 아치형 M 자는 멀리서도 맥도날드를 알아보고 찾아오게 하는 효과를 주어 맥도날드를 상징하는 대표 이미지가 되었다. 카카오는 노란색과 말풍선, 라이언, 어피치 등 카카오프렌즈의 캐릭터를 연상시킨다. 네이버는 녹색과 네모 상자를 연상시킨다. 이처럼 강력한 브랜드는 다양한 연상 이미지를 통해 소비자들이 브랜드를 시시때때로 기억하고 상상하고 서로 브랜드에 대한 이야깃거리를 만들고 대화하도록 함으로써 인지도와 충성도를 제고하고자 한다.

독점적 브랜드 자산

독점적 브랜드 자산은 특허나 등록된 상표, 디자인 의장 등록 등 다른 브랜드와 차별화하는 자산을 말한다. 특히 첨단 기술이나 제약 분야에서 특허는 천문학적인 브랜드 자산 가치가 있다. 최근(2021년) LG화학과 SK이노베이션 간의 배터리 특허 침해 소송전에서 SK이노베이션이 LG화학에게 2조 원을 배상하는 것으로 서로 합의를 했다. 기술 특허의 가치가 2조 원 이상이었던 셈이다.

명품 브랜드나 스포츠 아웃도어 등 글로벌 브랜드의 상표, 가전이나 가구 등 디자인 의장 등록 또한 천문학적인 자산 가치를 가지고 있다. 이들 독점적인 브랜드 자산은 글로벌 시장에서 법적으로 브랜드를 보호해주는 역할을 한다. 다만 국가의 지적 자산에 대한 관리 수준에 따라 보호를 못 받는 경우도 많아 국가 간 무역 분쟁의 원인이 되기도 한다.

브랜드 자산 구축 방법

브랜드 자산을 구축하기 위해서는 먼저 브랜드 아이덴티티에 대한 체계적인 설계인 브랜드 아키텍처(Architecture)가 필요하다. 브랜드 이미지가 소비자에게 비쳐진 브랜드의 모습, 소비자가 인식하는 브랜드의 모습이라면 브랜드 아이덴티티는 브랜드를 운영하는 기업이 의도한 브랜드의 정체성이다. 브랜드를 운영하는 사람은 반드시 브랜드 아이덴티티에 대한 명확한 설계도나 맵(Map)을 가지고 있어야 하고 관계된 모든 직원들에게 공유해야 한다. 그리고 브랜드 아이덴티티는 쉽게 바꾸어서는 안 된다. 브랜드 아이덴티티가 바뀐다는 것은 다른 브랜드가 되는 것이기 때문이다.

브랜드가 의도한 아이덴티티와 소비자들이 느끼는 이미지가 같거나 유사하다면 브랜드 관리를 잘한 것이고 브랜드 자산이 쌓이고 있다고 할 수 있다. 그렇지 않다면 브랜드 운영자와 소비자 인식 사이에 괴리가 있는 것이므로 브랜드 자산을 구축하기 힘들다. 그럴 경우 브랜드 이미지에 아이덴티티를 맞추거나 아이덴티티에 맞게 이미지를 인식시키는 마케팅 활동을 강화해야 한다.

브랜드 자산(Brand Asset)은 좀 더 엄밀하게 브랜드 자본(Brand Equity)과 브랜드 부채(Brand Debt)로 구분할 수 있다. 브랜드 부채란 브랜드가 소비자에게 한 약속이다. 브랜드 부채도 브랜드 자산의 일부이다. 다만 소비자에게 한 약속은 지켜져야만 브랜드 자산이 된다. 부채가 많은 기업이 부채를 갚지 못하면 부도가 나듯이 브랜드가 한 많은 약속을 제대로 지키지 못하면 오히려 신뢰를 잃고 브랜드 가치가 잠식되어 심해지면 브랜드 가치가 없어지는 결과를 가져올 수 있다.

브랜드 포트폴리오 구축: 단일 브랜드 vs 멀티 브랜드

브랜드 포트폴리오 구축이 필요한 이유 중 하나는 브랜드 수명 주기 때문이다. 개별 상품과 마찬가지로 브랜드도 수명주기가 있다. 다만 브랜드는 자산이자 하나의 생명체이므로 제품에 비해 수명주기가 상대적으로 길다. 그러나 지속적으로 성장해야 하는 기업 입장에서는 하나의 브랜드만으로는 미래를 장담할 수 없다. 마치 집의 기둥을 세우듯이 기업이라는 건축물의 기둥을 세우기 위해서는 여러 개의 브랜드 포트폴리오를 구축하는 것이 필요하다.

두 번째 이유는 브랜드 자산의 활용 때문이다. 한번 구축된 강력한 브랜드 자산은 그 자체로 엄청난 잠재력을 가지고 있다. 그런데 그러한 브랜드 가치는 가만히 있는다고 증식되거나 현금화되지 않는다. 그 자산을 잘 운용해서 가치를 증식하고 현금화해야 한다. 브랜드 자산을 활용한 가치 증식으로 가장 좋은 방법은 그 브랜드 자산을 기반으로 브랜드 포트폴리오를 구축하는 것이다.

브랜드 포트폴리오가 잘 구축되면 개별 브랜드가 가진 위험과 리스크를 다른 브랜드가 감당해주기 때문에 기업은 안정적으로 지속 성장을 할 수 있다. 문제는 어떻게 브랜드 포트폴리오를 구축할 것인가이다.

먼저 브랜드 포트폴리오를 구축할 때 의사 결정을 해야 할 가장 중요한 선택은 단일 브랜드의 라인을 확장할 것인가, 아니면 별도의 브랜드 네임으로 브랜드를 구축하는 멀티 브랜드로 할 것인가이다. 단일 브랜드 전략은 하나의 강력한 브랜드를 구축해서 다양한 시장에 동일 브랜드명으로 확장하는 것이다. 이 방법은 브랜드 자산 효과를 잘 이용하는 것으로 매우 전통적이며 효과적이다. 이 방법의 장점은 기존에 구축된 브랜드 자산을 이용하므로 확장에 드는 비용과 위험을 크게 낮추고 성공 가능성을 매우 높일 수 있다는 것이다. 약점은 너무 지나치게 다양한 시장에 진출했을 때 브랜드 가치와 아이덴티티가 희석될 가능성이 있고 어느 한 사업 부문에서 문제가 발생했을 때 전체적인 브랜드 가치에 치명적인 타격을 줄 수 있다.

일반적으로 단일 브랜드 전략은 컴퓨터, 가전이나 명품 브랜드처럼 기술적, 역사적인 신뢰도가 절대적으로 필요하거나 기계, 운송 장비처럼 신규 브랜드로 론칭 시 투자비가 커서 진입 장벽이 높은 상품들에서 주로 사용한다. 애플이나 필립스, 다이슨 등 컴퓨터, 가전 브랜드, 샤넬, 에르메스, 몽블랑 등 명품 브랜드, 벤츠, BMW, 캐터필러 등 운송 브랜드 모두 단일 브랜드로 여러 가지 상품을 출시한다.

정반대의 방법은 개별 시장마다 별도의 브랜드를 구축하는 것이다. 이 방법은 초기 론칭 비용과 리스크는 크지만 위험을 분산함으로써 한 브랜드의 위기가 왔을 때도 기업 차원의 위기 관리가 용이하다는 장점이 있다. 일반적으로 소비자들이 늘 새로운 트렌드를 기대하는 패션이나 생활용품 브랜드, 소모성 제품으로 매일 소비되는 식품이나 제약 관련 브랜드들이 많이 사용한다.

멀티 브랜드 전략의 좋은 예는 펩시콜라이다. 탄산음료 시장에서 코카콜라와 펩시콜라는 120여 년 동안 콜라 전쟁을 벌여왔는데 초기부터 코카콜라가 압도적인 점유율로 펩시를 이겨왔다. 그러나 2018년 코카콜라 매출이 319억 달러(약 32조 원)인 반면 펩시콜라 매출은 649억 달러(약 65조 원)로 펩시가 코카콜라를 2배 이상 앞질렀다. 펩시는 스낵 시장에 프리토레이, 주스 시장에 트로피카나, 이온음료의 게토레이, 건강식품 시장에 퀘이커 등 23개 이상의 브랜드 포트폴리오를 구축해서 코카콜라와의 전쟁에서 승리를 했다. 뒤늦게 코카콜라가 조지아 크래프트와 코스타 커피를 통해 커피 시장에 진출했지만 펩시의 포트폴리오 경영 전략의 승리라고 할 수 있다.

다음으로 브랜드 포트폴리오 구축 시 우선순위를 결정할 때 재무적인 성과와 브랜드 파워를 동시에 고려해야 한다.

시장은 크게 재무적인 기대 성과가 좋은 시장과 그렇지 않은 시장, 경쟁사 대비 상대적인 브랜드 파워를 높일 수 있는 시장, 즉 큰 시장점유율을 차지할 수 있는 시장과 그렇지 않은 시장으로 구분할 수 있다.

브랜드 확장의 제1순위는 재무적인 기대 성과가 높고 상대적인 브랜드 파워를 높일 수 있는 시장이다. 쉽게 말하면 돈을 잘 벌면서 시장점유율도 높일 수 있는 시장이다. 재무적인 기대 성과가 높은 시장은 성장하고 마진도 좋은 시장이다. 상대적인 브랜드 파워를 높일 수 있는 시장은 우리 회사가 상대적인 경쟁력이 있는 시장이다. 따라서 브랜드 확장을 원할 경우 당연히 제1순위 시장으로 브랜드 확장을 해야 한다.

재무적인 기대 성과는 좋은데 상대적인 브랜드 파워를 높이기 어려운 시장과 재무적인 기대 성과는 좋지 않은데 상대적인 브랜드 파

	기대 시장점유율 (브랜드 파워)	
	크다	**작다**
작다	**3순위** • 시장이 작거나 성숙되어 돈 벌기 어려운 시장 • 브랜드 파워로 시장점유율 확보가 가능한 시장	**제외** • 시장이 작거나 성숙되어 돈 벌기 어려운 시장 • 경쟁이 심해 시장점유율 확보가 어려운 시장
크다	**1순위** • 시장이 크고 성장하고 있어 이익을 만들 수 있는 시장 • 브랜드 파워로 시장점유율 확보가 가능한 시장	**2순위** • 시장이 크고 성장하고 있어 이익을 만들 수 있는 시장 • 경쟁이 심해 시장점유율 확보가 어려운 시장

기대
재무적
성과

워를 높이기 쉬운 시장 중 두 번째로 확장할 시장은 경영자의 철학과 의지에 따라 다를 수 있다. 비록 역량이 약하더라도 좋은 시장에서 경쟁하는 것이 좋다고 생각할 수도 있고 반대로 비록 시장이 재무적인 기대를 하기에 좋지 않더라도 경쟁력 있는 시장에서 독점적인 브랜드를 구축하는 것이 더 좋다고 판단할 수 있다. 재무적인 기대 성과도 낮고 브랜드 파워를 높이기 어려운 시장에는 진출하지 않는 것이 좋다.

한 가지 확실한 것은 브랜드 포트폴리오를 구축한다고 다양한 시장에 너무 급하게 진출하는 것은 바람직하지 않다는 것이다. 기업은 한정된 자원을 가지고 경영을 하므로 성공에 취해 한꺼번에 너무 다양한 시장에 전방위적으로 확장을 하거나 진출하기보다는 정상까지 가기 위해 단계적으로 접근할 필요가 있다. 우선 현재의 성공을 발판 삼아 다음으로 가장 매력적이고 성공 가능성이 높은 시장에 집중해서 두 번째 베이스캠프를 친 후 그다음으로 매력적인 시장에 진출하는 식으로 신중하게 확장 전략을 실행해야 한다.

컬래버레이션 전략: 콘텐츠 개발 목적 및 생태계 구축 목적

컬래버레이션 전략은 두 기업이 서로 힘을 합쳐서 공동으로 마케팅을 하거나 경영을 함으로써 시너지 효과를 기대하는 전략이다. 컬래버레이션 전략은 크게 2가지가 있다. 하나는 상품기획자나 콘텐츠 사업자가 무한 경쟁 시장에서 주기적으로 혁신적인 콘텐츠를 개발해내기 위한 마케팅 컬래버레이션이고, 다른 하나는 플랫폼 기업이나 경영자 레벨에서 기업이 상호 전략적 제휴를 맺어 하나의 생태계를 구축하기 위한 전략적 컬래버레이션이다.

콘텐츠 혁신의 방법으로서 컬래버레이션 사례는 주변에서 아주 많이 볼 수 있다. 서로 전혀 다른 시장에 있는 두 개의 브랜드가 고객이 겹치는 경우 이색적이고 독특한 결합을 통해 소비자들의 새로움에 대한 욕구를 만족시키는 새로운 제품을 개발할 수 있다. 2018년 오랫동안 밀가루 브랜드였던 대한제분의 '곰표' 브랜드가 컬래버레이션의 화제가 되었다. 곰표 브랜드로 의류뿐 아니라 곰표 화장품 파우더와 곰표 밀맥주가 출시되었다. 사라져가던 브랜드가 컬래버레이션으로 화려하게 부활한 사례였다.

패션업계에는 컬래버레이션이 일상화되어 있다. 대표적으로 슈프림(Supreme)이라는 스트리트 브랜드와 명품 루이비통의 컬래버레이션, 삼성의 갤럭시 Z플립과 톰브라운(Thom Browne)의 컬래버레이션, 유니클로와 질샌더의 컬래버레이션 등 다양한 컬래버레이션 전략이 시도되고 있다. 이처럼 화제가 된 컬래버레이션 전략은 대부분 큰 성공을 거두었다. 두 브랜드 모두 자신의 강점을 더해서 시너지를 만들었기 때문이다. 슈프림은 루이비통의 명성을 얻었고 루이비통은 슈프림의 젊고 창의적인 스피릿을 얻었다. 삼성은 톰브라운의 멋짐과 품격을 얻었고 톰브라운은 최첨단의 엣지 있는 라이프스타일이라는 이미지를 얻었다. 유니클로는 질샌더의 간결함과 시크함을 얻었고 질샌더는 유니클로의 대중성을 얻었다.

이러한 콘텐츠 혁신의 방법으로서 컬래버레이션 전략은 점점 더 보편화되어 이제는 신제품 개발의 기본적인 전략 중 하나가 되어가고 있다. 더 나아가 전혀 다른 업종의 브랜드를 라이선스로 하여 제품을 기획하고 만드는 사례들도 늘어가고 있다. 자연 탐사 다큐멘터리 채널인 디스커버리와 내셔널지오그래피가 한국에서 대표적인 아웃도어 브랜드로 재탄생했다. 사진필름 회사인 코닥, 케이블 뉴스 채널인 CNN도 의류 라이선스 브랜드로 출범했다. 이러한 현상은 요구되는 콘텐츠의 수요에 비해 창의적인 콘텐츠 개발의 압력이 매우 강하다는 것을 대변해준다. 다만 이러한 사례가 늘어날수록 신선도가 떨어져서 성공 확률이 낮아질 것이라는 점은 주의해야 한다.

다음으로 생태계 구축을 위한 전략적 컬래버레이션은 플랫폼 기업과 콘텐츠 기업 간의 컬래버레이션을 말한다. 플랫폼 기업은 차별화를 위해 독점적인 콘텐츠 공급망을 구축하고 싶어 한다. 그러나 콘텐츠 기업 입장에서는 어느 한 플랫폼에 매이지 않고 다양한 플랫폼에 상품을 공급하여 매출을 올리고 싶어 한다. 이러한 이해관계의 상충으로 일반적으로는 플랫폼과 콘텐츠 간 독점적인 제휴 관계가 쉽지 않다. 다만 특수 조건하에서 플랫폼 기업과 콘텐츠 기업은 다양한 전략적 제휴를 하고 있다.

먼저 콘텐츠 기업이 신제품을 출시할 경우 일정 기간, 일정 품목을 독점적으로 주력 플랫폼과 공급 계약을 할 수 있다. 대신 플랫폼 기업은 독점적인 계약의 반대급부로 집중적인 마케팅 지원이나 최소 구매액을 보장해주기도 한다. 반대로 플랫폼 기업이 필요한 상품 개발을 콘텐츠 기업에게 위탁할 수도 있다. 대신 상품 개발에 들어가는 비용 부담을 플랫폼 기업이 제공하기도 한다. 최근에는 아예 플랫폼 기업이 콘텐츠 기업의 지분을 인수하여 특수 관계 회사로 만들어버리는 경우도 많다.

최근 온라인 패션 전문 플랫폼으로 성장한 무신사는 다양한 패션 스타트업들과 컬래버레이션 프로젝트를 하고 있다. 콘텐츠의 기본 구상과 아이디어가 좋은 스타트업과 제휴를 맺어 무신사가 소액 투자를 해주고 대신 일정 기간 독점적으로 무신사에서 판매를 하는 조건으로 계약한 후 집중적인 광고와 지원을 통해 성공할 수 있도록 해주는 방식이다. 실제로 이러한 컬래버레이션 프로젝트는 꽤 성공적인 사례들을 많이 만들었다. 오프라인 유통 플랫폼 신세계와 현대백화점은 각각 신세계인터내셔널과 한섬이라는 콘텐츠 전문 자회사를 두고 나름대로 콘텐츠 차별회를 시도하고 있다. 물론 신세계인터내셔널 브랜드도 현대백화점에 입점하고 한섬 브랜드도 신세계에 입점하지만 매장 위치나 크기에서 자기 계열사의 브랜드를 핵심 브랜드로 포지셔닝함으로써 플랫폼의 차별화를 시도하고 있다.

컬래버레이션은 기본적으로 서로의 강점을 활용하자는 목적이 므로 성사되었을 때 기업의 생존에 매우 긍정적인 효과를 기대할 수 있는 전략이다. 다만 서로의 이해가 상충되는 상황에서 합의점에 이르는 조건을 찾기가 쉬운 것만은 아니다. 오직 상호 이익이 되는 윈 윈 포인트를 찾을 수 있을 때만 컬래버레이션 전략은 실행 가능하다. 이를 위해 나의 사업모델을 넘어서 산업의 생태계를 보고 상호 이익이 되는 고차 방정식을 풀려는 의지가 중요하다.

자체 플랫폼 구축 전략

콘텐츠 기업이 자체 플랫폼을 구축하는 전략은 플랫폼 기업이 자체 콘텐츠를 개발하는 전략과 유사한 형태로 나타난다. 둘 다 경쟁자와 차별화를 이루어 지속적으로 생존 가능한 사업모델을 만들기 위해 노력한 결과 같은 사업모델로 수렴한 셈이다. 그런 점에서 기업 입장에서는 자체 플랫폼 전략 혹은 자체 콘텐츠 전략은 가장 이루고 싶은 이상일 수도 있다. 다만 아무리 멋진 전략이라고 해도 모든 콘텐츠 기업이나 모든 플랫폼 기업이 이러한 전략에 성공하는 것은 아니다. 사업모델의 조건이 맞지 않으면 오히려 위험이 더 큰 사업모델이 될 수도 있으니 신중해야 한다.

오프라인 자체 플랫폼

먼저 오프라인에서 콘텐츠 기업이 자체 플랫폼을 구축하는 전통적인 사례는 직영 체인 방식이다. 자신이 개발한 상품들만으로 직영 매장을 만들어 지리적으로 확산하는 방식이다. 이러한 직영 체인 방식은 직영점을 구성할 정도의 다양한 상품 포트폴리오가 있어야 한다는 점, 투자비가 많이 든다는 점, 콘텐츠 기업의 핵심 역량인 상품 개발과 직영점을 운영하고 판매하는 역량이 많이 다르다는 점에서 쉽지 않다.

이에 대한 대안으로 등장한 것이 대리점이다. 대리점은 우리 기업의 상품들만 판매하는 소형 점포들로 판매 능력과 매장 운영 능력을 갖춘 다양한 판매업자들을 동시에 확보할 수 있어서 큰 투자 없이 단기간에 판매망을 구축할 수 있다. 다만 대리점 운영자들은 대부분 영세하고 전문성이 떨어져서 브랜드 이미지를 관리하는 데 문제가 있다. 대리점 업자들 입장에서도 한 회사의 상품만 판매하는 것에 만족하지 않고 경쟁사의 더 좋은 제품도 함께 판매하고 싶은 마음이 많아 단독 대리점을 포기하고 종합 대리점으로 전환하고자 하는 경향이 많다.

직영 체인과 대리점 체인의 장단점을 극복하고자 만들어진 사업 모델이 바로 프랜차이즈다. 혹자는 프랜차이즈 방식을 21세기 인류가 발명한 최고의 사업모델이라고까지 이야기할 정도로 강력한 모델이다. 프랜차이즈 모델의 선구자적인 기업은 맥도날드이다. 작은 햄버거 가게였던 맥도날드는 프랜차이즈 모델 방식을 체계화해서 지금의 맥도날드 제국을 만들었다. 맥도날드의 프랜차이즈 방식은 많은 사업가들에게 영감을 주었고 오늘날 여러 분야의 사업 영역에서도 프랜차이즈 사업모델을 발전시켰다.

프랜차이즈 방식은 기본적으로 브랜드 본사인 프랜차이저 (Franchiser)와 각 매장주인 프랜차이지(Franchisee) 간에 명확한 역할 분담이 이루어진다. 본사는 모든 신제품 개발 및 공급, 로케이션 선정 및 출점 결정, 운영 매뉴얼 개발, 체계화된 직원 교육 및 관리, 각종 매장 운영 지원(인원 선발, 배치, 평가, 결산, 세무, 회계 등) 등을 담당하고, 프랜차이지는 매장에 대해 투자를 하고, 매뉴얼에 따라 직원을 선발하고 영업하는 역할을 담당한다.

이러한 프랜차이즈 방식은 콘텐츠 기업이 작은 투자로 큰 레버리지를 일으켜서 영업망을 확충하는 데 가장 좋은 방법이어서 많은 콘텐츠 기업가들이 꿈꾸는 사업모델이다. 하지만 부작용으로 부실한 프랜차이즈 본사에 의해 다수의 피해자들이 발생하면서 사회적인 이슈가 되고 있다. 특히 온라인 유통 플랫폼의 발달로 오프라인 프랜차이즈 모델들은 큰 위기를 맞고 있어서 과거의 프랜차이즈 모델은 생존의 위협을 받고 있는 것이 현실이다. 아무리 좋은 프랜차이즈 모델도 온라인 환경에서 새로운 형태의 발전적인 뉴프랜차이즈 모델로 환골탈퇴하는 혁신적인 변화가 필요하다.

온라인 자체 플랫폼

오프라인에서 콘텐츠 기업의 자체 플랫폼 전략처럼 온라인에서도 자체 플랫폼 전략이 주목받고 있다. 다름 아닌 D2C 전략이다. 온라인은 속성상 중간 도매인을 없애고 제조업자가 직접 소비자를 만나는 직거래를 지향한다. 직거래를 통해 유통비용을 절감해서 고객에게 돌려줄 수 있는 것이다. 그럼에도 현실적으로 온라인에서도 직거래가 쉽지만은 않다. 왜냐하면 그 많은 공급자들이 소비자들을 직접 만난다는 것은 오히려 훨씬 복잡하고 상호 신뢰의 문제가 발생하기 때문이다. 따라서 플랫폼업자나 온라인 리테일러들의 역할이 아직도 남아 있는 것이 현실이다. 다만 이미 신뢰를 얻은 유명 브랜드의 경우 직거래가 훨씬 효과적이다.

대표적으로 최근 나이키가 모든 온라인 거래를 나이키닷컴에서 하는 것도 D2C 플랫폼을 구축하겠다는 전략이다. 나이키의 이러한 행보는 많은 럭셔리 브랜드와 스포츠 브랜드, SPA 브랜드, 라이프스타일 브랜드에 큰 반향을 불러일으키고 있다. 유명 브랜드들은 이제 D2C를 중심 플랫폼으로 구축하고 필요에 따라 선택적으로 다른 플랫폼들과 거래할 가능성이 많아졌다. 이들의 모든 의사 결정의 기준은 브랜드 이미지 관리이다. 브랜딩에 긍정적인 효과가 있는 플랫폼과 그렇지 않은 플랫폼을 구분하여 거래할 것이기 때문이다. 비단 유명 브랜드뿐만 아니라 유명 브랜드를 꿈꾸는 스타트업 브랜드조차 D2C는 최우선적으로 고려하는 콘텐츠 브랜드의 자체 플랫폼 전략이 될 것이다.

SPA와 프랜차이즈 모델

콘텐츠 브랜드의 자체 플랫폼 전략과 관련해서 논쟁 가능성이 있는 이슈는 SPA 기업의 사업모델을 콘텐츠의 자체 플랫폼 전략으로 보아야 할지, 아니면 플랫폼 브랜드의 자체 콘텐츠 전략으로 보아야 할지에 관한 것이다. 어느 쪽이든 무슨 차이가 있느냐고 생각할 수 있지만 콘텐츠 기업으로 정의하느냐 혹은 플랫폼 기업으로 정의하느냐에 따라 SPA 기업의 전략이 많이 달라질 수 있다. 플랫폼 기업으로 정의하면 가장 중요한 전략 포인트는 어떻게 고객과 소비자를 만족시킬까의 관점에서 플랫폼의 구조보다는 콘텐츠의 변화에 초점을 맞출 것이고, 콘텐츠 기업으로 정의하면 어떻게 차별화된 콘텐츠를 만들 수 있을 것인가에 집중하면서 오히려 그러한 콘텐츠에 맞추어서 플랫폼 구조를 변화시키는 전략을 선택할 가능성이 많다.

나는 SPA는 플랫폼 기업이라고 생각한다. 정의상 SPA는 소매업자(Retailer)이고 이는 곧 플랫폼 기업이라는 것이다. 플랫폼 기업이 자체 콘텐츠를 개발해서 차별화를 시도한 것으로 보아야 한다. 이는 프랜차이즈 사업모델이 콘텐츠 기업의 자체 플랫폼 구축 전략인 것과 비교된다. 둘 다 결론적으로 사업모델이 유사해졌지만 본질은 다르므로 위기 상황이 왔을 때나 중요한 전략적인 의사 결정을 할 때 해결책이 다를 수 있으므로 주의해야 한다.

콘텐츠 기업의 재무 전략:
초기 투자부터 출구 전략까지

　콘텐츠 기업은 자본보다는 사람이나 그 사람의 아이디어에 의존하는 사업모델이어서 상대적으로 소자본 창업이 가능하다. 그리고 성공할 경우 마진이 좋아 수익을 많이 남길 수 있다. 다만 성공할 확률이 높지 않다. 왜냐하면 진입 장벽이 낮아서 플레이어들이 너무 많기 때문에 무한 경쟁을 뚫고 소비자의 선택을 받기가 쉽지 않다. 그리고 성공하더라도 수명주기가 짧아서 지속 성장 가능성이 높지 않다.

　이러한 사업모델의 특징 때문에 기관투자자들이나 재무적인 투자자들의 관심이 높지 않다. 재무적인 투자자들은 창업 초기보다는 콘텐츠 창업자가 브랜드 구축에 성공해서 브랜드 가치가 어느 정도 형성되었을 때 비로소 투자하려고 한다. 그런데 성공한 콘텐츠 브랜드는 수익률이 좋아 투자자금이 필요 없는 경우가 많다. 재무적인 투자자들은 한마디로 비가 오는 날은 우산을 빼앗고 비가 그치면 우산을 주려고 하는 은행가의 행동과 같은 형태를 보인다.

콘텐츠 스타트업의 재무 전략

콘텐츠 기업의 위와 같은 특징 때문에 재무적인 투자자들로부터 투자를 받기가 어려운 콘텐츠 스타트업들은 어떻게 재무 전략을 수립해야 할까?

먼저 창업자가 정말 매력적인 브랜드 론칭 계획을 수립해서 투자자들을 찾아다녀도 투자자들의 마음을 얻기가 쉽지 않다는 점을 이해해야 한다. 투자자들은 아이디어만 보고 투자 결정을 할 수 없다. 왜냐하면 사업의 성패는 아이디어 자체가 아니라 그 아이디어를 실행하는 사람에 달려 있다고 생각하는데 아직 당신을 믿을 수 없기 때문이다. 간혹 창업자가 이전에 성공한 브랜드를 론칭해본 경험이 다수 있는 경우 투자자의 마음을 움직일 수도 있다. 결국 콘텐츠 창업과 관련된 투자는 사람을 보고 하는 경우가 많다.

그렇다면 백그라운드가 없는 창업자는 어디에서 시작하는 것이 좋을까? 벤처업계에서 초기 투자를 받을 수 있는 사람으로 3F를 이야기한다. 3F는 Family, Friends, Fool의 약자이다. 약간 농담 삼아 하는 이야기이지만 나를 아는 친인척과 나를 아는 친구 그리고 돈이 있는 바보에게서 초기 투자금을 받을 수 있다는 말속에는 나를 모르는 제삼자에게서 투자받을 생각은 하지 말라는 충고의 의미가 들어 있다. 콘텐츠 사업에 대한 투자는 나를 아는 사람만이 그나마 투자를 해줄 수 있고, 그렇지 못하면 창업을 하지 않는 것이 좋다는 말이기도 하다.

초기 투자를 받기 어려운 콘텐츠 사업은 역설적으로 투자를 받지 않고 자기가 돈을 벌어서 시작할 수 있는 사업모델이다. 콘텐츠 사업은 자금이 거의 들지 않거나 소액의 투자금만으로도 돈을 벌 수 있는 방법이 있다. 그것은 바로 영업을 통해 돈을 버는 방법으로 내가 하고자 하는 사업과 관련된 벤더(Vender) 사업을 하는 것이다. 벤더링 사업은 공급 사이드(공장과 브랜드 간 중개)에서도 가능하고 수요 사이드(브랜드와 소비자 간 중개)에서도 가능하다. 벤더링 사업은 소자본으로 단기간 내에 자본 축적을 가장 잘할 수 있는 방법이면서 동시에 내가 창업하고 싶은 그 시장에서 중요한 네트워크를 구축하고 영업 노하우를 배우며 자본을 축적하고 미래 콘텐츠 브랜드 론칭의 기초를 구축하기 위한 준비를 할 수 있는 사업이다.

벤더링 사업을 할 경우에도 레버리지 효과를 염두에 두고 거래 구조를 구축하면 자금 투자를 최소화할 수 있다. 플랫폼이든 콘텐츠이든 가능한 범위 내에서 레버리지를 극대화할 방법을 찾는 것은 사업가의 기본 자세이다.

최근 콘텐츠 창업자들이 초기 자금 조달 전략으로 관심을 가지는 방법이 클라우드 펀딩이다. 미국의 킥스타터(Kickstarter), 한국의 와디즈(WADIZ)가 대표적인 기업으로 창의적인 콘텐츠 창업자가 새로운 제품 샘플을 만들어서 소비자들에게 보여주고 소액 투자 개념으로 미리 판매 금액만큼을 투자받아서 그 자금으로 제품을 생산하고 투자자들에게 리워드 방식으로 제품을 배송해주는 시스템이다. 콘텐츠 창업자들은 초기 제품 생산에 들어가는 자금을 선입금 받아서 생산하므로 큰 자금 없이도 진행할 수 있고, 선주문을 받으므로 재고 위험이 없고, 소비자 반응을 미리 알 수 있으므로 이후 사업 진행에 많은 도움을 받는 등 클라우드 펀딩은 콘텐츠 창업자들에게 매우 중요한 플랫폼으로 자리 잡아가고 있다. 자신 있는 콘텐츠 창업자들은 이러한 플랫폼을 적극적으로 이용할 수 있다.

콘텐츠 브랜드 론칭 후 재무 전략

여러 가지 방법으로 콘텐츠 브랜드 론칭에 성공할 경우에도 콘텐츠 기업은 이후 성장 자금이 많이 필요하다. 따라서 성장 자금을 위한 조달 방법도 미리 염두에 두어야 한다. 기본적으로 자금 조달 방법은 금융권 대출, 개인적인 사채 등 남으로부터 돈을 빌리는 부채로 조달하는 방법과 회사의 지분인 주식을 팔아서 자본으로 조달하는 방법이 있다.

이 2가지 방법 중 가장 경제적인 방법, 즉 가장 싸게 자금을 조달하는 방법은 대출이다. 자본으로 조달하는 것이 가장 비싸게 자금을 조달하는 방법이다. 다만 대출은 신용을 기반으로 가능한데 스타트업들은 쉽지 않아서 최근 정부가 신용보증기금을 통해 스타트업들이 저렴하게 자금을 조달할 수 있도록 돕거나 구매 자금 대출이라고 해서 구매 자금만큼 대출을 지원하는 정책을 통해 자금 조달을 돕고 있다. 금융권 대출을 받기 위해서는 재무제표상 흑자를 내야 하기 때문에 스타트업들은 재무제표 관리도 신경 써야 한다.

만약 부채를 통한 조달이 어려울 경우 투자 유치를 통해 자본인 주식과 지분을 팔아 조달해야 한다. 기본적으로 투자 유치 대상은 재무적인 투자자, 전략적인 투자자, 개인 투자자가 있는데 재무적인 투자자는 돈 버는 것을 목적으로 하는 투자자로 보통 투자 후 3~5년 후에 돈을 회수할 계획을 가지고 있는 투자자이다. 재무적인 투자자의 좋은 점은 경영권에 관심이 적다는 것이다. 전략적 투자자는 투자 후 기존의 사업과 시너지를 기대하고 투자하는 기업들을 말하고 궁극적으로는 경영권 인수까지 고려하고 투자하는 대기업일 수 있다. 회사를 키워서 매각할 의사가 있다면 오히려 전략적 투자자가 좋은 선택일 수 있다.

마지막으로 개인 투자자는 친인척일 수도 있지만 거래 관계에 있는 협력업체인 경우도 많다. 공급자이거나 대리점주 중 자산을 가지고 있는 사람들이 그 브랜드의 가능성에 대해 잘 파악하고 있기 때문에 투자에 나서는 경우도 많이 있다. 이러한 투자자의 선택은 사업의 속성에 따라 전략적인 우선순위가 다를 수 있다.

부채나 자본을 통해 자금을 조달하는 방법 외에 거래 관계를 통해 자금을 조달하는 전통적인 방법도 있다. 줄 돈은 늦게 주고 받을 돈은 빨리 받음으로써 영업부채를 통해 조달하는 방법이다. 그러나 이런 조달 방법 또한 그 콘텐츠의 경쟁력에 따라 가능 여부가 결정되므로 매력적인 콘텐츠 경쟁력을 만드는 것도 자본 조달의 중요한 전략이기도 하다.

콘텐츠 기업의 출구 전략

콘텐츠 기업은 플랫폼 기업보다 출구 전략이 보다 용이하다. 상대적으로 투자 규모가 적고 콘텐츠 기업의 용도가 다양하고 새로운 사람을 투입하여 브랜드의 재생이 상대적으로 쉽기 때문이다. 다만 콘텐츠 기업의 가치 평가는 시점에 따라서 매우 차이가 많이 나는 특징이 있기 때문에 출구 전략을 생각하고 있는 콘텐츠 소유자들은 출구 전략 시점 관리를 잘해야 한다.

콘텐츠 브랜드의 가장 큰 특징은 비교적 명확한 수명주기를 잘 관리해야 한다는 점이다. 일반적으로 도입기, 성장기, 성숙기, 쇠퇴기가 있을 경우 성장기 후반에는 출구 전략을 쓸지 아니면 재투자를 통해 브랜드 혁신을 해야 할지 의사 결정을 해야 한다. 브랜드를 매각하고 싶다면 투자의 8부 능선에서 팔아야 한다는 말이 있듯이 성숙기에 들어가기 전, 성장기 후반에 매각을 실행하는 것이 좋다. 매각하지 않고 계속 브랜드를 키워가고 싶을 때도 성장기 후반에는 브랜드 혁신에 대한 재투자를 결정해야 한다.

브랜드 소유자들이 가장 크게 실수하는 것 중 하나는 출구 전략 시점을 놓쳐서 매각도 하지 않고 브랜드 혁신을 위한 재투자도 하지 않고 손 놓고 있다가 성숙기 후반이나 쇠퇴기에 들어가서야 뒤늦게 깨닫고 출구 전략을 이야기하는 것이다. 그럴 경우 콘텐츠 브랜드의 특성상 브랜드 가치는 훨씬 낮게 평가되는 경향이 있다. 쉽게 설명하자면 콘텐츠 브랜드는 음식물과 같이 쉽게 상하는 속성이 있다고 할 수 있다. 시간이 지나버리면 상해버리는 음식처럼 콘텐츠 브랜드 또한 관리할 시기를 지나버리면 급격히 가치가 하락하는 속성을 가지고 있으므로 출구 전략을 고려하고 있는 경우 브랜드의 수명주기를 면밀히 관찰하고 적절한 관리를 해나가야 한다.

콘텐츠 브랜드를 만들어서 상장하려는 기업은 그 콘텐츠 브랜드로 지속 성장할 수 있는 치밀하고 누구나 수긍 가능한 전략을 수립해서 실행해나가야 한다. 기본적으로 지리적인 확장을 위한 성장 전략과 함께 콘텐츠 브랜드 홀딩 컴퍼니(Holding Company)처럼 다수의 콘텐츠 브랜드를 발굴하고 성장시킬 로드맵을 가지고 성공적으로 실행하는 것을 보여준 후 상장을 시도해야 한다. 그렇지 않을 경우 상장에는 성공하더라도 이후 성장 전략이 없어서 곤란을 겪을 수 있다.

상장까지 생각하는 콘텐츠 브랜드는 반드시 글로벌 전략까지 가능성을 보여주는 것이 필요하다. 콘텐츠 시장은 기본적으로 글로벌 경쟁시장이기 때문이다. 글로벌 차원에서 경쟁력이 없다면 언젠가는 글로벌 기업과의 경쟁에서 밀릴 것이고 그런 기업의 미래는 어두우므로 투자자들은 그런 기업에게 투자하기를 주저할 것이다. 최근 K팝을 위시한 한류 드라마, 영화 등 문화 사업의 글로벌화가 활발하게 진행되면서 그 가능성을 보여주었다. 이러한 한류를 등에 업고 컴퓨터, 스마트폰, 가전제품뿐 아니라 식품, 패션, 생활용품, 기계 산업 등에서 한국 상품의 글로벌화가 뒤따라 진행되고 있다. 그런 만큼 콘텐츠 창업자들은 이제 기본적으로 한국 시장을 넘어 글로벌 시장을 기준으로 콘텐츠 개발을 해야 생존할 수 있는 시대가 되었다. 21세기는 한국의 콘텐츠가 세계인들의 삶을 풍요롭게 하는 데 크게 기여할 시대가 될 것이라고 확신한다.

지속 가능한 성장을
위한 인사이트

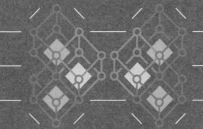

지금까지 긴 이야기를 통해서 우리가 살고 있는 변동성이 심하고, 불확실하고, 복잡하고, 모호한 시대의 여러 가지 특징과 뉴노멀에 대해서, 그리고 그러한 시대에 기업을 운영하고 있는 경영자들이 선택 가능한 사업모델들과 그 특징에 대해 알아보았다.

5장에서는 이러한 시대를 살아가는 기업과 경영자들이 불확실성이 넘치는 환경 속에서 성공적으로 경영하여 지속 생존하는 데 실제적인 도움이 될 만한 인사이트를 공유하고자 한다. 앞서서 이미 이야기한 내용들을 간략히 요약하여 제안하는 내용이 될 수도 있겠다.

카오스 세상에서 기회는
어떻게 오는가?

불확실한 카오스 세상으로 바뀌어가고 있다

그동안 대부분의 과학자들은 이 우주가 질서 있는 코스모스의 세계이고 움직이는 데 원리가 있으며 어떤 현상에는 반드시 원인과 결과가 있다는 믿음을 바탕으로 연구해왔다. 그 결과 지금의 현대 문명을 구축해온 것이라고 할 수 있다. 그런데 일부 과학자들은 이러한 믿음은 잘못된 것이고, 세상의 현상에는 반드시 인과관계만으로 설명하기 어려운 것이 많다고 주장한다. 물리학의 양자역학에서 이야기하는 세상의 전제는 복잡계, 즉 카오스의 세계이다. 세상의 본질은 혼돈이라는 것이다. 자연현상이든 사회현상이든 너무 다양한 이질적 요소들이 상호작용하여 서로 영향을 주고받기 때문에 왜 그러한 현상이 일어났는지 인과관계만으로 설명하기 어렵다는 것이다.

우리는 그동안 코스모스의 세계관을 기반으로 현상을 인과관계나 상관관계로 분석해서 대응하고 의사 결정을 해왔다고 할 수 있다. 이러한 세계관에서는 분석을 통한 예측이 가능하다. 예측을 토대로 계획을 세우고 계획에 따라 안정적으로 사업을 수행할 수 있었다. 그런데 만약 우리를 둘러싼 환경이 카오스 세계라면 우리의 예측은 맞지 않고 그 예측에 따른 많은 계획들은 실패할 가능성이 많다. 기업들이 치밀한 계획과 전략을 수립하여 경영했는데도 불구하고 경영 실적에 문제가 있었다면 그동안 카오스 환경으로 변했는데도 불구하고 코스모스 환경으로 알고 대응한 것이다.

디지털 혁명으로 정보와 지식의 양과 이동 속도가 급증하면서 실물 세계의 변동성까지 매우 높아졌다. 기술의 발전으로 우리의 삶을 바꾸는 플랫폼과 콘텐츠들이 밀물처럼 쏟아져 들어오고 있다. 하루가 다르게 혁신적인 서비스와 상품들이 우리의 생활양식을 바꾸고, 그 가운데 살아가는 사람들의 태도와 일하는 방식들도 바뀌어가고 있다. 세대를 구분하는 연령 구간이 점점 짧아지고 세대 간 경험의 내용이 너무 달라 문화적인 격차가 커지고 있다.

우리가 만든 문명은 인류에게 편리함과 풍요로움뿐 아니라 그 반대급부로 완전경쟁 속에서 생존을 위한 처절함과 불확실한 미래에 대한 우울과 불안을 가져다주었다. 기술 문명이 점점 안전하고 평화로운 세상이 아니라 불안하고 긴장되고 불확실한 카오스 세상으로 바뀌어가고 있다.

우리가 원하든 원하지 않든 시간이 지남에 따라 점점 더 카오스 세상으로 변해간다고 할 수 있다. 이제 우리는 이러한 카오스 환경에서 어떻게 살아가야 하는지를 배워야 한다. 그동안 익숙해 있던 코스모스 환경에서의 경영 패턴들에 대해 재점검해보고, 카오스 환경에 맞는 경영 방식으로 전환해야 할 것이다. 경영 방식의 전환에 앞서 우선 카오스 세상에서 기회는 어떻게 오는지를 이해할 필요가 있다.

신기술을 통해 온다

앞서 이야기한 것처럼 카오스 세상이 펼쳐지게 된 가장 근본 원인은 디지털 기술에 있다. 디지털 기술은 컴퓨팅 기술과 커뮤니케이션 기술, 데이터 인식 기술, 데이터 분석 기술 등을 기본으로 다양한 응용 기술들을 발전시켜왔다. 이런 디지털 기술은 전통적인 기술과 서로 융합되어 전방위적인 기술의 업그레이드를 가져왔다.

신기술의 발달은 한편으로는 새로운 사업 기회를 제공해주면서 동시에 전통적인 산업 기반을 붕괴시킬 수도 있는 이중적인 역할을 하고 있다. 이러한 기술을 가지고 산업을 혁신해가는 기업과 이러한 기술에 의해 산업 기반이 붕괴되는 기업이 생기는 것이다.

따라서 모든 기업들은 이러한 기술 발전의 현황과 기술 발전이 가져올 시장의 전략적 변곡점을 주목해서 살펴보아야 한다. 가능하다면 전략적인 변곡점이 오기 전에 적절한 의사 결정을 하는 것이 필요하다. 전략적 변곡점은 선택에 따라 번영과 쇠퇴의 근본적인 변화가 일어나는 점을 말한다.

예를 들면 스마트폰이 나오면서 과거의 유선통신 회사, 음반 회사, 카메라 산업은 근본적인 변화, 즉 쇠퇴의 길로 들어섰다. 반면 수많은 앱을 통해 게임 회사나 모바일 기반 상거래 회사들은 엄청난 성장의 기회를 가지게 되었다. 핵심적인 기술의 발전은 하나의 산업을 좌지우지할 수도 있다. 대표적으로 반도체와 배터리, CDMA 통신, 인공지능, 로봇, 블록체인, 유전자 변형, 친환경 에너지 기술 등은 인류가 이전에 경험해보지 못한 사업 기회들을 가져다줄 것이다. 미래에 도전적인 새로운 기회를 찾는 기업은 가장 먼저 미래의 신기술에서 기회를 찾아야 할 것이다.

다만 한 가지 기술이 아무리 좋아도 사업적으로 성공하기 위해서는 경제성의 벽을 넘어야 한다. 아무리 멋진 기술이라 할지라도 그것을 사업화했을 때 경제성이 나오지 않으면 그 기술은 쓸모없는 것이다. 기술은 사업 성공의 필요조건이지만 충분조건은 아니다.

역설적으로 휴머니티에 기회가 있다

디지털 기술의 발달은 인류의 삶을 편하고 풍요롭게 하는 데 기여했지만 부작용도 많다. 가장 먼저 사회의 양극화를 통해 부가 소수의 사람들에게 집중되면서 엄청나게 많은 사람들이 실업과 사업 실패로 생존을 위협받는 환경에 처해 있다. 과도한 경쟁 사회로 공동체가 파괴되고 개개인의 삶은 피폐해져 가고 있다. 지나친 경쟁 사회의 후유증으로 많은 사람들이 정신과 상담을 찾고 있으며 군중 속의 외로움으로 많은 젊은이들이 자살 충동으로 고통받고 있다.

생산성의 발달로 개인들의 여가 시간이 늘어나면서 무료한 시간을 보내기 위해 각종 사행성 게임이 발전하고, 게임 중독, 쇼핑 중독, 인터넷 중독, 알코올중독, 도박 중독, 심지어 마약 중독 등 중독증 환자들이 늘어가고 있다. 물질적으로 풍요로워지고 편리해진 것은 사실인데 인간으로서의 존엄과 자존감, 행복 지수는 낮아지는 역설적인 현상 속에 사업 기회가 있다. 현대화된 기술 문명에 지친 사람들은 역설적으로 과거의 아날로그 문화, 인간적이고 휴머니즘에 기초한 문화에 대한 갈망이 더 커지게 마련이다. 혹자는 이러한 현상을 두고 물질문명이 발달할수록 반대급부로 종교가 사람들에게 더 필요해질 것이라고 이야기한다.

최근 힐링 열풍, 건강한 몸 관리를 위한 각종 운동과 스포츠에 대한 관심, 코로나로 잠시 주춤하지만 여행과 다양한 경험에 대한 관심, 흙을 만지고 농사를 직접 짓고 목공소에서 물건을 만들고 요리를 하는 등 각종 경험과 체험활동 등에 대한 관심은 인간다운 삶을 추구하고자 하는 욕구의 발산이라고 할 수 있다.

혹자는 온라인 쇼핑 플랫폼의 성장 때문에 오프라인 기반 사업이 붕괴될 것이라고 예측한다. 그러나 오프라인 쇼핑 경험은 디지털에 지친 고객들에게 새로운 활력을 줄 수 있기 때문에 쉽게 붕괴되지 않을 것이다. 최근 여의도에 오픈한 '더현대 서울'처럼 고객 경험을 극대화하기 위해 재설계된 오프라인 플랫폼은 더욱더 고객의 마음을 사로잡아 폭발적인 관심을 끌 수 있다. 물론 새롭게 고객 경험을 중심으로 변신한 오프라인에 해당되는 말이다.

언제나 문명의 발전에는 어두운 그늘이 있게 마련이다. 그러나 어두운 그늘마저 사업 기회이다. 디지털 문명과 기술의 발전이 가속화될수록 역설적으로 아날로그적인 경험과 인간다움을 추구하는 사람들의 필요는 더욱더 커질 것이고 그에 따라 다양한 사업 기회가 많아질 것이다.

미래 가치를 만들어내는 것은 무형자산이다

무한 경쟁 환경에서 기업은 결국 자신의 자산을 가지고 살아남아야 한다. 자산이란 싸울 수 있는 자원, 즉 무기와 군수물자이다. 예측 가능하고 시간적으로 여유가 있는 상황에서의 경쟁이라면 현재 가지고 있는 자원에 더해 필요한 자원을 조달하기 위한 계획도 여유 있게 세울 수 있지만 불확실하고 변동성이 심하고 예측 불가능하고 시시각각으로 변하는 환경에서는 타인들로부터 자원 조달을 기대한다는 것은 쉽지 않다. 결국 지금 내가 가진 자산에 의존해서 문제들의 정글을 헤쳐나가야 한다. 그러기 위해 먼저 내가 가진 자산이 무엇인지 파악해야 한다.

내가 가진 자산은 유형자산과 무형자산으로 나눌 수 있다. 유형자산에는 현금, 매출 채권, 재고자산과 같은 유동자산과 부동산, 투자자산 같은 고정자산이 있다. 무형자산은 재무제표상에는 영업권으로 표시되어 있지만 상표 및 특허 같은 지적 자산, 브랜드 가치, 핵심인재, 아이디어, 성공과 실패의 경험, 네트워크, 공급망, 판매망, 신용, 조직력, 기업문화, 리더십 등 보이지도 않고 기록되어 있지도 않은 자산이다.

사실 유형자산이 그 기업의 과거 유산이라면 무형자산이야말로 그 기업의 미래 자산이라고 할 수 있다. 많은 성공하는 사람들의 스토리들에서 공통적으로 드러나는 것은 결국 성공의 열쇠는 무형자산에 있다는 사실이다. 성공하는 경영자는 무형자산의 가치를 알고 무형자산을 통해 사업 기회를 만들어내고, 자신이 가진 무형자산을 활용해서 유형자산으로 만드는 사람이다. 그 무형자산의 핵심은 결국 인재와 그러한 인재를 끌어들이는 리더십이다.

수많은 스타트업들의 출발선은 유사하다. 그들 중 유형자산을 많이 가지고 출발하는 기업은 드물다. 그들은 단지 아이디어와 네트워크와 기술 같은 무형자산을 가지고 있고 투자자들은 그들의 보이지는 않지만 가치 있는 자산을 보고 투자를 하는 것이다. 반면 전통적인 기업들은 유형자산을 많이 가지고 있다. 그러나 그 많은 유형자산을 가지고 있으면서도 현실에 안주해서 무형자산에 소홀할 경우 미래 가치가 없어지고 시장 지위를 잃어버릴 가능성이 높다. 미래 가치를 만들어내는 것은 보이지 않은 무형자산이라는 것을 깨닫지 못하는 경영자는 무한 경쟁 시장인 카오스 경영 환경에서 생존하기 힘들 것이다.

장애물 속에 기회가 있다

기업의 존재 목적은 고객 가치를 창출하는 것이다. 고객 가치란 고객의 문제를 해결해주거나 고객의 필요를 채워주는 것이다. 결국 고객이 문제로 느끼는 것, 고객이 불편해하는 것, 고객의 불만, 위험, 위기 등 고객의 문제 상황 속에 사업 기회가 있다. 인류는 기업을 통해서 그동안 생활하면서 불편한 많은 문제들을 해결해왔고 필요한 많은 상품과 서비스들을 공급받았다. 편하고 풍요로운 세상을 만들기 위해 기업은 엄청난 혁신을 통해 기여해온 것이다. 과거에 비해 현재 인류는 말할 수 없을 정도로 편리하고 풍요로운 삶을 영위하고 있다. 그만큼 사업 기회도 많이 줄었고 어려워졌다. 이제 왠만한 혁신적인 상품이나 서비스로는 고객들을 감동시키기 어려운 시대가 되었다.

우리 사회가 전반적으로 편리하고 풍요로워졌지만 아직도 그러한 삶을 누리지 못하는 사람들이 많이 있다. 도시의 외곽이나 시골에 사는 사람들, 저개발국 국민들, 소득이 없어서 가난에 허덕이는 도시 빈민들, 디지털 문명에 어두운 어르신들 등 여전히 풍요 속에 빈곤을 겪고 살아가는 사람들이 많이 있다. 어쩌면 미래의 사업 기회는 중심부가 아닌 주변부 시장이나 근린 시장에 기회가 있을 수 있다. 이들은 모두 소득 수준이 낮고 디지털 문명에 익숙하지 않은 사람들이다. 다만 이들은 가처분소득 중 소비 성향이 매우 높고 여전히 오프라인을 이용하므로 지역 독점이 가능하다는 특징을 가지고 있다.

또 다른 기회는 남들이 기피하고 꺼리는 3D(Difficult, Dirty, Dangerous) 업종에 있다. 최근 배달 문화의 발달로 쏟아지는 쓰레기 처리나 청소 업무, 리모델링 건축, 병충해 방역 등 힘들고 어려운 일들은 그 일 자체가 장애물이다. 만약 누군가 이러한 장애물을 극복할 아이디어가 있다면 크게 성공할 수 있다. 관건은 도구의 개발에 있다. 힘들고 더럽고 위험한 일을 도구를 통해 해결할 수 있다면 새로운 사업 기회가 생긴다.

그리고 글로벌 시장은 그야말로 한국 기업들에게는 무한한 가능성이 있는 시장이다. 한국인이 현재 누리는 물질 문명 수준은 세계 최정상급이다. 이러한 문화를 선진국뿐만 아니라 저개발국 국민들에게까지 제공해줄 수 있다는 것은 두말할 필요 없이 한국 기업들에 주어진 엄청난 기회이다. 특히 콘텐츠 기업은 이제 기본적으로 글로벌 기업이 되겠다는 큰 그림을 가지고 시작할 필요가 있다. 다만 어떻게 세계 국민들의 다양한 필요를 충족할 수 있는지에 대한 연구가 필요하다. 현재는 각국이 FTA(Free Trade Agreement)로 국가 간 진입 장벽이 많이 낮아졌다. 한류의 영향으로 한국의 국가 브랜드가 매우 커져 있기 때문에 글로벌로 가는 길은 그 어느 때보다 쉽고 용이한 상황이다. 미래 한국 기업의 기회는 글로벌 시장에 있다고 해도 과언이 아니다.

새롭게 떠오르는 새로운 시장에도 기회가 있다. 앞서 이야기한 다양한 경험과 즐길 거리를 제공하는 타임 킬링 사업, 신기술에 바탕을 둔 새로운 플랫폼 사업들, 전통적인 사업모델을 현대적인 감각으로 리노베이션한 사업 등 혁신에 기반을 둔 시장에도 기회가 많이 있다.

이상과 같이 새로운 사업 기회는 장애물이 있는 곳에 있다. 장애물은 경쟁자들을 걸러내는 허들 역할을 하기 때문이다. 장애물을 넘으면 경쟁자가 대폭 축소되어서 독점할 기회가 올 수 있다. 다만 내가 그 장애물을 넘을 수 있는 역량을 갖춰야 한다.

기업은 곧 사람이다

기업이 성공하는 데 자본, 상품 등 많은 요소가 있지만 대부분 기업의 성공은 함께 일하는 사람들과 그 사람들의 지식을 통해 가능하기 때문에 기업은 곧 사람이다. 특히 시시각각 상황이 변하는 카오스 경영 환경에서 사람의 중요성은 더욱더 커진다.

사람은 크게 기업 내부의 사람과 외부의 사람으로 나눌 수 있다. 기업 내부의 사람은 임직원들이고 외부의 사람들은 협력업체, 유관기관, 자문해주는 어드바이저, 기타 느슨한 관계의 네트워크를 말한다. 우선 기업 내부의 사람들이 중요한 것은 말할 필요도 없다. 기업의 핵심 역량이란 결국 기업 내부의 사람들이라고 할 수 있다. 그런데 기업 내부 인력은 속성상 기존의 사업모델을 수행하는 사람들이므로 다소 보수적인 입장이 되어 변화에 대한 수용력이 부족한 경우가 많다. 변화는 기업 내부에 많은 갈등을 가져올 수 있기 때문에 무의식 중에 변화에 저항하는 경향을 보이는 것이 사실이다.

카오스 경영 환경에서 기업 외부에 혁신적인 변화들이 일어나고 있는데 내부의 직원들에게만 의존해서 경영을 할 경우 큰 맥락과 큰 기회를 놓칠 수 있다. 따라서 카오스 세계에서는 기업 외부의 관계된 사람들에게서 훨씬 더 많은 사업 아이디어와 혁신의 아이디어를 얻을 수 있다. 경영자는 기업 내부의 사람들과 외부의 사람들을 균형 있게 관리하면서 변화 속에서 우연히 다가오는 기회를 잡을 수 있는 전략적 시스템을 구축하는 것이 필요하다. 기업 외부에 어드바이저 그룹을 조직해서 정기적으로 객관적인 시장 정보를 듣고 전략적인 조언을 받는 것이 기업 생존에 매우 중요한 시대가 되었다고 할 수 있다. 기회는 기업 외부의 사람들에게서 온다.

작은 성공을 큰 성공으로 만드는 방법을 시스템화하라

대부분 사업가들은 큰 성공을 바라고 작은 성공에 소홀하기 쉽다. 그런데 사업의 본질은 고객의 마음을 읽는 것인데 고객이 한꺼번에 크게 반응하는 경우는 많지 않다. 대부분 얼리어댑터(Early Adapter)인 소수의 고객이 먼저 반응을 보이고 시간이 지나면 대중들이 관심을 보이는 구조이다. 기업이 소수의 고객이 먼저 보인 작은 성공들을 무시해버린다면 이후에 다가올 큰 성공의 기회를 차버리는 결과를 가져올 것이다. 따라서 기업은 작은 성공에 귀를 기울이는 자세가 매우 중요하다.

특히 카오스 경영 환경에서는 서로 네트워크로 연결되어 있어서 고객 간 소통이 매우 활발한 상태이다. 이런 경우 작은 성공의 경험이 대중들에게 알려지는 속도가 매우 빠를 수 있다. 따라서 기업은 2가지를 준비해두어야 한다.

먼저 작은 성공을 감지할 수 있는 장치이다. 고객이 만족한 사례, 고객이 불만족했는데 개선된 사례, 의외의 성공으로 가치를 만든 사례 등 정기적으로 고객의 반응을 모니터하고 점검하는 시스템이 필요하다. 보통 일반적인 기업은 고객 불만을 관리하는 고객관리 부서를 소홀히 하는 경우가 많은데 혁신을 중시하는 기업은 고객관리 부서를 CEO 직속으로 두고 수시로 고객의 반응을 읽고 고객과 소통한다.

두 번째 준비해야 하는 것은 작은 성공을 큰 성공으로 이끌어내는 전략이다. 작은 성공 사례가 고객에게 보편적인 가치를 준다는 확신이 들 경우 전략적으로 이를 확대하여 여러 사람들에게 가치를 제공할 수 있는 새로운 기회를 만드는 것이다. 작은 성공을 큰 성공으로 이끄는 방법을 시스템화한다면 엄청난 기회를 만들어낼 수 있을 것이다.

이미 내가 가지고 있는 자산을 소중히 여겨야 한다

카오스 경영 환경에 절망한 전통적인 기업들이 다른 회사의 성공을 부러워하면서 자신의 사업모델을 혐오하는 경우가 종종 있다. 전통적인 사업모델을 가진 기업들이 스스로 보기에 왠지 자신의 모델이 시대에 뒤떨어진 것 같고 희망이 없어 보일 수 있다. 그래서 과거의 것을 다 포기하고 멋져 보이는 새로운 사업을 해보고 싶은 유혹을 느낄 수 있다. 한편으로 그러한 진단이 옳을 수도 있다. 전략적인 변화 없이 현재의 모습대로 유지만 하고자 한다면 미래가 없어 보이는 것이다. 그러나 한 가지 명심해야 하는 것은 전통적인 기업이 현재까지 생존해온 것은 그동안 나름대로 고객에게 가치를 창출해왔다는 사실이다.

그러므로 자신이 가지고 있는 자산을 소홀히 여기지 말고 소중히 여겨야 한다. 자신의 기업이 가진 자산을 소중히 여기면서 그 위에 어떤 새로운 가치를 더해갈지를 고민해서 문제를 해결하는 것이 훨씬 바람직하다. 어묵을 반찬으로 생각했던 개념을 어묵 베이커리라는 개념으로 발전시켜서 매출 25억 원의 기업을 7년 만에 960억 원의 기업으로 성장시킨 부산의 삼진어묵 사례는 많은 인사이트를 준다. 카오스 경제에서 생존하기 위한 제1의 조건은 내가 가진 자산을 소중히 여겨야 한다는 것이다. 그 자산이야말로 나의 존재 근거이고 나의 노드(Node)이며 내 사업의 기반이기 때문이다. 다만 그 자산을 어떻게 해석하고 어떻게 가치 있는 자산으로 변화시킬 것인가를 고민해야 한다. 기회는 내가 가진 자산으로부터 나오기 때문이다.

디지털 트랜스포메이션은
생존의 필수조건이다

　　미래 환경에서 생존하기 위해 가장 먼저 드리는 제안, 아무리 강조해도 지나치지 않는 제안은 디지털 기업으로 변신해야 한다는 점이다. 왜냐하면 지금 일어나는 모든 변화의 근본 원인은 결국 디지털 기술이기 때문이다. 디지털 기술이 정보 혁명과 지식 혁명을 가져오고, 의사소통 방식과 의사 결정 방식을 변화시키고, 이를 통해 생산성 혁신을 가져오고, 생활양식을 변화시키고 있다. 데이터와 통신을 통해 원격으로 기계를 움직이고, 기계와 인공지능을 결합한 로봇이 인간의 육체노동과 지적 노동까지 대체하고 있다.

　　노동시장에서 밀려난 인간은 이제 사이버 세계에서 현실의 고통을 잊거나 회피하기 위해 메타버스라는 새로운 가상세계를 구축해 시간을 소비하고, 현실 세계에서는 양극화된 사회 속에서 사회적인 문제를 일으킨다. 이는 각국의 정치적인 지형을 변화시켜 가고 있다. 이러한 디지털 기술의 발전은 인간에게 한때 생산성 혁신을 통해 물질적인 풍요를 안겨주었지만 양극화와 직업의 소멸로 인해 자존감과 정신적인 황폐함을 안겨주고 사회적 불안을 가속화하는 결과를 가져오고 있다.

이러한 디지털이 지배하는 사회는 이제 피할 수 없는 현실이 되었고, 디지털을 활용하는 사람과 활용하지 않는 사람 간에 넘을 수 없는 깊은 격차를 만들어내고 있다. 내가 좋아하든 좋아하지 않든 디지털이 지배하는 세상은 현실이고, 이것은 개인 차원에서도 문제이지만 기업 차원에서는 생존이 걸린 문제이다. 미래 기업은 그 규모에 상관없이 디지털에 익숙해지지 않으면 생존할 수 없다.

그렇다면 어떻게 디지털 기업으로 변신할 것인가? 이에 대해 개별 기업의 사업모델과 처한 환경이 다르므로 획일적인 답을 줄 수는 없다. 다만 개별 기업들이 선택할 수 있는 개략적인 옵션들을 정리해보고자 한다. 일단 디지털 기업으로 전환하기 위해서는 모든 기업은 2가지 방향을 결정해야 한다. 하나는 급진적인 방법으로 사업모델 자체를 디지털 기반 사업모델로 바꾸는 방법이고, 다른 하나는 온건한 방법으로 현재의 사업모델은 유지하면서 디지털 기술이 가져오는 핵심적인 변화들을 수용하는 방법이다.

디지털 기업으로의 급진적인 전환

급진적인 전환을 고려해야 하는 기업들은 주로 온라인 플랫폼 사업을 준비하고 있는 기업, 디지털화된(음악, 전자책, 영상, 정보, 데이터 등) 상품 판매 기업, 기존의 데이터 기반 정보 및 지식 서비스 기업, 물류,

배송 등 기타 서비스 기업 등이다. 주로 플랫폼 기업들은 기본적으로 급진적 전환을 고민해야 한다. 디지털화된 콘텐츠 기업들은 점진적인 디지털 기업을 지향해야 한다. 서비스 기업들은 내재적으로 플랫폼 기업으로 전환이 가능한 잠재력을 가지고 있으므로 급진적인 디지털 기업으로의 전환을 시도할 수 있다.

급진적 전환을 고려하는 기업은 백지 상태에서 사업모델을 다시 그리고, 사람을 다시 세팅하고 전혀 새로운 방법으로 사업 구상을 해야 한다. 이들 기업은 필수적으로 데이터 기반으로 AI, 로봇, IoT, 5G 통신, 클라우드, 블록체인 등 최첨단 기술을 적용해야 하며 AR/VR을 이용한 메타버스 기술까지 고려해서 사업 설계를 해야 한다. 왜냐하면 디지털 기업은 결국 기술 경쟁이고 변화의 속도가 빠르고 기술의 차이가 사업 성패를 좌우하므로 항상 최첨단을 유지해야 하기 때문이다.

기존의 사업을 운영하고 있던 기업이 디지털 기업으로 급진적인 전환을 모색한다면 기존의 레거시(Legacy, 유산, 잔재)가 방해가 되는 경우가 많아서 조직원들도 급진적으로 교체해야 하는 문제가 있다. 적어도 디지털 친화적이지 못한 경영자와 직원들은 재교육을 하거나 교체해야 한다. 특히 임원 이상의 경영진들 중 디지털 기업으로의 비전을 공유하지 못하거나 전환에 장애가 되는 사람들은 비전을 공유할 수 있는 사람들로 교체해야 한다.

디지털 기업으로의 급진적인 전환을 보여주는 사례는 현재 디지털 플랫폼을 제공하는 구글, 네이버, 카카오, 아마존, 쿠팡, 줌, 스포티파이 등 초기부터 디지털 기업으로 시작한 기업들, 비디오 대여 사업을 하다가 영화와 드라마 등 동영상 스트리밍 서비스 사업모델로 전환한 넷플릭스, 콘텐츠 기업 디즈니에서 동영상 스트리밍 서비스를 제공하는 디즈니플러스, 물류 자동화 혁신의 대명사 오카도(OKADO), 오프라인 매장을 철수하고 온라인으로만 판매하겠다고 선언한 테슬라 등이다. 대부분 급진적인 디지털 기업들은 콘텐츠 기업인 제조업보다는 플랫폼 기업인 서비스업에서 많이 채택하는 모델이다.

디지털 기업으로의 온건한 전환

디지털 기업으로 온건한 전환을 고려해야 하는 기업은 대부분의 제조업들처럼 콘텐츠 사업모델을 영위하는 기업들과 오프라인 플랫폼 기업들, 오프라인 기반 서비스 기업들이다. 이들 기업의 특징은 대부분 현재 사업모델이 오프라인 기반으로 구축되어 있고 제조업의 경우도 유형의 실물 상품을 생산하므로 무형의 디지털 상품에 비해 디지털로 전환하기가 쉽지 않다. 더구나 오랫동안 성공적으로 사업을 해온 사람들로 이루어진 인적 구성 때문에 과거의 성공 유산이 디지털 기업으로의 전환을 어렵게 하는 경우가 많다.

이러한 전통적인 기업들이 디지털 전환을 하기 위해서는 전면적인 전환보다는 효과가 좋은 부분에 선택적으로 디지털 기술을 적용하여 혁신을 하는 온건한 방법을 쓰는 것이 좋다. 일반적으로 디지털 기술로 기업이 효과를 볼 수 있는 부분들은 크게 다음과 같다.

- 고객 경험을 개선하는 일: 상품 및 서비스 혁신
- 기존의 제품이나 서비스를 고객에게 전달하는 속도를 높이는 일: 마케팅 혁신
- 운영 시스템을 개선해서 비용을 절감하고 속도를 높이는 일: 운영 프로세스 혁신
- 효과적인 의사소통과 의사 결정 시스템 혁신으로 직원의 업무 생산성을 높이는 일: 업무 생산성 혁신
- 유연한 조직 운영으로 급변하는 디지털 생태계에 적응 능력을 높이는 일: 기업문화 혁신
- 가능한 새로운 사업모델 개발로 경쟁우위가 가능한 핵심 역량을 높이는 일: 사업모델 혁신
- 정보 보안 시스템으로 기업의 신뢰도와 안정성을 높이는 일: 정보 보안 혁신

첫째, 상품 및 서비스 혁신은 먼저 상품을 기획하고 개발하는 단계에서 데이터 기반 기술을 적용하여 고객이 원하는 상품을 미리 예측하여 개발하고 공급하는 것과 상품과 서비스 자체에 디지털 기술을 적용하여 혁신하는 것이 있다. 최근 빅데이터를 통해 많은 기업에서 고객이 좋아하는 상품의 스타일과 기능뿐 아니라 가격대별 수요 예측까지 해서 상품 개발의 적중률을 크게 향상하고 있다. 그리고 IoT나 AI 기술을 활용하여 많은 가전 기업들은 제품 자체에 디지털 기술과 통신 기술을 심어 원거리에서도 제어가 가능한 상품이나 자동으로 알아서 작동하는 신제품들을 출시하고 있다. 최근 자동

으로 제어하는 세탁기, 로봇청소기, 공기청정기 등이 좋은 예이다.

다음으로 상품을 생산하는 단계에서 혁신은 공장 자동화이다. 일명 스마트 팩토리라는 이름으로 추진되는 생산 혁신 시스템이다. 로봇 등을 활용한 공장 자동화뿐만 아니라 적시 적소에 소재와 부품을 공급하는 SCM 시스템, 병목 없이 공장이 잘 운영되도록 레이아웃을 설계하는 시스템 등 많은 곳에 디지털 기술들이 사용된다. 스마트 팩토리의 최종 목표는 매스 커스터마이제이션이다. 변화가 심한 소비자의 개성화되어 가는 수요를 맞추되 대량생산의 이점을 잃지 않는 생산 시스템이야말로 꿈의 생산 시스템이라고 할 수 있다.

둘째, 마케팅 혁신은 주로 미디어의 변화와 관련이 깊다. 디지털 기술이 가장 크게 변화시킨 영역은 미디어이다. 과거에는 신문이나 TV를 통해 일방적으로 뉴스와 정보를 접했다면 디지털 기술은 모든 것을 바꾸어버렸다. 매스미디어 시대가 가고 개인 미디어 시대가 열렸고, 피동적인 미디어에서 쌍방향 미디어 시대가 되었다. 문자 중심의 정보 전달에서 사진 등 이미지 중심으로, 더 나아가 오디오와 비디오 중심을 넘어 최근에는 실시간 라이브 미디어 시대가 되었다. 이처럼 미디어가 분산되고 복잡해지고 다양해지면서 고객들과 의사소통을 해야 하는 기업들 입장에서는 고민이 많아졌다. 과거처럼 광고를 해도 효과가 크지 않고 돈을 쏟아부어 계획적으로 소비자를 움직이려는 많은 시도들이 성공하기 어려운 환경이 되었다. 고객들에게 다가가서 고객들과 의사소통을 하는 것이 다변화된 만큼 기업은 이에 맞는 의사소통 도구를 준비해야 한다. 디지털화된 의사소통 도구는 물론이고 제품이나 핵심 메시지 자체가 고객들의 관심에 소구할 수 있어야 고객의 관심을 얻을 수 있는 것이다. 최근에 고객들은 착하고 좋은 기업을 선호하는 경향이 있어서 ESG가 경영의 핵심으로 떠오른 것은 이런 미디어 환경의 변화와 깊은 관계가 있다.

셋째, 운영 프로세스 혁신은 디지털 혁신의 본령이다. 디지털 기술과 아날로그 기술의 가장 큰 차이는 통합 능력이다. 디지털 기술을 통해 모든 정보를 공유하고 통합하여 최적의 프로세스로 재설계가 가능하다. 그 결과 비효율적인 중간 과정 없이 운영 프로세스를 혁신할 수 있다. 대표적으로 디지털은 중간에서 거래를 중개하던 과정을 없애고 제조업자가 소비자를 직접 만나거나 최소한 제조업자가 직거래할 수 있는 기회들을 준다. 그래서 디지털 혁신의 가장 큰 수혜자는 제조업자가 될 가능성이 많다. 나이키가 최근 도매업자들을 축소하고 직접 소비자에게 판매하겠다고 선언한 것은 운영 혁신의 대표적인 미래를 보여준다. 모든 기업은 그런 점에서 디지털 기술을 통한 운영 프로세스 혁신에 적극 나서야 한다. 운영 프로세스 혁신은 비용과 시간의 절감을 통해 분명한 성과를 낼 수 있는 가장 쉬운 혁신이다.

넷째와 다섯째는 직원들이 일하는 방식을 바꾸어서 효과적이고 효율적으로 일하게 하여 생산성을 높이는 것이다. 대부분의 업무는 의사소통과 의사 결정을 하는 것이다. 최근의 많은 협업 툴들은 의사소통과 의사 결정 시스템을 혁신하고 있다. 코로나로 인해 비대면으로 의사소통을 하고 의사 결정을 하는 방식이 발전하면서 이제 재택근무가 일반화되었다. 과거에 불필요한 회의 준비에 소비되었던 많은 업무가 사라지고 보다 실제적으로 성과를 낼 수 있는 '실행'에 집중하게 되었다.

이러한 업무 방식의 변화는 조직문화까지 변화시켜서 과거의 수직적인 거대 조직과 수많은 중간 관리자들이 필요 없어지고 최고 의사 결정자와 실행자로 단순화되는 수평적인 조직 모델이 등장하고 있다. 이에 더해 변해가는 환경에 맞춰 유연하게 조직을 변화시킬 수 있는 소규모의 성과 단위 애자일 조직 모델이 대부분의 기업에서 검토되고 있다. 이러한 조직 변화와 맞는 목표 수립 방식과 경영 성과 평가 방식, 보상제도 등 인사제도 전반적으로 많은 혁신이 진행되고 있다. 기업문화도 과거의 집단주의적인 문화에서 철저히 개인의 존중을 기초로 한 개인주의 문화로, 상사의 눈치를 살피던 연공서열 문화에서 격의 없고 자유로운 토론과 참신한 젊은 세대가 의사 결정에 깊이 참여하는 공유와 참여의 수평적인 문화로 급속하게 바뀌어가고 있다. 이러한 조직문화의 변화는 디지털 기술이 가져온 정보 공유 시스템이 직장 내 민주주의를 크게 발전시킨 결과라고 할 수 있다.

여섯째는 일부 기업에서 디지털 기술로 새로운 사업모델을 발견하는 기회를 잡는 것이다. 예를 들어 가격이 비싸지만 활용 빈도가 낮은 중장비 생산 기업이 판매하는 모델을 임대해주거나, 유아용 제품을 판매하는 기업이 유아용품 중고 상품을 중개하는 사업모델을 첨가하는 등 다양한 아이디어들을 만들 수 있다. 이러한 아이디어들은 많은 경우 다른 산업에서 성공했던 모델을 적용하는 과정에서 얻을 수 있다. 따라서 디지털 기업으로 전환을 준비하는 기업은 다른 산업 분야의 성공 사례에 대해서도 늘 열린 마음으로 정보를 탐색할 필요가 있다.

마지막으로 디지털 기업으로 전환하는 기업이 놓치지 말아야 하는 것은 정보 보안이다. 디지털 자산의 가장 큰 리스크는 정보 보안에 취약하다는 것이다. 정보 보안 문제가 생겼을 때 그 피해액 또한 천문학적일 수가 있고 바로 기업의 생존을 위협할 수도 있다. 따라서 정보 보안 문제를 기업의 생존 전략으로 보고 준비를 철저히 해야 한다.

디지털 트랜스포메이션의 단계별 전략

전통 기업이 디지털 기업으로 전환하는 것은 결코 쉬운 일이 아니다. 목표와 방향이 아무리 좋아도 실행 계획을 단계별로 적절하게 수립하지 않으면 실패할 가능성이 매우 높다. 디지털 마케팅 전문 기업 PTC의 낸시 화이트(Nancy White)에 따르면 디지털 트랜스포메이션을 위해 7단계의 준비가 필요하다고 한다.

- 1단계: 디지털 전환의 목적과 비전을 명확히 하고 로드맵을 작성해야 한다.
- 2단계: 변화를 위한 기업문화를 준비해야 한다.
- 3단계: 작지만 전략적으로 의미 있는 파일럿 테스트를 하여 비전을 검증해야 한다.
- 4단계: 기술적인 로드맵을 작성하고 기술적인 파트너들을 조

사해야 한다.

- 5단계: 장기적인 로드맵에 맞는 사업적인 파트너들과 전문가들을 조사해야 한다.
- 6단계: 조사에 기초해서 종합적인 실행 계획과 핵심 성과 지표 등을 공유해야 한다.
- 7단계: 계획을 실행하고 주기적으로 피드백하면서 지속적으로 실행해야 한다.

1단계의 핵심은 디지털 트랜스포메이션은 IT 기술을 도입하는 문제가 아니라 사업모델을 어떻게 바꾸어서 지속적으로 생존 가능한 기업을 만들 것인가의 문제라는 것이다. 디지털 전환의 목표는 지속적인 생존과 성장 가능한 사업모델 구축이다.

2단계의 핵심은 디지털 전환의 가장 큰 장애는 기술이 아니라 사람이라는 점이다. 특히 임원과 중간 관리자들은 디지털 전환으로 직업을 잃을 수 있다고 판단해서 지능적으로 저항할 가능성이 매우 높다. 따라서 사전에 디지털 전환이 가져올 기회에 대해 공감하고 지속적인 교육 기회를 통해 디지털 전환된 기업에서도 일할 수 있는 역량과 스킬을 준비하게 한다. 더불어 기업의 생존을 위한 최후의 노력과 함께 애쓴 사람들에 대한 성공 후 적절한 보상 계획 등을 약속하면서 전사적으로 전 직원을 디지털 전환의 우군으로 만들 수 있는 정책적인 설계가 선행되어야 한다. 실제로 디지털 전환 후 기존의 인재들도 중요한 자산으로 재활용이 가능하다. 왜냐하면 사업의 본질은 변하지 않기 때문이다.

3단계의 핵심은 1단계의 비전과 전략을 증명할 수 있는 작은 파일럿 테스트를 해서 조직원들에게 확신과 희망을 주고 경영자 스스로도 전략의 완성도를 보완할 필요가 있다는 것이다. 디지털 전환은 워낙 크고 중요하며 한번 출발하면 돌이킬 수 없는 프로젝트인 만큼 검증 없이 위험을 감수하는 실수를 해서는 안 된다.

4단계의 핵심은 디지털 전환에는 최첨단의 기술을 검토하되 적절한 기술을 가지고 설계해야 한다는 점이다. 일단 기술이 급속하게 발전하는 환경에서 장기적으로 어떤 기술이 나와도 괜찮은 사업모델이어야 한다. 다만 중요한 기술적인 변화를 놓쳐서 완성도가 떨어져서는 안 되므로 최첨단 기술은 검토되어야 한다. 그렇지만 최첨단 기술이 중요한 것이 아니고 경제적으로 효과적인 기술이 중요하다. 그러한 기술만큼 그것을 적절히 실현할 전문가와 전문 기업을 글로벌 차원에서 조사하여 기술 부문의 로드맵을 구축해야 한다.

5단계의 핵심은 실제로 디지털 기업으로 전환이 일어났을 경우 외부 파트너들의 변화가 필요하다는 것이다. 과거의 파트너들이 변화된 역할을 수행할 수도 있고 새로운 사업 파트너가 필요할 수도 있다. 따라서 디지털 전환 후의 사업 프로세스를 검토하면서 필요한 파트너들의 리스트와 중요도 등을 조사할 필요가 있다.

6단계는 이렇게 모든 조사가 끝나면 예기치 않은 변화가 필요하므로 전략을 부분적으로 수정할 필요가 있다는 것이다. 이 단계에서는 지금까지의 모든 과정을 종합 검토하여 구체적인 실행 계획과 프로젝트별 실행 기간, 핵심 성과 지표, 프로젝트팀 세팅, 프로젝트 진행 방법 세팅 등을 경영진에게 보고하고 전폭적인 지지를 받아내야 한다.

마지막 7단계는 실행하는 단계이다. 여기서 명심할 것은 디지털 전환은 기간이 정해진 것이 아니라 지속적인 프로젝트라는 것이다. 디지털 전환 프로젝트를 진행하면서 정기적으로 결과를 피드백하고 실행 계획을 수정하면서 최종적으로 목표한 비전을 이룰 때까지 지속하는 것이 중요하다. 중단하느니 시작하지 않는 것이 좋다. 지속적으로 프로젝트를 진행하기 위해서는 경영진의 전폭적인 지지가 필수적이다. 그런 의미에서 디지털 전환의 최종 프로젝트 리더는 CEO가 되어야 한다.

매력적인 자신만의
노드를 구축하라

옛말에 호랑이가 물어가도 정신만 차리면 산다고 했다. 지금 기업이 직면하고 있는 경영 환경은 호랑이가 물어가는 것만큼 아찔하고 위험하다. 자고 일어나면 엄청난 뉴스들이 곳곳에서 터지고 그중에는 생존을 옥죄는 뉴스도 많다. 이는 중소기업이건 대기업이건 전통적인 오프라인 기업이건 성공했다고 하는 온라인 기업이건 플랫폼 기업이건 콘텐츠 기업이건 마찬가지다. 이런 경영 환경에서 생존하기 위해서는 정신을 차려야 하는데 정신을 차린다는 것은 어떤 의미일까?

모든 것이 연결되어 있고 이러한 네트워크를 타고 정보와 지식이 초스피드로 유통되는 시대에 생존을 위해 정신을 차린다는 것은 바로 나의 정체성을 분명히 하는 것이다. 아무리 시장이 요동치고 환경이 급변해도 나의 정체성이 분명하다면 생존 가능성이 높아진다.

이는 네트워크의 원리에서도 깨달을 수 있다. 네트워크란 노드

(Node)와 노드(Node)가 선으로 연결(Link)되어서 만들어진다. 내가 노드가 없다면 네트워크는 만들어지지 않는다. 다시 말해 네트워크 시대에 생존의 가장 기본이 되는 조건은 내가 노드를 가지고 있어야 한다는 것이다. 이것은 개인 차원이나 기업 차원에서도 마찬가지다.

노드 만들기

그렇다면 노드란 구체적으로 무엇을 말하는가? 노드는 나의 정체성을 구체화하는 그 무엇이다. 예를 들어 개인 차원에서 노드는 사업하는 사람이라면 판매하려는 상품이나 서비스를 말한다. 더불어 등록된 법인이나 사업자등록증, 사업장 주소나 사무실 주소도 노드이다. 인플루언서가 되려는 사람에게는 자신의 홈페이지나 SNS

• 네트워크와 생태계의 구조

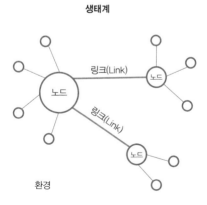

사이트가 노드이다. 기타 자격증을 갖추는 것, 책을 쓰는 것, 창작물을 만드는 것, 기업에서 어떤 포지션을 담당하는 것 등은 모두 개인차원에서 노드를 갖는 것들이다. 개인의 노드는 대부분 명함을 통해 서로 연결되므로 명함도 중요한 노드이다.

플랫폼 기업에서 노드는 사업 플랫폼이다. 먼저 플랫폼 이름, 공여자와 소비자가 만나는 온라인의 웹이나 앱, 오프라인 매장이나 사무실, 그리고 서비스를 제공하기 위한 각종 업무 처리 소프트웨어와, 정보 시스템, 데이터 자산, 조직 등이 노드이다. 이러한 노드를 갖춘 기업들에게 연결에 대한 많은 제안이 온다. 대부분은 콘텐츠 공여자나 고객들과 연결되겠지만 상호 협력이 가능한 기업들, 투자자들, 미디어들, 각종 에이전트들, 벤더들, 소프트웨어 사업자들, 심지어 잠재적인 경쟁자들까지 상호 연결될 수 있다.

콘텐츠 기업에서 노드는 핵심 상품이나 서비스이다. 그리고 그 상품과 서비스를 설명할 브랜드 이름, 상품설명서, 제품 패키지, 상품 이미지 사진 등이다. 이러한 노드가 준비되었을 때 비로소 연결이 가능하다. 콘텐츠 기업은 주로 플랫폼 기업들, 마케터들, 공장들, 원재료 업체들, 협력 가능한 다른 콘텐츠 업체들과 연결이 이루어진다.

개인이든 기업이든 플랫폼 기업이든 콘텐츠 기업이든 노드가 없으면 아무것도 이루어지지 않는다. 그런데 현실에서 막연히 미래에 대해 꿈만 꾸고 구체적인 노드를 만들지 못하면, 그리고 그 노드가 다른 노드들이 볼 때 연결하고 싶을 정도로 충분히 매력적이지 못하다면 네트워크는 만들어지지 않는다. 네트워크 사회에서 생존하기 위해서는 적극적으로 매력적인 나만의 노드를 만드는 것이 성공의 첫걸음이다.

한 가지 중요한 점은 자체 플랫폼을 구축한 콘텐츠 기업과 자체 콘텐츠를 만든 플랫폼 기업은 정체성이 애매한 경우가 있다. 예를 들어 많은 프랜차이즈 대리점을 가지고 있는 한국의 패션 기업은 자신이 콘텐츠 사업자인지 플랫폼 사업자인지 정체성의 혼란을 가지고 있는 경우가 많다. 소위 SPA 브랜드들도 정체성의 혼란이 올 수 있다. 전자의 경우는 대리점 형태로 운영되는 매장당 10~20평의 소형 매장 체인이고, 후자의 경우는 300평 내외의 직영점 형태의 대형 매장 체인이다. 2가지 형태 모두 자신을 어떻게 정의하든 평상시에는 문제가 되지 않지만 위기가 닥쳐오면 자신을 어떻게 정의하느냐에 따라 전략이 크게 달라질 수 있고 그것이 기업의 운명을 결정한다. 일반적으로 프랜차이즈 모델은 콘텐츠 기업으로 보아야 하고, SPA 모델은 플랫폼 기업으로 정의하는 것이 바람직하다.

연결하기

노드가 만들어졌으면 연결을 해야 하는데 개인이든 기업이든 노드는 대부분 계약을 통해 연결된다. 명시적인 계약이든 암묵적인 계약이든, 대부분의 연결은 계약이라는 형식을 통해 이루어진다. 연결을 통해서 발생하는 부가가치를 나누는 기준 또한 계약에 의해서 결정된다. 그리고 한번 계약에 의해 설정된 이익 분배의 기준은 오랫동안 바꾸기 어렵다. 따라서 유리한 조건으로 계약을 하는 것은 네트워크 속에서 나의 포지션과 역할뿐 아니라 향후 나의 생존 여부를 결정하는 매우 중요한 일이다.

보통 계약의 조건은 노드들 간에 힘의 역학관계를 통해 결정되지만 협상을 통해 얼마든지 조정될 수 있다. 한번의 협상은 기업의 흥망성쇠를 결정할 정도로 중요하다. 따라서 협상력이란 경영자가 갖추어야 할 매우 중요한 역량이면서 가장 부가가치가 큰 지식이기도 하다.

개인이든 기업이든 노드를 만든 후 가만히 있는다고 저절로 다른 노드와 연결되지는 않는다. 필요한 노드를 찾아 적극적으로 연결함으로써 네트워크를 구축해가는 것이 경영자가 해야 할 기본적인 역할이다. 다만 어떤 조건으로 연결할 것인지에 대한 전략이 필요하다.

좋은 조건으로 연결할 수 있는 가장 좋은 방법은 내가 구축한 노드가 가치 있고 매력적인 노드가 되는 것이다. '마케팅의 목표는 마케팅을 불필요하게 만드는 것이다'라는 말이 있듯이 내가 매력적인 콘텐츠이면 별다른 마케팅 활동 없이도 플랫폼 기업들이 서로 연결하려고 할 것이다. 내가 매력적인 플랫폼이면 콘텐츠 기업들이 서로 연결하려고 할 것이다. 내가 매력적인 노드를 가지고 있으면 굳이 애써 연결하려고 노력할 필요가 없다. 왜냐하면 많은 다른 사람들이 서로 나에게 연결하려고 하기 때문이다. 이런 조건이 되면 연결 조건, 즉 계약 조건도 훨씬 유리하게 연결할 수 있다. 가장 안 좋은 케이스는 어설픈 노드를 가지고 연결하려고 많은 투자를 하는 것이다. 이런 경우에는 설령 연결이 되었다고 하더라도 쉽게 끊어진다. 따라서 모든 개인이나 사업자들이 가장 먼저 집중해야 하는 것은 나의 노드를 가치 있고 매력적인 노드로 만드는 것이다. 그것이 가장 효과적이고 경제적인 방법이다.

다음으로 좋은 연결을 할 수 있는 또 하나의 방법은 연결을 통해 상호 원원 가능한 방법을 찾아내는 것이다. 모든 비즈니스는 상호 연결을 통해 교환가치가 만들어질 때 성립될 수 있다. 노동력, 상품, 지식, 서비스, 정보 등을 상대방과 교환하여 더 큰 가치를 만들어낼 때 비즈니스 관계가 성립되고 네트워크로 서로 연결될 수 있는 것이다.

상호 원원이라는 관점이 우리에게 주는 추가적인 의미는 나의 노드의 가치를 높이는 것만큼 상대방 노드의 필요를 발견하는 능력도 중요하다는 점이다. 비록 내 노드가 상대적으로 조금 부족해도 내 노드를 필요로 하는 사람을 발견해서 그에게 연결을 시도하면 성공적인 연결이 될 수 있다. 최고가 되면 좋겠지만 내가 비록 최고는 아닐지라도 나를 필요로 하는 사람을 찾을 수 있으면 연결에 성공할 수 있다.

그러나 한번 연결이 되었다고 영원히 지속되는 것은 아니다. 급변하는 환경 속에서 연결은 언제든 끊어질 수 있다. 계속 연결 상태로 네트워크에 머물기 위해서는 가장 기본적으로 내 노드의 가치를 지속적으로 업그레이드하는 일과 상대방 노드의 필요를 살피는 것을 멈추어서는 안 된다.

생태계에 연결하기

제대로 노드를 갖춘 기업이 다양한 이해관계자들과 연결되면 연결된 주체들 간에 상호 의존적인 관계가 형성되고 서로의 필요를 채

위주면서 네트워크 자체만으로도 생존이 가능한 생태계로 발전할 수 있다. 생태계가 될 수 있는 수준이 되면 단순한 연결 관계를 넘어 사회에서 일정 기능을 담당하는 수준이 되기 때문에 상호간에 연결의 강도가 훨씬 높아지고 엄청난 성장 기회와 함께 장기적으로 안정적인 사업이 가능해진다. 많은 기업들의 최종 목표는 이러한 필수적이고 강력한 생태계를 구축하는 것이다.

생태계는 주로 플랫폼 기업을 중심으로 형성되는 경우가 많다. 구글의 생태계, 아마존의 생태계, 네이버의 생태계, 카카오의 생태계 등 온라인 플랫폼, 월마트의 생태계, 롯데의 생태계, 신세계의 생태계 등 오프라인 생태계가 있다. 이처럼 하나의 독점적인 플랫폼으로 성공한 기업은 한자리에 머무르지 않고 생태계 구축에 나선다. 정보 검색 포털이었던 네이버가 네이버 쇼핑을 통해 유형의 콘텐츠인 상품을 사고파는 마켓플레이스를 구축하고, 무형의 콘텐츠인 웹툰 플랫폼을 구축하고, 라이브 쇼핑 플랫폼을 구축하고, 제페토를 통해 메타버스 플랫폼을 구축하고, 네이버페이를 통해 결제 플랫폼을 구축하는 등 전방위적인 관련 플랫폼들을 구축하면서 이미 네이버 생태계를 만들었다. 카카오나 쿠팡 등 유력한 플랫폼들은 동일한 생태계 전략을 가지고 움직이고 있고 이러한 현상은 세계 어디나 마찬가지다.

콘텐츠 기업의 경우에도 일부 강력한 브랜드는 플랫폼 기업만큼은 아니지만 작은 플랫폼을 구축할 수 있다. 대표적으로 애플의 생태계, 삼성의 생태계, 코카콜라의 생태계, 루이비통의 생태계, 샤넬의 생태계 등이 있다. 콘텐츠 브랜드를 중심으로 한 생태계는 주로 공급망 관련, 판매망 관련, 마케팅 관련 이해관계자들이 서로 연결된 경우가 많다.

　플랫폼 기업이나 콘텐츠 기업이 생태계를 구축하는 방법은 단순한 거래 관계, 전략적 제휴를 통한 연합 관계, 더 나아가 M&A를 통한 통합 관계 등 레벨이 다른 여러 가지 방법이 있다. 이 중 가장 주력하는 전략은 M&A이다. 현재 대부분의 플랫폼 기업들은 M&A를 통해 생태계를 구축해왔다. 2021년 4월 22일 〈경향비즈〉에 따르면 아마존의 경우 전자상거래 분야에서만 자포스(ZAPPOS)를 비롯해서 31개 기업을 인수했고, 최근 60% 정도의 이익을 책임지고 있는 클라우드 컴퓨팅 분야에서도 13개 기업을 인수했다. 최근에는 사물인터넷, 인공지능, 웨어러블 로봇, 보건 의료 관련 등 창업 후 총 131건의 인수를 진행했다. 애플도 음성인식 시스템 '시리(Siri)', 음악 스트리밍 업체 '비트 일렉트로닉스' 등 창업 이후 117건의 인수합병을 진행했다. 구글은 268건의 인수합병을 통해서 성장했다. 구글 Docs와 구글어스를 비롯해서 안드로이드, 유튜브, 모토롤라, 알파고 등 전방위적인 인수합병으로 지금까지 성장해오고 있다. 가히 혁신 기업들을 빨아들이는 블랙홀처럼 인수합병을 통해 하나의 기업이 아니라 생태계 기업으로 변신해가고 있는 것이다.

　생태계 기업이 된 이들은 매출이나 수익이 지구상의 웬만한 중소국가의 GDP보다 더 큰 규모의 글로벌 산업 생태계를 구축하면서 국가와 경쟁하는 새로운 지배체제를 구축하고 있다. 이런 상황에 대해 미국, 중국, EU 등의 고심이 깊어가고 있다. 중국에서 반독점법을 꺼내들었고, 미국도 독점에 대한 규제를 검토하고 있다. 이는 생태계 기업이 얼마나 위협적인 존재인지를 보여주는 반증이다.

앞으로 고객이 하나의 플랫폼을 선택한다는 것은 하나의 생태계와 연결되는 것을 의미한다. 한번 그 생태계와 연결되면 그 속에서 대부분의 필요를 충족할 수 있기 때문에 그 생태계에 의존할 가능성이 높다. 결국 미래 세계의 경쟁은 개별 플랫폼의 경쟁이기도 하지만 생태계 간의 경쟁이 될 것이다. 이런 환경에서 작은 플랫폼 창업자나 콘텐츠 업자들은 생태계의 경쟁 관계를 잘 알고 있어야 하며, 어느 생태계에 연결될지를 심사숙고해서 선택해야 한다. 한번 생태계와 연결되면 빠져나오기가 쉽지 않기 때문이다.

좋고 강력한 생태계와 연결되기 위해서는 앞서 이야기한 내 노드의 품질 수준을 높여야 한다. 만약 새로운 플랫폼을 구축하기를 원한다면 결국 지배적인 플랫폼 기업들에게 매각할 생각을 가지고 그들의 기대 수준에 맞는 플랫폼을 구축하는 것도 하나의 방법이다. 그리고 콘텐츠 창업을 계획하고 있다면 플랫폼 기업들이 좋아하거나 다른 강력한 콘텐츠 기업이 인수를 원할 정도의 차별화된 경쟁력과 브랜딩 전략을 준비할 필요가 있다. 미래에 장기적으로 생존하기를 원한다면 어떤 방식으로든 생태계와 연결되어서 생태계와 함께 성장하는 것을 목표로 해야 할 것이다.

플랫폼과 콘텐츠의
핏(FIT)을 맞춰라

플랫폼과 콘텐츠는 속성상 숙명적인 상호 의존 관계이다. 플랫폼의 성공 비결은 좋은 콘텐츠 확보에 있고, 콘텐츠의 성공 비결은 좋은 플랫폼과의 연결에 있다. 콘텐츠 없는 플랫폼, 플랫폼 없는 콘텐츠는 존재하기 힘들다. 그런 점에서 플랫폼이든 콘텐츠이든 사업의 본질은 결국 서로 잘 연결하는 것이라고 할 수 있다. 문제는 플랫폼과 콘텐츠가 연결될 때 서로 핏(Fit)이 맞아야 한다는 것이다. 이는 네트워크에 접속하기 위해서는 프로토콜(Protocol)이 필요한 것과 같다.

프로토콜은 약속이다

프로토콜은 연결이나 교류를 할 때 상호 간에 지키기로 약속한 규율이나 규칙을 말한다. 통상 국가 간 교류에는 외교에서 통용되는 외교 프로토콜이 있고, 인터넷에서 사용하는 TCP/IP

(Transmission Control Protocol / Internet Protocol), 이메일을 보낼 때 사용하는 SMTP(Simple Mail Transfer Protocol), WWW(World Wide Web)의 HTTP(Hyper Text Transfer Protocol) 등 인터넷 통신과 관련된 프로토콜을 이용해서 전 세계의 네트워크가 구성되고 연결되고 있다.

이와 마찬가지로 사업하는 데 있어서도 수많은 플랫폼과 콘텐츠 기업들은 상호 간에 서로 약속된 규칙들을 잘 알고 따를 때 비로소 연결될 수 있다. 다만 통신과 인터넷 프로토콜은 국제적으로 표준 프로토콜이 필요해서 유엔 산하의 ITU(International Telecommunication Union)가 국제 통신 규약을 만들어서 관리하고 있지만 기업 간 경영에는 공정거래위원회에서 기본적인 규약만 관리하고 있을 뿐 구체적인 규약은 기업 간 자율에 맡기고 있다.

플랫폼 기업은 여러 기업과 공정하게 거래를 해야 하므로 통일된 프로토콜이라고 할 수 있는 거래 지침이 있어야 하고, 콘텐츠 기업은 거기에 맞추어야 한다. 따라서 현실적으로는 기업 간 프로토콜 규약은 주로 플랫폼 기업이 주도하고 콘텐츠 기업이 맞추는 형태로 조정되어 가고 있다. 플랫폼 기업은 프로토콜이 너무 어려워서 콘텐츠 기업이 접근하는 데 진입 장벽이 되지 않도록 해야 하고, 콘텐츠 기업은 플랫폼 기업이 제안하는 프로토콜에 맞추어서 사업 제안을 하거나 사업모델을 준비해야 연결될 수 있다.

한국 백화점과 미국, 유럽 백화점의 프로토콜 차이

한 가지 예를 들어보자. 오프라인 유통의 대표적인 플랫폼은 백화점이다. 그런데 미국이나 유럽의 백화점은 리테일러(Retailer, 소매업자)의 정의에 충실해서 브랜드들로부터 상품을 매입해서 판매를 한다. 그런데 한국, 일본의 백화점들은 상품을 매입하지 않고 수수료기반의 임대업자처럼 영업을 하고 있다. 위탁판매업으로 백화점은 공간만 제공하고 브랜드가 직영점처럼 상품 재고와 판매 운영 관리에 대한 책임을 지는 구조이다. 중국의 경우 초기에는 미국과 유럽, 한국, 일본 방식이 혼재되어 있었지만 최근에는 한국, 일본 방식으로 정리되어 가고 있다.

이처럼 플랫폼 기업의 거래 방식이 다르면 콘텐츠 기업의 운영 방식도 다르다. 미국이나 유럽처럼 리테일러 방식의 플랫폼에 맞춰야 하는 콘텐츠 기업은 백화점 바이어들에게 수주를 받고 납품을 하는 것까지만 책임을 지므로 상품 개발 및 생산 관리 위주의 심플한 조직으로 운영된다. 반면 한국과 일본의 위탁판매 방식은 콘텐츠 업자가 상품 개발은 물론 판매와 매장 운영, 재고 관리까지 책임지는 구조이므로 상품 개발 조직만큼 판매 및 물류 관리 조직도 중요하므로 조직이 비대해진다.

이처럼 같은 백화점이어도 국가 간 거래 방식의 차이 때문에 국내 백화점 거래 방식에 맞춰진 콘텐츠 기업들은 현실적으로 해외로 브랜드를 진출시키기가 쉽지 않다. 왜냐하면 한 기업에서 2가지의 운영 방식을 가지기가 쉽지 않기 때문이다.

이런 프로토콜의 차이, 즉 거래 방식의 차이가 바로 한국 패션 기업이 글로벌로 진출하는 데 가장 큰 장애물이라고 할 수 있다. 마찬가지 이유로 해외 브랜드가 한국에 직접 진출해서 성공하기는 명품을 제외하고는 매우 어렵다. 그래서 대부분의 해외 브랜드는 한국 기업에게 라이선스권을 주어 진출하거나 한국 패션 기업이 수입을 해서 다시 백화점에 위탁판매를 하는 형태였다. 이 경우 거래 단계가한 단계가 늘어나 가격이 비싸지는 결과를 가져왔다.

이런 환경에서 콘텐츠 기업인 패션 기업들이 글로벌 브랜드로 성장하기 위해서는 해외 백화점들과 유통 기업들의 거래 방식을 파악해서 거기에 맞는 상품 기획 프로세스와 운영 일정, 거래 방식들에 대해 연구하고 맞춰야 성공할 수 있는 길을 찾을 수 있다. 현재 한류의 영향으로 한국 패션의 글로벌화와 K패션에 대한 관심이 뜨겁지만 이러한 플랫폼 기업의 프로토콜, 즉 거래 방식에 대한 이해 없이는 쉽지 않은 일이다.

백화점과 대형 쇼핑몰의 프로토콜 차이

비슷하지만 다른 한 가지 사례는 한국 내에서 최근 대형 쇼핑몰이라는 유통 플랫폼이 생기면서 콘텐츠 기업들의 사업모델에 많은 도전을 주고 있다는 것이다. 최근 쇼핑의 중심이 도심형 백화점에서 교외형 쇼핑몰로 이동하면서 이러한 유통 플랫폼의 변화는 콘텐츠 기업들에게 많은 혼란을 주었다. 왜냐하면 과거의 브랜드 운영은 10평 내외의 백화점과 소형 프랜차이즈 대리점으로 표준화되어 있었는데 이러한 운영 방식은 교외형 쇼핑몰에는 맞지 않기 때문이다.

새로운 쇼핑몰이라는 플랫폼은 50~100평에 맞는 새로운 형태의 콘텐츠가 필요했고, 이에 따라 자주, 모던하우스, 에이랜드, 원더플레이스 같은 전문 편집숍과 자라, 유니클로, 스파오, 탑텐 같은 SPA 브랜드가 쇼핑몰에 맞는 형태로 발전하게 되었다. 백화점 시대에 맞는 콘텐츠인 대리점 브랜드들은 저물고 새로운 플랫폼인 쇼핑몰에 맞는 대형 전문점과 편집숍, SPA 브랜드들이 성장하게 된 것이다. 이들은 플랫폼에 재빨리 맞추어서 변신하는 사업모델을 보여줌으로써 성장을 이어가게 된 것이다.

오프라인 플랫폼과 온라인 플랫폼의 프로토콜 차이

최근 유통 플랫폼의 축이 오프라인에서 온라인으로 이동하면서 콘텐츠 기업인 패션 브랜드의 운명이 뒤바뀌고 있다. 한때 프랜차이즈 방식으로 큰 성공을 거둔 패션 대기업 및 중견 기업들은 실적이 급전직하로 추락하고 있고, 새로이 온라인 플랫폼에서 사업을 시작한 신생 브랜드들은 급성장하는 등 세대 교체가 급격하게 이루어지고 있다.

많은 패션 중견기업들이 온라인 시장에 도전했지만 온라인 플랫폼의 거래 방식과 운영 방식에 대한 무지로 성공적인 사례를 보여주지 못하고 있다. 다른 말로 하면 제대로 된 프로토콜을 찾지 못한 것이다. 이런 현상은 식품업계나 생활용품업계, 화장품업계도 마찬가지다. 생존하는 기업은 플랫폼에 맞는 프로토콜을 찾은 콘텐츠 기업들이다.

유튜브 플랫폼의 성공 프로토콜

최근 유튜브를 활용해서 성공한 사람들이 생기면서 수많은 사람들이 유튜브 스타를 꿈꾸며 도전하고 있다. 그들 중 성공하는 사람들은 유튜브라는 플랫폼의 프로토콜을 제대로 이해하고 거기에 맞춘 것이다. 구글에서는 유튜브에 성공하기 위한 10가지 원칙을 프로토콜로 제시하고 있다.

- 공유성: 내용이 유익해서 공유할 만한 가치가 있어야 한다.
- 대화체: 혼잣말이 아닌 대화 형식으로 참여와 공감과 친밀감을 표현한다.
- 상호작용: 댓글로 질문 유도, 구독과 좋아요 등 참여를 유도해야 한다.
- 일관성: 아이디어에 강력하고 반복적인 요소가 있어야 한다.
- 타깃팅: 명확한 목표 타깃이 있어야 한다.
- 지속 가능성: 시청자가 좋아하는 동영상을 지속적으로 제작할 수 있어야 한다.
- 검색 가능성: 사용자가 내 동영상을 쉽게 검색할 수 있도록 해시태그 등을 잘 달아야 한다.
- 접근성: 모든 동영상의 에피소드가 독립적으로 시청 가능하여 신규 시청자도 즐길 수 있어야 한다.
- 컬래버레이션: 다른 유튜버와 컬래버레이션할 수 있어야 한다.
- 유니크한 콘텐츠: 시청자들이 궁금증과 흥미와 아이디어를 얻을 수 있는 창의적인 콘텐츠여야 한다.

이러한 프로토콜을 잘 이해하고 거기에 맞추어서 준비한 사람은 성공 확률이 훨씬 높아질 것이다.

플랫폼과 콘텐츠의 성공 조건: 프로토콜 맞추기

이외에도 다양한 플랫폼들이 나름대로 프로토콜을 가지고 운영되고 있다. AI를 통한 맞춤형 검색 플랫폼 등에서는 기본적으로 데이터를 기본으로 검색 알고리즘을 통해 검색 서비스를 제공한다. 이러한 검색 플랫폼을 통해 홍보나 마케팅을 하려는 콘텐츠 기업들은 먼저 알고리즘의 기본 원리를 이해한 다음 거기에 맞는 품질 좋은 데이터를 입력하면 된다. 품질 좋은 데이터란 데이터의 내용에 맞게 올바른 정보를 태그를 통해 충실하게 입력해놓은 것이다. 데이터 내용이 올바르지 않거나 잘못된 태그가 입력된 데이터는 오히려 혼란을 가져온다.

이상의 여러 가지 사례처럼 플랫폼 기업과 콘텐츠 기업이 상호 연결되어서 윈윈의 성공적인 연결이 이루어지려면 서로 간의 프로토콜을 잘 이해하고 서로의 거래 조건을 잘 맞추어서 사업모델을 구축해야 한다. 플랫폼 기업이 프로토콜을 바꾸면 콘텐츠 기업은 거기에 맞게 재빨리 변신해야 한다. 따라서 콘텐츠 기업이든 플랫폼 기업이든 사업모델 설계 단계에서 상대 파트너의 거래 방식에 대해 폭넓은 이해를 바탕으로 나만의 거래 방식을 설계해야 성공 가능성을 높일 수 있다.

다시 지식 경영 시스템을
구축하라

　경영은 사람을 움직이는 기술이다. 기업은 수많은 활동들을 통해 결국 먼저 고객의 마음을 움직이고, 다음으로 직원들의 마음을 움직이고, 마지막으로 협력업체를 포함한 이해관계자들의 마음을 움직이는 것을 목표로 한다. 경영을 잘한다는 것은 이런 사람들의 마음을 잘 움직여서 좋은 성과를 내는 것이다.

　변화무쌍한 카오스 경영 환경에서 기업을 경영하려면 안정적인 환경에서 경영하는 것과 근본적으로 다른 원칙과 방법이 필요하다. 불안하고 불확실한 환경일수록 목표 수립 방법, 인재를 보는 관점, 인재 육성 방법, 조직 모델, 조직관리 방법 등에서 새로운 접근법이 필요하다. 여기서 몇 가지 중요한 포인트만 이야기해보고자 한다.

목표 수립 방법: 기획하지 말고 반응하라

일반적인 기업에서 경영관리의 가장 중요한 방법은 MBO (Management by Objectives)이다. 직원들을 움직이기 위한 방법 중 가장 효과적인 것은 직원들에게 목표를 부여하고 목표 달성 여부를 점검하면서 관리하는 것이다. 보통 기업들은 연말이 되면 사업계획을 세우고 목표를 수립한다. 그리고 그 목표에 따라 1년간 운영한 뒤 성과평가를 하고 또 다음 해 목표와 계획을 수립한다. 그런데 변화가 너무나 빠르고 변동성이 심한 환경에서는 1년 단위로 목표와 계획을 수립하여 경영하는 방법이 오히려 기업이 환경 변화에 대응하고 적응하는 데 장애물이 될 수도 있다. 그렇다면 어떻게 해야 할까?

첫째, 목표 수립의 목적이 직원을 움직이고 자원을 분배하는 유용한 도구에 불과하다는 것을 알아야 한다. 목표를 세우되 목표에 얽매이지 말아야 한다는 말이다. 왜냐하면 목표란 얼마든지 바뀔 수 있는 만큼 유연성을 확보해야 하기에 목표 수립의 방법론을 기업에 맞게 조정할 필요가 있다. 어떤 기업은 목표 수립을 3개월 단위로 할 수도 있다. 어떤 기업은 목표 수립에 들어가는 비용을 고려해서 1년 단위로 수립하되 분기마다 목표를 수정할 수도 있다. 어떤 기업은 여전히 1년 단위가 좋을 수도 있다.

최근 구글에서 사용한 OKR(Objective Key Result) 방법론이 환영받고 있다. 이것은 목표를 수립하되 짧은 기간(3개월 정도) 동안 3가지 정도의 간단한 목표를 집중해서 달성하고 다음 분기엔 또 다른 목표를 수립하는 방식으로 유연하게 목표 관리를 하는 것이다. OKR이 효과를 내기 위해서는 목표 설정 단위 조직도 애자일 조직으로 세분화해야 한다. 애자일 조직이란 기존의 피라미드형 상명하복의 수직적인 조직이 아니라 프로젝트 단위별 셀(Cell) 조직으로 각자 업무의 오너십을 가진 수평적인 조직 모델을 말한다. 애자일이란 말 자체가 '기민함', '민첩함'을 의미하는 것으로 역동적인 경영 환경에 민첩하게 적응하기 위한 조직 모델이다. 이러한 조직은 전체의 목표와 비전은 공유하되 업무 수행은 각자 팀 단위로 자율적으로 운영하면서 성과를 낸다. 이러한 방법론은 초기 IT 기업 등 디지털 기술의 영향을 받는 지식 기반 기업들에게 유용했는데, 지금은 전체 기업에 적용되는 미래형 조직관리 모델로 인정받고 있다.

둘째, 시장 환경 변화에 유연한 기업이 되고 혁신적인 기업문화를 위해 평가의 기준은 목표 달성보다는 개선된 성과에 두어야 한다. 보통 기업들의 경우 평가하기 쉽다는 이유로 목표 달성 여부를 평가 항목에서 가장 중시하는 경향이 있다. 목표가 직원들의 동기부여를 위한 도구에 불과하다면 임의로 설정한 목표 자체보다는 실제적으로 개선된 성과가 평가의 중심 지표가 되어야 하고 목표 달성 여부는 보조 지표가 되어야 한다. 다만 실제적으로 개선된 성과에는 계량적인 성과만이 아니라 기업의 잠재적인 문제를 해결하는 것 등 측정이 어려운 성과도 포함되어야 한다.평가의 가장 중요한 기준은 고객가치 상승을 통한 기업가치 상승이다. 고객가치와 기업가치를 상승시키는 방법은 비단 설정된 목표에만 있는 것이 아니다. 창의적인 여러 가지 방법이 있을 수 있고 직원들이 그러한 창의적인 접근을 할 수 있는 문을 열어주어야 한다. 목표 달성에 집착하는 방법의 가장 큰 단점은 직원들의 창의력을 제한한다는 것이다.

셋째, 목표 달성보다 고객의 필요에 반응하고 경쟁자의 전략에 대응하는 유연한 기업문화를 구축해야 한다. 유의미한 고객의 반응을 발견하거나 경쟁자의 의미 있는 전략을 발견한 즉시 기존의 목표를 무시하고 새로운 목표를 수립할 수 있는 문화가 되어야 한다. 그러기 위해 목표는 직원에게 방향과 지침을 주는 선에서 최대한 단순하게 수립되어야 한다. 그렇다고 잦은 목표 수정이 좋은 것은 아니다. 목표가 전략적인 방향과 지침인데 그것이 자주 바뀐다면 전 조직에 혼선을 줄 수 있기 때문이다.

이처럼 환경 변화에 유연한 경영 관리 방식을 시스템화한다면 불확실한 변동성의 시대에도 지속 가능한 성장을 이룰 수 있다.

인재 구조 전략: 전문가 중심 vs 관리자 중심

기업 경영에서 가장 어려운 것은 사람 관리다. 사람은 지적 자산을 가진 가장 소중한 자원인 동시에 가장 큰 비용을 지불해야 하는 존재다. 더구나 사람은 인격체로서 잘못하면 여러 가지 엄청난 관리비용을 지불해야 하므로 신중하게 관리해야 한다. 보통 경영자들은 전략적 목표 없이 필요에 따라 사람을 선발하고 필요 없으면 강제로 해고하는 경우가 많다. 이런 일이 반복적으로 일어나는 기업은 직원들의 신뢰를 얻지 못해서 사업 성과에도 부정적인 영향을 미친다.

경영자들이 인력을 분류해서 관리할 수 있는 틀은 여러 가지가 있지만 간단하면서도 유용한 개념적인 틀이 관리 역량과 전문 역량의 매트릭스이다.

전문 역량이란 직접 고객가치를 제공하는 일을 할 수 있는 역량이다. 제품 개발 역량, 생산 기술 역량, 판매 역량, 솔루션을 제공하는 지식 서비스 역량 등을 말한다. 기업 입장에서는 직접 돈 버는 역할을 하는 역량이다. 관리 역량이란 직접 고객가치를 제공하기보다는 다른 사람을 통해서 고객가치를 제공하는 역량이다. 직접 돈을 벌어오기보다는 다른 사람을 통해 돈을 버는 역량, 즉 돈 버는 사람들을 관리하는 역량을 말한다.

'전문가'라 함은 전문 역량은 뛰어난데 관리 역량이 부족한 사람들을 말한다. 예를 들면 디자이너나 기술자들, 변호사나 회계사들은 제품을 디자인하는 능력이나 기술을 사용해서 생산하는 능력은 뛰어나지만 사람이나 조직 관리 역량은 부족한 경우가 많다. 이런 사람들은 주로 관계 중심보다는 일 중심적인 사람이다.

'관리자'라 함은 전문 역량은 조금 부족하지만 사람을 관리하는 역량이 뛰어난 사람들이다. 이런 사람들은 주로 판매원들을 관리하는 영업관리자, 생산 직원들이나 공장을 운영 관리하는 생산관리자, 물류관리자, 경영관리자들이다. 이런 사람들은 주로 전문적인 업무 자체보다 사람 간의 관계를 잘 관리한다.

관리자와 전문가를 구분할 수 있는 좋은 예가 있다. 법무법인에 변호사와 회계사가 근무한다고 할 때 변호사는 전문가이지만 회계사는 관리자이다. 변호사는 직접 사건 변호를 통해 돈을 버는 사람이고 회계사는 변호사가 벌어온 돈을 관리하는 사람이기 때문이다. 반대로 회계법인의 회계사와 변호사는 입장이 반대다. 회계법인의 회계사는 전문가이고 변호사는 관리자이다. 회계법인의 회계사는

	전문가	지원 인력
작다	• 전문 역량 큼, 관리 역량 부족 • 회계사, 변호사, 디자이너, 기술자, 세일즈맨, 개발자	• 전문 역량, 관리 역량 부족 • 재무·인사·총무 등 지원부서, 전문가, 관리자 보조직원
관리역량	리더(Leader)	관리자
크다	• 전문 역량, 관리 역량 탁월 • 경영자 레벨	• 관리 역량 큼 • 전문 역량 부족 • 중간 관리자, 영업관리, 생산관리 등
	크다　　　　　**전문 역량**　　　　　작다	

직접 돈을 벌어오는 일을 하고 변호사는 회계사가 벌어온 돈을 관리해주는 역할을 하기 때문이다.

'리더'는 전문 역량도, 관리 역량도 뛰어난 사람으로 주로 경영자 레벨이다. 우선 전문가로 출발해서 관리 역량을 익힌 후 리더가 되는 경우가 많다. 전문 역량이란 특수한 기술을 요하는 역량인 반면 관리 역량은 보편적인 역량이므로 전문가가 관리 역량을 배우기는 쉬우나 관리자가 나중에 전문 역량을 배우기는 쉽지 않기 때문이다.

전문 역량, 관리 역량이 모두 부족한 사람은 지원 인력이다. 지원 인력은 신입사원이나 파트타이머 등 전문성이 낮은 업무를 수행한다. 지원 인력 중 일부는 나중에 전문가의 길을 가거나 관리자의 길을 갈 수도 있다. 다만 일시적으로 그들은 지원하는 역할을 한다.

이와 같이 인력을 구분하여 관리하면 유용한 점이 많다. 직원들을 관리하기 위한 인사 정책의 기본 구조가 될 수 있기 때문이다. 직급 구조, 선발 정책, 교육훈련 정책, 평가 정책, 보상, 포상, 승진 등 직원 유지 정책, 퇴직 정책 등 인사 정책을 수립할 때 기본적인 인력 분류 기준이 필요하기 때문이다.

사업의 성격에 따라 다르지만 일반적으로 전문가가 많은 조직과 관리자가 많은 조직 중 전문가가 많은 조직이 좋다고 할 수 있다. 전문가는 부가가치를 직접 창출하여 직접적으로 돈을 버는 사람들이므로 전문가가 많을수록 기업 입장에서는 좋은 성과를 기대할 수 있다. 반면 관리자는 적정한 규모로 있는 것이 좋다. 대부분의 기업의 문제는 관리자와 지원 인력이 너무 많은 경우에 발생한다. 리더와 전문가는 많을수록 기업가치에 긍정적인 영향을 미칠 수 있지만 관리자와 지원 인력은 적을수록 좋다고 할 수 있다. 다만 이러한 기준은 사업모델에 따라 조금 다르다.

플랫폼 사업모델은 일반적으로 시스템에 의해 운영되므로 지원 인력과 관리자 비율이 높다. 쿠팡과 같은 온라인 플랫폼의 경우 물류 인력은 대부분 플랫폼 노동자라고 하는 지원 인력들이다. 우버와 같은 자동차 공유 플랫폼의 택시 드라이버도 마찬가지다. 다른 플랫폼 업자들도 소수의 개발 인력과 같은 전문가들을 제외하고 대다수의 직원들이 거래처나 고객들을 관리하는 인력인 경우가 많다. 반면 콘텐츠 사업모델은 전문가가 중심이 되어 움직이는 경우가 많다. 디자이너와 기술자, 상품 개발자 등 전문가가 없으면 콘텐츠 사업 자체가 어렵다.

독점을 구축하여 속칭 '갑'의 지위에서 운영되는 플랫폼 기업은 시스템의 지원하에 지원 인력과 관리자에 의해 운영되고 '을'의 지위에서 운영되는 콘텐츠 기업은 전문가들에 의해 운영된다는 것은 재미있는 역설적인 현실이라고 할 수 있다.

경영자는 정기적으로 전문가와 관리자의 비중을 점검하여 중간 관리자를 줄이고 가급적 기업가치에 직접적인 기여를 하는 전문가 직원들을 많이 확보하여 기업의 역량을 향상시킬 필요가 있다. 그렇게 함으로써 급변하는 경영 환경 속에서도 생존 능력을 높일 수 있다.

학습 조직으로 무장하라

지식의 양이 급증하고 환경 변화가 역동적인 카오스 경영 환경에서 기업에게 직원 교육은 매우 중요한 숙제이다. 기업의 성장 여력은 기본적으로 임직원들의 역량에 좌우된다고 할 수 있다. 임직원들의 지식 수준이 기업의 성장 역량의 한계이기 때문이다. 따라서 지속적으로 성장하고자 하는 기업은 직원을 지속적으로 교육시켜 직원의 성장 속도를 높이거나 아니면 외부에서 높은 지식 수준을 가진 인재를 영입하는 수밖에 없다. 성장하는 기업의 경우 기업의 성장 속도를 직원의 성장 속도가 따라잡을 수 없을 때 문제가 발생한다.

일반적으로 특별히 노력하지 않으면 직원의 성장 속도가 높지 않기 때문이다. 더구나 경쟁사를 비롯한 사회적인 지식의 성장 속도가 매우 빠른 상황에서 직원들의 성장 속도가 지식의 증가 속도를 따라갈 수 없을 때 그 기업의 성장은 직원들의 성장 속도에 갇히게 된다. 따라서 지속적으로 성장하려는 기업은 반드시 직원의 지속적인 성장에 대한 전략과 대안을 가지고 있어야 한다.

인재 양성 전략: 디자인 싱킹과 스킬 교육

정보 공유 플랫폼이 발전해서 알고 싶은 대부분을 검색을 통해 알 수 있는 상황에서 직원들의 성장과 이를 위한 교육 문제에 대해서는 사회적으로 다양한 의견이 많다. 이는 기업 내 성인 교육의 문제만이 아니라 근본적으로 학교 교육 전반에 관한 문제이고 사회 전체적인 문제이다.

기본적으로 사람이 업무를 하는 데 필요한 지식을 세분화해서 본다면 다음과 같은 개념화가 가능하다.

Knowledge = Intelligence + Skill + Information

지식이란 문제 해결 능력이라고 정의할 수 있는데 기본적으로 3가지가 필요하다.

첫째는 인텔리전스(Intelligence)인데 이는 생각하고 판단하는 능력을 말한다. 상황을 파악하고 문제를 분석하고 선택 가능한 방법을 생각해내고 옳고 그름을 판단하는 능력 혹은 지능이 필요하다. 이중 가장 중요한 것은 문제를 충분히 파악하고 이해하는 데 도움이 되는 분석력과 공감 능력, 이를 바탕으로 문제를 정의하고 종합화할 수 있는 컨셉추얼(Conceptual) 능력, 새로운 시각에서 새로운 선택 대안을 만들어내고 우선순위를 결정할 수 있는 프레이밍(Framing) 능력 등이다. 최근 주목받고 있는 디자인 싱킹(Design Thinking)은 이러한 능력들을 통해 실제적인 문제 해결과 창의적인 개발 능력을 키우는 아주 유용한 방법론이다. 기본적으로 분석력, 추상력, 재구조화 능력 등이 필요하고 이를 위해서는 철학이나 논리학, 역사학 등 인문학적인 소양이 중요하다. 최근 인문학의 중요성이 다시 부각되는 것은 인문학적 소양이 생각하는 능력을 향상시켜주기 때문이다. 다만 인문학적인 소양 위에 MECE(Mutually Exclusive, Collectively Exhaustive) 같은 문제를 분석하고 종합하고 재구조화하는 몇 가지 방법론을 알아둘 필요가 있다.

지식에서 중요한 두 번째는 요소는 스킬(Skill)이다. 지식을 요리하는 것에 비유한다면 스킬은 도구를 말한다. 도구가 있을 때 일을 빠르고 쉽게 할 수 있듯이 스킬을 갖춘 개인은 일을 빠르고 쉽게 할 수 있다. 인간을 동물과 차별화하는 대표적인 것이 도구를 사용한다는 것이고, 인류의 역사는 도구 발전의 역사라고 할 수 있을 만큼 도구는 인간의 생산성 향상에 핵심적인 역할을 해왔다. 그래서 개인 차원에서 개인의 생산성 향상을 결정짓는 역량이란 결국 개인이 사용할 수 있는 도구의 수준이라고 할 수 있다. 특히 언어는 대표적인 도구이다. 영어나 중국어를 아는 사람과 모르는 사람은 지식이나 관계를 맺는 데 엄청난 차이가 난다. 전 세계의 지식 중 한국어로 된 자료와 영어로 된 자료를 비교해볼 때 영어를 아는 사람이 접근할 수 있는 지식의 양은 한국어로 접근할 수 있는 지식의 양과 비교할 수 없을 만큼 크고 많다. 영어라는 언어가 중요한 도구인 이유이다. 최근 모두에게 중요한 또 하나의 언어가 생겼다. 디지털 언어다. 과거 IT 전문가들에게만 필요했던 코딩(Coding) 능력이 이제 모든 사람들이 알아야 하는 기본적인 언어로 인식되면서 초등학교부터 코딩 교육 열풍이 불고 있다. 미래에는 디지털 언어를 아는 사람과 모르는 사람 간에 디지털 격차(Digital Divide)가 생길 것을 우려하고 있다. 특히 고령자들과 젊은이들 사이에 디지털 언어 때문에 의사소통이 안 될 수도 있다. 디지털 언어에 익숙한 기업과 그렇지 않은 기업 간의 격차는 말할 필요도 없다. 디지털 언어는 미래에 생존을 가르는 필수적인 도구가 될 수 있다.

이외에도 드로잉 능력, 컴퓨터 응용 프로그램 사용 능력, 요리 능력, 목공 능력, 그래픽 디자인 능력, 제품 디자인 능력, 렌더링 능력, 3D 프린팅 능력, 정리 정돈 능력, 글쓰기 능력, 방송 장비 운용 능력, 사람을 즐겁게 하는 능력, 식물을 잘 기르는 능력, 기계를 다루는 능력, 커피 블렌딩 능력, 선물 잘 고르는 능력, 복잡한 문제를 분석해서 선택 대안을 제시할 수 있는 능력 등 수많은 다양한 스킬이 있다.

스킬을 가진 사람들에게는 기회가 많아질 것이고 그렇지 않은 사람들에겐 기회가 적어질 것이다. 이제는 단순히 많이 아는 것은 의미가 없다. 왜냐하면 그것은 검색 플랫폼이 해결해주기 때문이다. 미래에 중요한 것은 아는 것을 실행할 수 있는 능력이고 이러한 실행 능력을 결정하는 것은 스킬이다.

따라서 미래 교육의 초점은 스킬 교육에 두어야 한다. 기업 차원에서도 직원 교육의 초점을 스킬에 둘 필요가 있다. 스킬은 언뜻 보기에 업무와 상관없을 수 있으나 스킬이 많은 직원들이 있을 경우 기업에 많은 기회가 창출될 수 있다. 직원들의 스킬 목록(Skill Set)을 조사해두는 것도 유용할 수 있다. 직원의 재능이나 기술을 알면 차원이 다른 의사 결정들을 할 수 있기 때문이다.

마지막 지식의 요소는 정보(Information)이다. 정보는 여전히 기업의 성과나 문제 해결에서 중요한 요소이다. 잘못된 정보로 의사 결정을 했을 경우의 위험과 좋은 정보로 얻을 수 있는 기회를 생각해보면 정보는 여전히 사업을 하는 데 강력한 힘이고 능력임을 알 수 있다. 다만 미래에는 정보가 공유되고 유통되는 방식에서 근본적인 차이가 날 것이다. 과거에는 정보가 일부 특수한 사람들의 머릿속에 저장되어 있었다면 미래에는 정보가 오픈되고 공유되고 언제든지 접근 가능한 세상이 될 것이다. 이미 우리는 상당 부분 공유된 정보의 홍수 속에서 살아가고 있다.

이런 세상에서 사람들에게 정보를 많이 암기하고 기억하게 하는 과거의 교육은 실효성이 떨어지는 교육 방식이 되어가고 있다. 정보의 증가 속도가 폭발적으로 늘어나는 환경에서 그 많은 정보를 암기하거나 기억하는 것은 불가능하다. 이제 중요한 점은 그 많은 정보의 홍수 속에서 정보를 얼마나 많이 아느냐가 아니라 필요한 정보를 어떻게 찾아내고 습득할 수 있느냐이다. 다시 말하면 고기 잡는 능력, 즉 정보를 찾고 관리할 수 있는 능력이 중요하다. 요리하는 것에 비유하자면 정보는 재료이다. 재료는 도처에 넘쳐나고 있다. 우리에게 필요한 것은 내가 하고자 하는 요리에 맞는 재료를 찾아내서 사용하는 것이다.

정보를 다루는 한 가지 좋은 방법은 정보의 골을 파놓는 것이다. 매일 발생하는 정보 중 나에게 중요한 정보가 자동적으로 내게 유입되도록 적절한 채널들을 구축해 시스템화해 놓으면 내가 애쓰지 않아도 최신의 업데이트된 정보들을 알 수 있고, 내가 알아야 할 기본적인 정보들은 손쉽게 얻어 성과를 내는 데 큰 도움이 될 것이다. 직원들에게 가르쳐야 하는 것은 이제 정보 자체가 아니라 정보를 수집하고 분석하고 활용하는 방법론이다.

학습 조직 구축과 지식 경영

이상과 같이 기업의 인재 양성 전략의 목표는 생각하는 능력, 스킬과 정보를 다루는 능력들을 향상하는 것이 되어야 한다. 이러한 인재 육성 전략을 실행할 때 중요한 개념은 '교육'과 '학습'의 차이다. 교육은 말 그대로 기업이 필요하다고 생각하는 것을 일방적으로 가르치는 것을 말하고, 학습은 상호 의사소통을 통해 개인 스스로 배우고 익히는 것을 말한다. 인재 양성을 위해서는 교육과 학습 모두 필요하다. 다만 교육의 대상과 학습의 대상이 다르다. 교육은 주로 태도나 이념을 가르칠 때 필요하다. 기업의 경영 이념이나 직장 예절, 경영 지침들은 교육해야 한다. 이것들을 제외하고 위에서 말한 지식의 3요소인 생각하는 능력이나 스킬, 정보를 활용하는 능력 등은 교육의 대상이라기보다는 학습의 대상이다.

'학습 조직'이란 일하는 것이 곧 학습 과정이요, 학습하는 것이 곧 업무 과정이라는 개념으로 매우 유용하다. 기업에서 사람들은 일하면서 가장 많은 것을 배운다. 일을 한다는 것은 단순히 업무를 처리하는 것을 넘어서 고객 만족을 위해 무엇인가 문제를 해결하는 것이고, 일을 하면서 문제 해결 방법을 배우고 더 나은 방법을 고민한다면 일하는 과정 자체가 학습이 될 수 있다. 가장 선진적인 기업문화는 이러한 학습 조직 문화가 잘 정착된 것이다. 학습 조직이야말로 기업의 이해와 개인의 이해가 일치하는 지점이다.

학습 조직으로 무장한 기업은 어떤 환경 변화에도 유연하게 대응할 수 있다. 직원들이 모든 환경에서 배우기 때문에 직원들의 역량 때문에 기업의 성장이 방해받을 염려도 없다. 기업이 구축해야 할 궁극의 인재 개발 전략은 학습 조직의 구축이고 이것이 곧 지식 경영의 완성이라고 할 수 있다.

기업마다 수준 차이가 있지만 체계적인 학습 조직의 구축이야말로 카오스 경영 환경에서 생존하기 위한 기업의 가장 큰 무기가 될 수 있다. 경영 전략으로서 학습 조직과 지식 경영은 한때 유행처럼 관심을 받다가 최근 시들해졌지만 디지털 환경에서 지식 경영은 매우 중요한 개념이다. 경영학의 아버지로 불리는 피터 드러커가 경영 혁신 전략의 완결편은 지식 경영이라고 한 것처럼, 지식 경영은 유행처럼 왔다 가는 경영 혁신 방법론이 아니라 기업의 궁극적인 경영 혁신 모델이다. 다만 어떻게 지식 경영을 이해하고 실행할 것인가 하는 방법론에 대한 연구가 필요하다.

정리해보면 카오스 경영 환경에서 기업의 가장 큰 경영 원칙은 첫째, 유연해야 한다는 것, 둘째, 핵심 인재들이 모이도록 해야 한다는 것, 셋째, 그 핵심 인재들에게 가르칠 것은 기업의 가치와 공유 비전이고 요구할 것은 생각하는 능력과 핵심 스킬이라는 점이다. 간단하지만 핵심적인 3가지를 기준으로 경영한다면 어려운 환경 속에서도 생존으로 가는 길을 찾을 수 있을 것이다. 많은 사람들이 성공하는 길을 찾는 데 조금이라도 도움이 되기를 바란다.

대학교 2학년
월 1,000만 원
순수익 노하우

ZZIN 디지털 노마드 창업

류희은 지음 | 14,500원

**사무실로 출근하지 않아도
근로소득 만드는 디지털 노마드 창업!**

이 책은 현시대에 가장 알맞으면서도 즐겁게, 어렵지 않게 시도할 수 있는 '디지털 노마드 창업'에 대해 소개한다. 대학교 2학년에 월 1,000만 원을 벌기 시작하면서 20대에 벌써 미니 은퇴를 선포한 저자는 스타트업, 프리랜서, 1인 기업까지 다양한 경험을 해왔다. 이를 바탕으로 스타트업, 프리랜서, 1인 기업의 차이점을 설명하며 왜 디지털 노마드 창업이 좋은지, 디지털 노마드 창업을 위해 꼭 필요한 것, 디지털 노마드 회사 운영기, 꾸준히 디지털 노마드 라이프를 즐기는 방법 등을 알려준다.

'혼자'의 시대에서
살아남는
상품기획 방법

1코노미의 시대

권단정 지음 | 16,000원

**소비 시장의 주력, 1인 가구에게 팔리는
상품의 비밀을 파헤치다!**

대한민국의 소비 시장의 뉴노멀을 만드는 '1인 가구'의 마음을 사로잡는 것이 앞으로의 소비 시장의 주력이 될 것이다. 이 책은 1인 가구의 라이프스타일을 분석해, 이들에게 어떤 특성이 있는지 명쾌하게 소개한다. 이들의 특성을 반영해 실제 소비 시장에 출현한 신상품들을 소개하며 어떤 아이디어를 가지고 이들의 마음을 사로잡을 수 있을지 말한다. 현장에서 오랜 시간 동안 고객의 마음을 사로잡는 상품을 기획한 전문 MD 출신의 저자가 말하는 신상품 기획력을 통해 앞으로의 1인 가구 시대를 이끌 수 있는 진정한 상품기획자가 되도록 도와줄 것이다.

고객을 팬으로 만드는 트렌드 주도하기

라이프스타일로 마케팅하다

이상구 지음 | 15,000원

언제까지 물건만 팔 것인가?
라이프스타일을 판매할 때 고객이 열광한다!

남들과 차별화된 일상은 다른 사람들에게 자랑하고 싶은 이색적인 트렌드로 작용한다. 그렇기 때문에 라이프스타일 기획과 마케팅은 경험을 중요하게 여기는 요즘 시대 소비자들의 마음을 끌어당긴다. 소비자들이 열광하는 브랜드는 라이프스타일을 주도한다. 저자는 라이프스타일 기획이 어떻게 고객을 팬으로 만들 수 있는지 그리고 다가오는 미래에 어떤 라이프스타일이 가치 있는지 알려준다. 이 책을 통해 급변하는 시대 속에서 평생 고객을 만드는 '성공하는 라이프스타일'을 찾아보자!

서울대 유기윤 교수팀의 미래 도시 빅 피처

미래사회 보고서

유기윤, 김정옥, 김지영 지음 | 14,300원

당신이 반드시 알아야 할 미래 도시의 모습,
그리고 다가올 미래를 지배하는 사람들!

인공지능, 플랫폼, 사물인터넷, 가상현실, 4차 산업혁명 시대 이미 변화는 시작되었다. 미래를 향한 변화의 속도가 정신 차릴 수 없을 정도로 빠르다. 이때 미래를 어떤 사람들이 지배하게 될지, 미래 도시의 모습은 어떨지 큰 그림을 알면 무엇이 기회가 될지 알 수 있다. 저자는 이 책을 통해 현재의 기술이 미래를 어떻게 바꿀지, 나아가 우리의 삶을 어떻게 변화시킬 것인지 미리 들여다보기를 권한다. 멀지 않은 30년 후 미래 세계를 예측해보는 일은 나의 미래뿐 아니라 현재를 위해서도 반드시 필요하기 때문이다.